教育部人文社会科学研究青年项目

重庆师范大学学术著作出版基金资助

概念整合与汉语非受事宾语句

朱　怀◎著

Conceptual Blending

中国社会科学出版社

图书在版编目(CIP)数据

概念整合与汉语非受事宾语句 / 朱怀著 . —北京：中国社会科学出版社，
2019.7

ISBN 978-7-5203-4581-1

Ⅰ.①概… Ⅱ.①朱… Ⅲ.①汉语-语法-研究 Ⅳ.①H14

中国版本图书馆 CIP 数据核字(2019)第 111360 号

出 版 人　赵剑英
责任编辑　任　明
责任校对　张依婧
责任印制　郝美娜

出　　版　中国社会科学出版社
社　　址　北京鼓楼西大街甲 158 号
邮　　编　100720
网　　址　http：//www.csspw.cn
发 行 部　010-84083685
门 市 部　010-84029450
经　　销　新华书店及其他书店

印刷装订　北京君升印刷有限公司
版　　次　2019 年 7 月第 1 版
印　　次　2019 年 7 月第 1 次印刷

开　　本　710×1000　1/16
印　　张　14.5
插　　页　2
字　　数　240 千字
定　　价　75.00 元

内容提要

　　本书介绍概念整合理论的理论基础和核心思想，提出以概念整合理论为基础的句法—词汇语义接口系统，用该理论解释现代汉语非受事宾语句的意义构建和句法语义实现过程。全书共十三章。第一章为绪论，第二章至第六章为理论探讨，第七章至第十二章为事实及应用研究，第十三章为结论。

　　第一章为绪论，介绍研究的历史、现状、对象、意义和方法等。

　　第二章从概念隐喻理论、框架转换、神经心理三个方面介绍概念整合的理论基础，整合并借鉴了隐喻跨概念域的映射方式，将隐喻的两域模式扩展为四空间映射模式；框架转换能将静态的框架语义重新组织到新的框架中构建出新的意义，整合也将动态的框架转换应用到整合时整合框架对输入空间事件框架的选择上；大脑整合功能的发展历史、神经生物学的神经感知处理机制和事件相关电位实验均能证实概念整合的存在。第三章探讨概念整合的基础理论——心理空间理论，心理空间认为语言并不携带意义，语言引导意义，心理空间也不同于一般认为的可能世界，它在意义建构观上属于认知语义学范畴。该理论建立在第二代认知科学基础之上，通过对跨域函数、框架化和视点理论的发展及对认知映现理论的发现而来。本章还介绍了心理空间的辨认原则、空间转换和认知建构等。第四章介绍了概念整合的基本框架、映射类型、整合网络类型、运作机制及整合原则。概念整合由输入空间、共有空间和整合空间构成，空间之间映射和投射形成创新结构；概念之间的映射类型有投射、图式和语用功能映射；整合网络类型有单一、镜像、单侧和双侧网络；整合的基本运作机制为组合、完善和扩展，整合会导致空间内部或空间之间关系的压缩与竞争；整合原则有组成原则和统治原则两类，人类量度原则为整合总原则。第五章介绍用于句法—词汇语义接口的事件结构理论的产生与发展过程。事件结构理论起源于动词意义的体结构研究、逻辑语义中的事件研究，生成语义学用谓词解构将事件分解用于句法研究。此后，事件结构被用于句法—语义接口研究，这些研究可以分为事件从词库映射到句法和事件直接映射到句法两类。第六章提出概念整合、构式语法与事件结构理论结合来表征语法与意义的表征模式。语法整合的句法实现是以想象事件和语法构式为输入空间，通过跨空间的映射和投射，在整合空间中由句法句式表征出来；语法整合的意义实现是以句法句式和事件结构为输入空间，通过跨空间的映射和投射，在整合空间中由想象事件表征出来。

第七章讨论供用句的意义构建及句法实现过程。句式由"一定数量的 NP$_1$ 使用一定数量的 NP$_2$"和"一定数量的 NP$_2$ 供一定数量的 NP$_1$"整合而成，分析其整合特征，得出浮现意义为"一定数量的物质供一定数量的人或物使用"。第八章讨论存现句的意义构建及句法实现过程。句式由"存在对象存在（或处于某种状态）"和"某处存在某物"整合而成，分析整合特征，得出浮现意义为"某处存在处于某种状态的存在对象"。第九章讨论工具宾语句的意义构建和句法实现过程。句式由"A 做 P"和"A 用 I"整合而成，分析整合特征，得出浮现意义为"主体实施动作时对工具的选择"。第十章讨论处所宾语句的意义构建和句法实现过程。句式由"A 做（P）"和"A 位于 L"整合而成，分析整合特征，得出浮现意义为"主体实施动作时对处所类型的选择"。第十一章讨论材料宾语句的意义构建和句法实现过程。句式由"A 做 P"和"A 使用 M"整合而成，分析整合特征，得出浮现意义为"主体实施动作时使用某种材料"。第十二章讨论现代汉语非受事宾语句的对外汉语教学和信息处理问题。

第十三章为结论，对全书进行总结。

序

喻园金秋，满眼橙红金黄。

收到朱怀的著作稿《概念整合与汉语非受事宾语句》，如同收到一份丰收喜报，愉悦弥漫心头。从教最以为欣慰者，莫甚于有友生著书立说！仿"醉翁"一句话：人知友生有成而乐，而不知为师之乐其乐也！

语言学是一门科学，语法学如这门科学的资深且芳华正茂的"美人"，吸引着一辈辈的学人。

汉语语法学自《马氏文通》以来，一路求索前行。开山前辈筚路蓝缕，导夫先路；中继学者克绍箕裘，开疆拓土；而当今年少后学当海纳百川，勇立潮头。汉语语法学的未来当在年轻后生！

语法学理论源自西方，汉语语法"学步"之后，不少前辈终其毕生精力，以克服西方语法眼光为己任，创立根植于汉语语法事实的理论、体系，成就斐然，有目共睹。然而，科学家的最大"不幸"在于对未知的好奇，在于对规律的无休止追问。很不幸，汉语语法学家正经历着这种"不幸"：对汉语语法规律的无休止探究。这种探究使语法学人陷入分析困境。比如一句"台上坐着主席团"，一句"王冕七岁上死了父亲"，一句"一锅饭吃十个人"，不知道尝试了多少分析方法：中心词分析、结构层次分析、变换分析、语义特征分析、语义指向分析、三个平面分析等。但分析完了吗？穷尽了吗？当语法学人在汉语语法理论圈内眉头紧锁的时候，放眼西方的语法思想理论，往往会发现可以解剖更深一层的"柳叶刀"。于是借过这"柳叶"快刀，再来解剖这些看似平淡如水的汉语句子，什么配价分析、构式分析、生成分析、认知分析等。这些探究也不知道发表了多少论文。更令学人兴奋的是，当我们以为对所论对象研究穷尽见底的时候，再放眼西方，又会发现新的理论利器。我们似乎不得不承认一个事实，西方语言学理论与汉语语法如影随形。其实，语言学的上层是语言哲学，而哲学层面是没有具体语言例的差别的。当汉语语法思想在汉语语法内部绞尽脑汁还是剪不断理还乱时，借用一下别人的柳叶快刀又何妨。

朱怀的这本《概念整合与汉语非受事宾语句》就是一部借西方语法理论"柳叶刀"，解剖汉语非受事宾语句的新著。这本著作对汉语语法研究做出了理论与应用贡献。

一是全面梳理阐述了概念整合理论并提出了句法—语义接口系统。

20 世纪后期以来，西方哲学、心理学、语言学等学科理论不断地涌入或引进国内。源于认知科学的认知心理学尤其引人注目。认知科学是关于信息加工的科学，基于认知心理学的认知语言学，是关于语言信息加工的科学。在认知理论精神大旗下，涌现出大量的认知语言学理论。如 Lakoff and Johnson 的概念隐喻理论，Coulson 的框架转换理论，Fauconnier and Turner 等人的神经心理学等。以这些理论为基础，Fauconnier and Turner 提出了心理空间理论，以心理空间为基础，又创立了概念整合（Conceptual Blending）理论。这些理论由于所涉领域宽广，概念众多，彼此交织，引入之后，颇似"乱花渐欲迷人眼"。因此加以梳理、辨析、厘清，在国内显得尤为重要。该书第第二章至第五章致力于此，全面整理阐述了概念整合理论的基础、起源、核心，尤其是专论了"事件结构理论"，使得概念整合理论的基础、起源、内涵、观点、类型、机制、原则及其与相关理论的关系等问题，条分缕析，清晰明了。

把众多理论梳理明晰，殊为不易。但若止于此，也仅为"梳辫"之功。第六章融汇概念整合理论精神，提出了将语法整合、构式语法和事件结构理论三者结合起来构建句法—语义接口系统的构想，分析了语法整合的基础、网络、过程、原则。其思想颇具创新性，殊为难得！

二是在概念整合理论视域下，研究了汉语非受事宾语句。

汉语供用句、存现句、工具宾语句、材料宾语句、处所宾语句等，都是非受事宾语句，极具汉语语法特色。如前所述，汉语语法学人为之倾注了极大的热情，奉献了几辈人的研究智慧。这些句式已被各种语法理论利器剖析得"原形毕露"了，但概念整合理论的独特视角、方法给了朱怀灵感。著作第七章与第十一章运用语法整合框架下的句法—语义接口系统，解剖分析了这类非受事宾语句的句法语义实现过程，用整合特征推导和验证的方法，概括了每类句式的概念整合的浮现意义，总结了这类句式的句法语义实现规律。

"明白四达，能无知乎？"（《老子·第10章》）相信读者定能从该书中获得新收获。

朱怀梳理阐述了概念整合理论，并以之为基础展开了应用研究，但他并未迷信盲从，而是清醒地思考了其不足与局限，这是其结语一章的点睛之笔。

尽管西方语言学理论打开了语言观察分析的视野，但是，至少有两点值得思考：一是理论的内在科学性，二是与汉语事实的适切性。当然这是重大的课题，需要专门的深入研究，这里略陈陋见，以就教于方家。首先，概念整合理论的科学性如何？四维空间是客观存在还是主观构想？或说这一构想是否合乎信息加工事实？其次，概念整合的信息加工方式是否得到了心理认知的实验证实？认知心理学的格式塔理论、前景与背景理论、心理扫描理论等，都得到了心理学实验证实。导源于此的语言空位分析、事件框架分析、焦点结构分析等，均有较为可信的心理认知基础。那么是否有心理实验证实整合空间的存在？是如何整合的？再次，任何科学研究，简洁为优。输入空间1、输入空间2、共有空间、整合空间这四维空间的建构、整合等似乎不是一个简洁明了的分析。因此，对西方语言理论，既要"留一分醉"，也要"留一分清醒"。

《礼记·学记》云："善学者，师逸而功倍，又从而庸之；不善学者，师勤而功半，又从而怨之。善问者，如攻坚木，先其易者，后其节目，及其久也，相说以解，不善问者反是。"喻园求学之事，虽近20年过去，但所经所历并不依稀。朱怀是善学者。他的学习风格是埋头读书，潜心思考，谨细缜密。朱怀也是善问者。每有所询，点到辄止，并不深究，然内心的叩问、推敲、探究何止十遍百遍？他追求的是内心的融汇与感悟。

读博期间回校，与我谈到学术兴趣，拟探讨句法—语义接口问题。我知道他正在追逐语法理论的前沿潮头，当然也知道这个方向的不易。其间有多少酸甜苦辣，有多少曲折坎坷，阅读这部书稿，便知其耗费多少青春心血！这部新著就是他的收获，就是他站立潮头的证明书！

　　侠者，十年磨一剑；学人，十年著一说！

　　衷心祝贺朱怀新著出版！

　　是为序。

何洪峰

2018. 10. 20 于喻园

目　录

第一章

绪　论

第一节　研究历史与现状

一　概念整合理论研究

本书主要研究概念整合理论及其在现代汉语非受事宾语研究中的应用，所以讨论研究现状和意义时也分两部分介绍。

概念整合理论是美国著名语言学家 Fauconnier 和 Turner 在心理空间理论基础上提出来的，其目的是揭示语言在线意义构建背后的认知规律。1980 年 Lakoff 和 Johnson 出版了《我们赖以生活的隐喻》，使得认知隐喻理论被广泛接受，引起了一场认知语言学革命；五年之后，Fauconnier 和 Turner 在隐喻研究基础上出版了同样备受关注的《心理空间：自然语言意义构建面面观》一书，该书构建了一个完整的心理空间理论，成为认知科学和认知语言学的奠基之作。心理空间是人们在思维和说话时构建的信息集合，其构建是为了局部话语的理解。作者将心理空间作为描写人的幕后认知的工具，阐述了人们在说话和思维时如何运用概念、背景知识、语境知识、图式归纳和认知映现能力来构建意义。心理空间理论开启了人类思维和话语产生中在线意义构建研究的新思路。此后，以心理空间理论为基础，Fauconnier 和 Turner 等人提出了应用心理空间之间的映射和投射关系在线构建意义的概念整合理论。Fauconnier（1997）的专著《思维和语言中的映现》，Fauconnier 和 Turner（1998）合著的论文《概念整合网络》对概念整合的性质和整合过程进行了初步探讨，提出了由输入空间 1、输入空间 2、共有空间和整合空间构成的四空间概念整合网络，说明了整合空间的整合机制、整合原则及概念整合在指称及语法研究中的应用问题；Coulson（2000）的专著《语义跳跃：意义构建中的框架转换和概念整合》不仅探讨了心理空间和概念整合在语言理解中的作用，而且从认知神经科学上对心理空间和概念整合进行了实证研究，奠定了概念整合的神经心理基础；Fauconnier 和 Turner（2002）的专著《我们思维的方式》则是概念整合理论的集大成之作，该书全面论述了概念整合的网络模式、意义构建手段、心理空间之间的主要关系及关系的压缩过程，详细介绍了人类如何运用概念整合进行说话和思维。由于概念整合在人类如何通过概念整合这种普遍的认知操作构建意义上的强大解释力及广泛适用性，从 2000 年开始，语言学界三种著名的期刊《认知语言学》《语用学学刊》和《语言与文学》先后出版了概念整合专刊，进一步推动了该理论的研究。

目前，国内的概念整合研究主要集中于理论介绍与探讨，如苏晓军、张爱玲（2001），王斌（2001），刘正光（2002），汪少华（2002），王文斌（2004），王红孝（2004），王勤玲（2005），王正元（2006）等论文从概念整合理论的认知基础、主要内容、发展状况、与概念隐喻的比较及存在的问题等方面进行了详细的介绍，如苏晓军、张爱玲（2001）从概念整合的背景、依据和主要观点方面进行了介绍，认为概念整合是一种普遍的认知操作，具有普遍性；刘正光（2002）介绍了概念整合的语言观、理论动因、研究对象、研究方法、理论目标、理论表述和理论贡献；王红孝（2004）回顾了心理空间和概念合成理论的创建过程，强调空间映射与概念整合过程中主观能动性的发挥及相似概念提取的重要性；王勤玲（2005）则对概念整合与概念隐喻理论进行了对比研究，认为概念整合的多空间模式相对于隐喻的两域模式而言，具有更高程度的可变性，但这两种理论可以互相补充，概念隐喻理论处理成对的心理表征关系，而概念整合主要处理多个心理表征之间的关系；张辉、杨波（2008）则专门对概念整合理论最近的发展情况做了介绍①。当然，也有人对概念整合理论提出了一些质疑，如刘正光（2002）认为概念整合理论作为一种普遍的认知机制，其解释力究

---

① 关于概念整合理论介绍的文章较多，这里只列举部分，读者可参考张辉、杨波（2008）的相关介绍。

竟多大还有讨论的余地，概念整合与理想认知模型孰优孰劣还有商量的余地；概念整合虽然提出了四空间模式，但是对于类属空间的作用一直不太明确，类属空间如何参与映射，如何选择来自输入空间的信息，如何参与到整合空间的投射，整合理论并未做明确论述，类属空间似乎是可有可无；因为类属空间的模糊处理，对于合成空间如何整合出与输入空间不一致的结构也值得考虑。国外也有学者（如 Grady、Gibbs）提出概念整合理论只是一个基本框架，其解释力还需要有更多的语言事实进行验证，但是整合理论的某些原则比较抽象，还有待进一步细化和完善；概念整合理论解释力过于强大，几乎是无所不包，虽然所有例证主要涉及跨空间映射、空间之间的整合及整合产生的浮现意义，但是不同概念整合网络中空间应表征信息的质与量有很大的可变性，不同类型合成空间里的合成过程不一定相同，如运动感知的合成过程与隐喻的合成过程可能并不一致。

　　在国内概念整合理论和实践的研究中，值得注意的是，沈家煊（2005、2006a、2006b、2006c、2006d、2008）的系列论文不仅探讨了概念整合的特点、机制和作用，而且将整合理论应用于汉语构词和造句研究中，用"糅合"和"截搭"概括了汉语词汇和句法层面的概念整合方式，认为"糅合"好比是将两根绳子各抽取一股重新拧成一根，而"截搭"好比是将两根绳子各抽取一段重新结成一根；沈家煊先生在《"王冕死了父亲"的生成方式——兼说汉语"糅合"造句》一文中更是详细说明了句式的"糅合"过程，文章认为"王冕死了父亲"这一类句子的生成方式并非传统认为的"移位"而是"糅合"形成的，认为生成语法对该类型句子的解释没有达到理论内部的自治，而从"糅合"的观点来看，"王冕死了父亲"是由"王冕的父亲死了"和"王冕丢了某物"糅合而成，其中选定"王冕丢了某物"作为"类推源项"是因为说话人要表达"王冕因父亲死去而受损"的意思，但在语言中缺乏相应的生动表达式，而语言中的常见表达式只能表达"王冕的父亲死了"，不能表达"王冕因此而受损"，而有的表达式能表达"王冕因此而受损"却不能表达"王冕的父亲死了"，因此只能用相关表达式"王冕的某物丢了"来表达上述意义。沈家煊（2008）和上文有点类似，文章中沈先生通过"移位"和

"派生"来分析"他是去年生的孩子"和"他是昨天进的医院"这类句子，发现这两种方法都无法解释这类句子的生成问题，通过分析发现这类句子的生成方式不是派生和移位，而是复合和类推而成，这类句子属于一种独立的具有"移情"意义的句子，是通过两种表达式的糅合形成的浮现意义，比如"他是昨天出的医院"这句话的实现过程如下：

a 这是昨天出的病人　b 他是昨天出的病人
x 这是昨天出的医院　y xb ←他是昨天出的医院

其中 y 是仿照 b 类推出来的，实际的过程是 b 和 x 二者的糅合，糅合之后填充到 y 的位置而成。最后沈先生认为："在词法类型上英语构词以派生为主，汉语构词以复合为主（糅合是复合方式之一），在句法类型上汉语组语造句也比英语更多地采用糅合而不是派生的手段。"沈文成功地将概念整合理论应用到了汉语研究中，也推动了概念整合的汉语研究。此外，张云秋、王馥芳（2003）和谢晓明、王宇波（2007）提出了概念整合的层级性及其对于动宾关系建立的作用，也是概念整合应用到汉语研究中的比较成功的尝试。张云秋、王馥芳（2003）用概念整合的层级性解释了动宾结构的熟语性问题，认为概念整合层级性的高低决定了动宾结构熟语化的程度，凡是宾语受事性强的动宾结构都不具备熟语性，而熟语化程度高的动宾结构的宾语受事性都很弱，因此二者具有一定的共变关系。概念整合的专著主要有张辉的《熟语及其理解的认知语义学研究》、王斌的《翻译与概念整合》和王正元的《概念整合及其应用研究》，张辉和王斌主要研究了熟语和翻译的概念整合问题，王正元则从宏观上介绍了概念整合的理论内涵及其应用问题。

王华的博士论文《现代汉语小句宾语句整合特征研究》使用了语法整合框架探讨了现代汉语小句宾语句的整合特征。该文认为小句宾语句是由复杂事件整合而成，两个事件有选择地提取了部分特征，并在整合过程中整合出一些新特征。文章提出了整合特征的概念，认为整合受到了投射句法框架的限制，会不同程度地放弃自身一些特征，同时也会保持或改变某些特征，那些被放弃、保存或改变的某些特征投射到句法上就成为整合特征。文章使用了整合框架分析了小句宾语句的整合过程，将主句和宾语小句表示的两个或多个事件，通过跨空间的映射和投射之后，整合压缩为一个复杂事件，也就是整合事件，它们再投射到单一的句法格式中，从而形成小句宾语句。本书也借鉴和吸收了整合特征概念，但是本书主要是通过整合特征确定和验证句式的浮现意义，与王文对整合特征的使用存在不同之处。

总的来说，国内的概念整合理论研究在最近十年出现了大量成果，理论和应用方面都取得了较多成绩。但这些成果中理论介绍多，而应用于汉语研究的成果较少；外语学界的学者研究多，汉语学界的学者研究少。

二 非受事宾语句研究

现代汉语非受事宾语研究是一个历史悠久的研究课题，从时间发展来看，对非受事宾语句的研究主要经历了如下过程。①

（一）宾语的界定研究

从《马氏文通》到 50 年代三次语法专题讨论为止，宾语研究主要集中在宾语的界定上，《马氏文通》将宾语称为"止词"，即"凡名代之字，后乎外动而为其行所及者，曰'止词'"；黎锦熙《新著国语文法》将外动词后面附着的实体词称为宾语，而吕叔湘《中国文法要略》将叙述句中与动作有受事关系的"止词"称为宾语。吕叔湘先生在《从主语宾语的分别谈国语的句子分析》一文中较详细地讨论了主宾语的确定标准，提出确定主宾语时要参照施受关系和位置两个标准，"说得具体一点，就是原则上以施事词为主语，以受事词为宾语；但在只有受事词的句子里，要是受事词的位置在动词之前，也算是主语"。吕冀平《主语和宾语的问题》一文发起了主宾语问题大讨论，该文介绍了从结构和施受观念出发可能有的七种处理情况，比较了几部有影响的语法专著（《新著国语文法》《中国现代语法》《语法学习》《语法讲话》和《汉语语法讲话》）对此的不同处理，分析了区分主语、宾语的两

①　张云秋（2005：10—23）对受事宾语的历史研究状况进行了较详细的介绍，读者可参考相关介绍。

个标准的利弊得失，如果完全凭意义区分那么必然会碰到无主句过多、倒装句无法还原等困难，如果完全凭词序，即"凡在动词前的一律为主语，动词后的一律为宾语"，那么动词和宾语的关系就过于复杂，容易走上形式主义的道路，最后吕先生主张语法分析必须充分注意结构，但重视结构不能脱离意义。最后人们对究竟是按照施受关系还是按照语序来确定宾语进行了专门讨论。60 年代以后，根据结构主义研究方法，赵元任《北京口语语法》和丁声树等《现代汉语语法讲话》主要根据语序来考虑宾语的界定问题。

（二）宾语的类型研究

80 年代以后研究者开始对宾语类型进行全面考察，如李临定《宾语使用情况考察》、徐枢《宾语和补语》都对宾语的分类做出了令人信服的切分，李临定（1988）从语义方面将现代汉语宾语分为受事宾语、结果宾语、工具宾语、对象宾语和目的宾语、处所宾语、施事宾语和表示其他语义的宾语；邢福义《汉语里宾语代入现象之观察》将宾语分为"受事宾语"和"代体宾语"（代体宾语大致相当于我们一般所说的非受事宾语），对动词与宾语之间复杂的语义关系进行了分析，认为代体宾语的形成必须具备四个条件：第一，动词、常规宾语和代体宾语之间形成直接的语义三角关系，如"打""排球"和"冠军"之间受到语义三角关系约束；第二，代体宾语在常规宾语基础之上要向人们提供新信息，即"动词+代体宾语＝动词+常规宾语+代体宾语"，"动词+代体宾语"里隐含着常规宾语的信息，同时还向人们提供一个新信息；第三，代体宾语所提供的新信息必须是不存在歧解的，代体宾语在语义关系上绝对不能认为是对象宾语；第四，宾语代入现象的出现，总有一定的言语背景，即只有在特定的言语背景之下，代体宾语才能够形成。此外，孟琮等的《动词用法词典》的分类比较详细，他们将名词宾语分为 14 类，分别是受事、结果、对象、工具、方式、处所、时间、目的、原因、致使、施事、同源、等同和杂类。

（三）宾语的位置研究

宾语位置问题主要是宾语和宾语位置及汉语是 SVO 还是 SOV 型语言问题。方梅（1993）描写并解释了制约宾语和补语次序的动因，张伯江（1991）解释了动趋式后宾语的位置及语序问题。

（四）宾语的句法语义认知研究

任鹰的《现代汉语非受事宾语句研究》和张云秋的《现代汉语受事宾语句研究》运用认知语法的理论框架，对非受事宾语句进行了深入探讨。任鹰的专著《现代汉语非受事宾语句研究》运用认知语法成果解释了非受事宾语句的认知过程和动因，取得了较大成果。在该书中作者对现代汉语中几种主要的非受事宾语句进行了系统、深入的分析，并从认知语义上进行了解释，作者认为"及物性句式的宾语为受动性成分，而各类主体格和外围格都是本身不含受动性特征的语义格，这些语义格在充任及物性句式的宾语成分时，能否完成语义角色或角色特征的转换呢？简单地说，如将认知因素考虑在内，不但语义角色和角色特征的转换是不难理解的，而且甚至可以说，在语言结构的层面上，对某些语义角色确有重新加以确认的必有"。该书在认知语法大框架之下综合使用了格语法和构式语法等多种语法理论，对施事、工具、材料和处所宾语进行了句法语义分析。如在材料宾语句的研究中，作者"从动词语义和用法的多样性、可变性的角度，对材料宾语的受事性质进行了分析，证明了在客观场景中，在逻辑事理关系的层面上，充任材料宾语的词语指称的事物相对于同一个动词所表示的动词而言，往往是集材料与受事身份于一身的，无论是从动作过程还是从动作结果来看，其受动性和变化性都是十分明显的"。作者认为这一类宾语究竟是材料还是受事宾语，主要取决于"透视域"的转换，取决于语言视点的调整。张云秋（2004）主要运用典型性理论对现代汉语的受事宾语句重新进行了鉴定，依照这一标准，一些传统认为是非受事宾语句如材料、工具和方式宾语句也纳入了受事宾语句的研究范畴，该书认为主动宾结构式本身具有独立自主的意义，来源于不同的名词性的动词后的宾语具有语义上的共性，也就是受事性；典型受事宾语是人们理想认知模式的反映，在结构式的形成过程中起到示例的作用，非典型受事宾语则以典型受事宾语为样本，并通过宾语化形成，表示动作行为使用的材料、方式、工具以及表示动作行为发生的处所、原因、目的等名词性词语具有受事的某些特征，都可以看成受事宾语。为此，该书分析了各类受事宾语之间的内在联系，对受事宾语句中宾语受事性的强弱和制约因素进行了分析。值得一提的是，该书运用概念整合理论提出了"整合的层级性原则"，通过该原则解释了受事宾语句的熟语化及类推性问题，提出概念整合的层级性高低、动宾组合的熟语化程度以及动宾组合类推性强弱的共变关系。该书综合使用了原型范畴理论、构式语法理论、格语法理论、概念整合理论和配价语法理论，探索了受事宾语句的句法、语义和语用特征及句式形成的制约因素。

（五）宾语的转换生成研究

Huang（1997）、Lin Tzong-Hong（2001）及冯胜利（2000）从核心语移位和事件结构理论出发，认为很多非受事宾语句是因为低位的补述成分动词经历了提升移位过程，与高位的核心动词合并而成。

另外，李杰的《现代汉语不及物动词带主事宾语句研究》综合使用了认知和形式主义方法对汉语主事宾语句进行了研究，该书所谓的主事宾语句包括传统的主事宾语存现句、领主属宾语句、形容词带宾语句等，作者借鉴了构式语法和轻动词理论，分析了动词前、后两个名词成分的语义关系和地位，对句式宾语的语义地位和句式义进行了详细讨论，认为存在句和发生句中有一个处于核心地位的轻动词"EXIST"和"OCCUR"，它们分别制约着具体动词的语义实现，给后面的不及物动词所带的宾语赋予了主事的语义角色；作者还论述了不及物动词带宾语句的内部类型问题，根据共性、个性对立统一的观点和连续统的观点，也就是从认知语法中的典型性理论出发，比较了存在句和发生句的异同：二者的不及物动词在主事主语句中都不能带宾语，但在主事宾语句中能带宾语，动词前的成分与动词没有直接语义联系，但与后面的宾语成分却存在领属关系。

综合来看，关于现代汉语非受事宾语句研究，研究者主要使用了如下理论：（1）传统的配位语法理论对以动词为中心的语义格规定了其配价层级和配位方式，如袁毓林（1998）的句法成分和语义成分连接规则认为施事、感事、当事、主事等主体格一般位于主语位置，受事、结果、与事等客体格一般位于宾语位置，而工具、材料、处所、方式等外围格一般在介词的引导下占据状语位置。客体格和外围格可以通过话题化占据主语位置，主体格和外围格可以通过述题化占据宾语位置。（2）格语法认为格角色充当句子核心成分的能力受到格角色与动作行为语义关系的制约，另外格角色成为核心成分还必须通过透视域的选择。^①（3）范畴化的典型理论认为非受事宾语是宾语的非典型成员，但是和典型的受事宾语享有一些共同的语义特征，由典型到非典型是一个非离散的连续统。（4）构式语法认为整体大于部分之和，强调在构式中确定成分的语法身份，每一种句法格式本身表示某种独立的意义，不同的句法格式有不同的句式意义，将非受事宾语的形成及意义的不同归因于构式意义的差异。（5）随着认知语法的发展，现在研究者较多地采用了转喻和隐喻的方法解释非受事宾语句的生成及句法、语义特征，认为非受事宾语是经过了受事宾语的转喻或隐喻而来。（6）生成语法和事件结构理论认为非受事宾语的生成经历了核心动词移位和合并的过程，位于述补位置的事件轻动词从低位提升到高位并与高位核心动词合并而成。（7）国内也有部分学者对非受事宾语句在概念整合框架下进行了研究，主要是沈家煊先生的系列论文。这些研究概括了非受事宾语句概念整合的大致过程，其研究具有开创性。但是这些研究还只是粗线条地勾勒句式意义的形成过程，对于句式各个空间之间的映射过程、浮现意义的具体生成过程以及句法语义之间的投射生成关系并未深入研究。

　　沈家煊先生采用概念整合理论对汉语的构词造句问题进行了探讨，认为整合不仅是汉语造词的重要方式，也是汉语造句的重要方式，并且具有心理现实性。沈家煊（2006a）将概念整合分为糅合和截搭两种，糅合型整合具有隐喻结构，由两个相似概念整合而成，截搭型整合具有转喻结构，由两个相关概念整合而成；沈家煊（2006c）介绍了概念整合的操作过程：压缩、隐退、回溯推理、浮现意义的产生等。沈家煊先生的这些成果极具启发性，为研究概念整合应用于非受事宾语句的意义构建过程打下了基础。谢晓明、王宇波的《概念整合与动宾常规关系的建立》探讨了概念之间常规关系的建立，以及概念之间的意义整合对动宾搭配特别是超常搭配的影响，文章认为概念整合有四个阶段：一是概念之间语义关系的建立，两个概念之间能够整合的前提条件是概念之间具有意义上的联系，这种联系可以通过隐喻和转喻思维形成；二是概念意义的整合，有直接语义关联的概念意义直接兼容，整合程度较低，没

---

　　① 透视域是句子所描述的场景中受注意的那部分，进入透视域的场景参与者成为句子的核心部分，如主语、宾语。

有直接关联的概念，整合程度不等；三是语法结构的整合，概念整合的不同程度在概念的句法整合过程中会得到相应的表现，这种句法表现反过来又会推动概念意义的进一步整合；四是常规关系模式的建立，已经建立了常规关系两个概念，还可以进一步进行语义整合，抽象出常规关系模式。最后，文章认为概念整合有三个特点：过程具有层级性，意义具有整体性，结构具有趋简性。

第二节　研究对象与研究目的

一　研究对象

本书的研究对象分为两部分：（1）概念整合的理论基础及核心思想，概念整合的意义构建和句法实现理论；（2）现代汉语非受事宾语的意义构建与句法实现问题。

Fauconnier 和 Turner 的系列成果构建了一个完整的整合框架系统，概念整合过程、机制和原则也基本成型。但是他们的研究重点并非语法研究，概念整合是一种普遍的认知操作，是人类思考和交谈的意义构建工具，因此概念整合广泛用于日常生活中的语言、动作、计划、推理、选择、判断、幽默、幻想等活动，可以解释语言、文学、文化、艺术、绘画、数学、宗教仪式、神经科学、计算机科学等诸多涉及语言和思维的现象，Fauconnier 和 Turner 的成果并没有过多地涉及概念整合在语法研究中的作用。不过 Fauconnier 和 Turner《作为语法中心过程的整合》一文证实概念整合可以解释不同概念整合合并过程，概念结构和语法结构之间同样存在映射关系，概念整合完全可以作为语法研究的核心来说明语义和语法之间的生成关系。它既可以研究意义的构建过程，也可以作为语法中心过程研究语义到句法的映射过程。基于此，本书以概念整合理论为基础，一方面探讨概念的合并形成过程，另一方面以语法整合为框架研究语义和句法之间的映射关系，探讨句法—语义接口问题。

本书另一个重要研究对象是非受事宾语句研究，非受事宾语句研究已经由最初的界定定义和确定类型，发展到句法语义特征描写、语序制约因素和认知动因探索阶段，研究逐步由描写向解释发展，取得了很大成绩。不过这些研究主要还是从静态研究为主，探讨非受事宾语句的动态意义构建得极少，本书主要应用概念整合理论对此进行探讨。

二　研究目的

(一)　以往研究还未解决的问题

关于非受事宾语的研究，从上面的论述中可以看到人们划分并确定了非受事宾语的类型，从传统语法理论、认知和转换生成上对各种类型的宾语进行了解释，取得了丰硕成果。但是上述研究仅聚焦于语言形式的静态研究，而很少顾及语言意义如何在线生成这一动态的探索。也就是说，人们是如何构建非受事宾语句的意义的？非受事宾语有哪些特征及为什么会产生这些特征？非受事宾语的意义是如何映射到句法上的？这些问题并没有得到解决。以"我吃大碗"为例，人们是如何通过"施事+动作+工具"形式构建出"我吃饭时使用大碗"的意义的，构建这一意义需要哪些认知操作呢？为什么同样是"施事+动作+工具"形式的"我吃盘子"（我吃饭时使用盘子）和"写树枝"（我写字时使用树枝）不能成立呢？"我吃饭"和"我使用大碗"的意义是如何生成"我吃大碗"的句法形式的呢？这些问题以前很少有人研究过，传统研究理论很难解释这些问题，下面分别论述。

1. 配位语法：配位语法以动词为中心，通过语义角色与动词之间的关系解释格的分配，认为外围格通过述题化占据宾语位置，不过它并不能说明述题化的语义基础及产生动因。

2. 格语法：格语法同样认为格角色充当句子核心成分的能力受到格角色与动作行为语义关系的制约，同样它也解释不了上例中同一语义角色、同一动作行为，有的能充当宾语有的却不能。透视域认为进入意义场景中受到关注的成分能成为句子的核心部分。但进入透视域的条件是什么？透视域的运行机制是什么？模糊的透视域理论显然也解释不了这些问题。

3. 范畴化理论：范畴化的典型理论认为非受事宾语是宾语的非典型成员，但是和典型的受事宾语享有一些共同的语义特征。所以典型理论通过分析非受事宾语与受事宾语之间共同的语义特征，如受动性、变化性等特征来证明非受事宾语具有和受事宾语共同的特征。但是如果将非受事宾语具有受事特征作为非受事宾语可以占据宾语位置的原因，实际上是将原因和结果倒置了，非受事宾语具有受事特征是它占据宾语位置产生的结果，而非它能占据宾语位置的原因。

4. 隐喻与转喻：有些研究者采用了转喻和隐喻的方法解释非受事宾语的生成，认为非受事宾语是经过了受事宾语的转喻或隐喻而来，如王占华（2000）认为"吃大碗"是容器和内容的转喻，即"大碗"是由"大碗饭"转喻而来。隐喻和转喻使用的是由"源域"到"目的域"的两域映射模式，通过相似联想将"源域"的结构映射到"目的域"中，这种两域模式常常只能解释凝固的传统隐喻，不能解释在线隐喻和复杂意义构建问题。

5. 构式语法：最近，构式语法广泛应用于汉语研究，人们开始用构式来解释句式特征及意义的产生，认为非受事宾语具有自身的构式意义，构式意义是导致非受事宾语具有特殊句法语义特征的原因。构式语法可以从整体句式意义上解释句式特征及产生动因，但构式意义只是认知操作的一个结果意义，该意义如何由简单概念合成，合成这些概念有哪些操作方式，受哪些原则制约？显然构式语法并不能回答这些问题。

6. 生成语法和事件结构理论：该理论通过事件轻动词的提升与高位核心动词合并来解释非受事宾语的生成过程。虽然事件结构使具有组构性的轻动词具有了事件语义内容，进而使论元位置可以从结构中预测。但这一操作仍无法解释具有相同结构的句子，为什么有的动词能够提升移位合并（如"吃大碗"），而有的却不能完成这一过程（如"吃盘子"），显然仅仅有事件结构还不足以完全从语义上预测句式的生成动因，这也导致句法上的生成缺乏科学性。

前贤研究已经由句式类型、定义和特征的表面描写研究，向认知和生成等深层次的解释研究发展，学术界开始关注汉语非受事宾语句意义和句法的生成过程研究，出现了用认知和事件结构及轻动词提升理论研究的成果，取得了丰硕成果，但也存在解释的理据性不强，或操作方式过于简单等问题。概念整合是更大的四空间模式，是在两域映射模式基础上发展起来的更普遍的认知操作模式，既能够解释两域映射模式的意义构建，也能解释两域映射模式解释不了的在线隐喻和复杂意义构建问题。

（二）本书要解决的问题

概念整合理论研究从心理空间理论产生到现在已经 30 多年，在国际上产生了广泛影响。国内的概念整合研究成果也比较多，但这些成果主要集中于理论本身的介绍，运用概念整合解决问题的相对较少；在理论运用方面用于非汉语研究的较多，用于汉语研究的较少；而且这些成果中零散的论文较多，专门的著作较少，这同国际上概念整合丰富的研究成果、庞大的研究群体相比形成了鲜明对比。

理论部分（第二章至第六章）：

1. 构建基于概念整合的句法—语义接口理论：概念整合主要关注意义构建过程，但它同样可以应用于句法实现研究。语法整合对于说明论元实现和表征过程，解释语言使用者如何构建语义和语法来说，是一种极富解释力的理论。本书将语法整合、构式语法和事件结构理论结合起来构建出一个句法—语义接口理论。

2. 分析概念整合的理论来源及主要思想：概念整合的理论基础有文章介绍过，但不够深入全面，本书从概念隐喻、框架转换、神经心理和心理空间四个方面全面分析了概念整合的理论基础和来源；关于概念整合的主要内容，本书不仅分析了整合的基本框架、网络类型和映射类型，还从概念关系上介绍了概念整合的运作机制。

3. 全面介绍事件结构理论的起源与发展过程：事件结构理论是广泛用于句法—词汇语义接口研究的主要理论，本书全面介绍了事件结构理论的起源与发展过程。

应用部分（第七章至第十二章）：

1. 应用概念整合理论解释非受事宾语句的意义构建和句法实现过程。对于非受事宾语句，传统研究主要聚焦于静态研究，而很少顾及语言意义如何在线生成这一动态的探索。作为认知语言学重要组成部分的概念整合理论，是在概念隐喻理论的基础上形成的更为普遍的认知操作理论，其首要任务就是要透视藏匿于言语背后的认知冰山，它主要关注言语意义的在线生成和解读问题，通过输入空间、共有空间之间的映射并投射到整合空间，在相关认知操作作用下完成整合来解释意义的构建，可以从动态研究角度解决现代汉语非受事宾语句研究中出现的上述问题。沈家煊先生的系列论文在探讨非受事宾语句的概念整合方面具有开创和借鉴意义。但是沈文并没有对非受事宾语句进行全面系统的研究，而且其重点是从宏观层面粗线条地研究词法和句法的整合问题，没有涉及非受事宾语句的整合过程、整合特征等具体问题，完全有深入研究的必要。本书将运用概念整合理论，通过研究非受事宾语句的整合过程、整合特征、浮现意义和句法实现来解释句式的意义构建。

2. 提出用整合特征推导和验证句式的浮现意义的研究方法。浮现意义是整合产生的创新意义，整合过程是内在的心理认知推导过程，没有外在的语言表现形式，本书应用整合特征来推导和验证浮现意义，使得内在的认知过程从语言上得以显现。学术界很早注意到非受事宾语句的特殊句法语义表现，但没有将它和浮现意义结合起来研究，将二者结合起来将进一步丰富概念整合的研究方法。

此外，本书希望在如下一些方面起一些推动作用。（1）概念整合的应用方面。概念整合理论研究从心理空间理论产生到现在已经 30 多年，在国际上产生了广泛影响。但国内的概念整合研究成果主要集中于理论本身的介绍，用于汉语研究的较少，概念整合理论研究需要有深入探讨其理论内涵并能有效应用于汉语研究的专门著作。（2）对外汉语教学方面。现代汉语非受事宾语句是汉语中的常用句式，但这些句式在印欧语系中比较少见，而且其句法语义限制较多，对于什么情况下使用该句式以及哪些动词和宾语可以进入句式，留学生掌握起来比较困难。如他们可能会根据"吃食堂""走大路""包牛皮纸""一张床睡两个人"，类推出"吃三号楼""走院子""包衣服""一张床抬两个人"；根据"吃大碗"，说出"吃着大碗""吃两个大碗""吃食堂的大碗""大口吃大碗"这些不合语法的句子。本书希望能解释非受事宾语句具有什么浮现意义，这些意义什么情况下通过什么方式实现为非受事宾语句，从而为对外汉语教学提供帮助。（3）计算语言学应用方面。计算语言学将人们对语言结构规律的认识以精确的、形式化的方式呈现出来，动词在非受事宾语句中的论元结构（包括论元数目、论旨角色、句法特征、语义特征和配位方式）与受事宾语句的表现并不一致，造成计算机处理这些句式比较困难。袁毓林在《信息抽取的语义知识资源研究》和《基于认知的汉语计算语言学研究》中指出动词的论元结构可以传递到事件脚本或框架中，动词的论元将成为填入事件模板中的信息项目。但在现代汉语非受事宾语句中，动词的论元角色和模板元素的对应关系受到较大限制，需要从认知上约束模板匹配。本书希望能解释这一现象，并为语义成分和句法成分之间的投射信息提供一些建议。

我们希望用汉语事实对整合理论进行一次尝试性的验证，看其能否解释汉语事实。另外，概念整合还只是一个基本的框架，整合理论的许多细节还有需要完善或值得商讨的地方。

第三节　研究方法与研究内容

一　研究方法

（一）理论与实践相结合

我国语言学界研究有注重实证研究的传统，从《马氏文通》《新著国语文法》《中国文法要略》到《语法讲义》《八十年代中国语法研究》莫不是实证研究的典范。注重材料的搜集整理和事实的描写说明，使得结论切实可信，一直是前辈学者的优秀研究传统。实证研究不说空话固然重要，与之相比理论同样重要，事实的描写和说明若没有理论的统领同样会使其科学性大打折扣，其解释力同样无法保证。百年来我国语言学研究的发展离不开对西学的引进和吸收，从结构主义、转换生成到最简方案、认知隐喻和构式语法，都不乏成功引进的案例，所以理论与实践相结合是符合汉语研究的最好方式。不过引进吸收理论应用到汉语实践中并非易事，从汉语语法开创伊始，汉语语法研究就一直在引进、吸收和创新之间发展，100年来走过了不少曲折的道路。吕叔湘先生一直倡导语言研究严谨务实，他深刻认识到语言理论和实践结合在研究中的重要性，在龚千炎先生的《中国语法学史》序言中先生曾说道："过去，中国没有系统的语法论著，也就没有系统的语法理论，所有理论都是外来的。外国的理论在那儿翻新，咱们也就跟着转。这不是坏事，问题是不论什么理论都得结合汉语的实际，可是'结合'二字谈何容易，机械地搬用乃至削足适履的事情不是没有发生过。"吕先生"借西以为中，承古以为今"的学术指导思想，是先生留给我们的宝贵遗产。

　　本书贯彻理论与实践并重的原则，同时本着"学贵创新"的思想，既在理论上深入挖掘创新，又试图将之应用到汉语研究中。概念整合理论是探讨意义构建的理论，它吸收了语言学、心理学和认知科学成果，具有认知操作的普遍性和强大解释力，是国际上认知语言学研究的重要范式之一；而现代汉语非受事宾语由于其特殊的句法构造、独特的语义特征，也一直是汉语研究的热点和难点之一。本书试图将二者结合起来进行研究，用概念整合理论解释现代汉语非受事宾语句的意义构建过程。当然，本书并非机械照搬前人的研究理论和成果，在借鉴吸收已有的概念整合理论时，提出了自己的想法。概念整合理论产生时间并不长，研究者提出的还只是一种理论框架，许多细节还不完善，就是这种框架也还有值得进一步探讨的地方。另外，汉语研究也不同于印欧语研究，汉语有自己的特点，需要根据汉语实际使用合适的理论，完全照搬西方理论早就被证明是一条行不通的道路。所以本书不仅在理论方面有所创新，在运用该理论解释汉语非受事宾语句的意义构建时，也创造性地使用了整合特征验证浮现意义的新方法。本书整体构架分为"理论篇"和"实践篇"两部分，"理论篇"介绍概念整合理论基础、主要内容、事件结构理论及以概念整合理论为基础的句法—语义接口研究；"实践篇"探讨供用句、存现句、工具宾语句、处所宾语句和材料宾语句的概念整合。

　　（二）动态与静态相结合

　　世界上的一切事物都是运动的，运动是绝对的而静止是相对的。语言是交际的工具，只有在动态使用中才能体现其交际功能，语言研究应关注语言的动态使用情况。范晓（1996：45）认为语言作为一种客观存在的事物，无时无刻不处在运动之中。句子既是语言单位，也是言语单位，既可以看作静态单位，也可以看作动态单位，要用动态发展的观点来研究语法。因此，我们不能仅仅关注静态语言，还要从动态的角度去研究语言。

　　概念整合理论是研究在线意义构建的理论，它一改以往语言研究过于关注静态意义的传统，将重点放在语言背后动态的认知构建过程，探讨人如何在说话和思维时构建心理空间，进行空间之间的映射和投射来整合出创新意义。不过，汉语是一种"意合"性质的语言，形态变化较少，非受事宾语意义构建过程是否确实符合概念整合理论设定的整合过程呢，一切还得事实验证。所以，本书借鉴静态研究方法，通过句式的整合特征来验证浮现意义，而整合特征使用了添加、删除、变换等传统静态研究手段进行推导。这样，非受事宾语的意义一方面通过整合过程构建出来，另一方面又能通过静态的整合特征进行验证，从而达到动态与静态研究相互验证、相得益彰的效果。

（三）意义与形式相结合

语法研究中贯彻意义和形式相结合的原则是我国语言学界历史上形成的一致意见，50 年代的词类问题讨论和主宾语问题讨论已经就兼顾形式和意义达成了一致意见。语法意义是通过语法形式来表达的，语法形式也总是表达一定的语法意义。所以"语言研究中既要重视意义，又要重视形式；既要研究一个语法事实的形式，又要研究该形式表示的意义"（范晓，1996：39）。

本书从两个方面贯彻意义与形式相结合的原则：第一，概念整合理论虽然是意义构建理论，但同样可以用于语法研究，本书试图构建一个基于概念整合的句法—语义接口理论。概念整合理论与一般认知语法一样并没有严格区分句法和语义，概念整合主要关注意义的构建过程，但这并不意味该理论不适合语法研究。Fauconnier 和 Turner（1996）已经证明语法同样具有整合过程，意义与句法之间具有映射关系，想象事件和语法构式之间具有映射关系，二者可以投射形成句法形式。因此，语法整合可以用于句法—语义接口研究。第二，研究非受事宾语句的概念整合时，考虑到浮现意义的复杂性和隐蔽性，本书除了分析非受事宾语句的整合过程，还从浮现意义的外在表现——整合特征上去验证浮现意义，而整合特征研究主要采用句法手段。整合特征是浮现意义的句法表现，而整合过程则是意义的形成过程，二者可以互相验证。

二　研究内容

本书将从四个方面展开研究。

（一）建立基于语法整合的句法语义表征框架

语法整合是概念整合中涉及语法知识的一个类型，其整合框架和过程与一般概念整合一致，语法整合过程中同样涉及背景知识结构，特别是语法知识的参与，人们根据背景知识构建想象事件，与长时记忆中抽象的事件结构产生映射关系，最后投射合并到抽象的句法句式中；语法整合构建的事件没有统一的结构表达形式和类型，需要用到事件结构规定的事件框架进行约束，但是事件结构的事件类型来源于动词体类型，其类型较少，不能满足语法整合对事件多样性的要求，需要综合考虑认知和动词体类型事件，予以增删取舍，建立统一的事件类型和表征形式。另外，关于事件结构的类型学术界也有不同观点，如事件从词库映射到句法的类型就有三种：处所分析法（Gruber、Jackendoff）、体分析法（Tenny、Van Valin、Voorst、Grimshaw）和致使分析法（Croft），需要综合考虑各种方法的优劣，看其是否与语义事实一致，是否与认知过程相符，再选择合适的事件表达式用于语法整合框架。

（二）确定句式的浮现意义

浮现意义来源于输入空间的概念映射和投射，由于非受事宾语存在宾语和谓语动词的语义冲突，可以据此确定输入空间从而构建浮现意义，由谓语动词构建动作事件、非受事宾语构建非受事参与事件。如"吃大碗"由于"吃"与"大碗"之间的非常规搭配，可以通过"'吃大碗'绝不会认为是把大碗吃到肚里去"这一语义冲突构建"吃"和"大碗"的工具关系，从而确定其浮现意义为"吃（饭）时使用大碗"。但是有些非受事宾语句语义较复杂，可以理解为多种浮现意义，不能简单通过语义冲突确定浮现意义。如对于"一锅饭吃了十个人"的浮现意义，分别有"供用关系"（范晓、任鹰、李敏、鹿荣、齐沪扬）、"数量分配关系"（李临定、范方莲、张旺熹、陈昌来）和"容纳关系"（陆俭明）三种看法。这些浮现意义的确定除了利用语义冲突外，还需要从整合特征入手，来甄别其浮现意义。

（三）解释事件框架选择的认知理据

概念整合过程是一个框架转换过程，Coulson 在《Semantics Leaps: Frame-Shifting and Conceptual Blending in Meaning Construction》一书中提出了框架转换模式，即语言理解过程中概念修订和更新的过程，这一操作将现有的信息重新组织到一个新的框架中，新框架会呈现出新的意义，反映了语义重新分析过程。输入空间一般有两个，其中一个事件框架会被选为句法句式的框架。那么这种事件框架的选择有什么动因呢？

以工具宾语句为例，如果将动作事件的事件结构表示为"A 做 P"，将工具使用事件的事件结构表示为"A 用 I"（A：施事，P：受事，I：工具），那么工具宾语句是动作事件和工具使用事件整合的结果，我们称为工具事件，其事件结构为"A 做 I"。显然，工具事件是动作事件和工具使用事件压缩的结果。整合事件框架选择了动作事件而没有选择工具使用事件，也就是说，选择了"A 做 I"结构而不用"A 用 I"结构，即用"吃大碗"表达"用大碗吃饭"事件，而不用"用饭"表达"用碗吃饭"事件。同理，处所宾语句如"走大路"表达"在大路上走"，而不用"在大路"表达这一意义。课题将从动作事件与非受事事件对人们认知心理影响上解释事件框架选择的认知理据，由于常规事件发生频率更高，为人们所熟悉，容易识别、处理和记忆，更容易建立心理联系，因此被选为整合事件的框架。常规事件与非常规事件的压缩受到组合、完善和扩展机制的支配，其中完善机制对压缩成功与否至关重要，压缩时受完形心理支配，动作事件和非受事参与事件必须与人们的背景知识、概念结构和语境契合，由常规动作事件激活非受事参与事件，形成一个完整的场景，整合出动作事件发生时非常规事件同时产生的浮现意义。

（四）归纳现代汉语非受事宾语句句法语义实现规律

我们将选择工具、处所、材料、供用、存现宾语句，探讨这些句式的意义和句法句式之间的表征关系，至于现代汉语非受事宾语句的句法语义实现有何共性和区别，产生这些共性和差异的动因是什么，将最终通过分析这些有代表性的非受事宾语句的句法语义实现过程后得出结论，同时也可以借此进一步探讨汉语受事宾语句的接口问题。

最后，简要介绍本书语料来源，本书语料来源主要有四个：（1）北京大学汉语语言学研究中心语料库（http：//ccl. pku. edu. cn），文中标注为"ccl"，该语料库总字数为 1620 万字，包括多种语体，如剧本、随笔、散文、小说、杂文、随笔、口语转写材料、理论著作、科普论文、法律法规、教材和工具书等，涵盖了现代汉语常见的文体类型；（2）网络中的语料，标注为"网络"；（3）所引参考文献、工具书中的例句，根据文章名注明出处；（4）内省语料，不注出处。文中例子主要来自北京大学汉语语言学研究中心语料库，有极少数例子取自相关语法著作和论文，这部分例句在后面均标明出处。需要说明的是，非受事宾语句由于存在一定的情境性和熟语化特征，其使用场合受到诸多限制，一般语料库收录的句子数量不多，所以我们也搜索了部分网络中出现的一些语料，并加上了一部分内省语料，以弥补语料不足的缺点。

第二章

概念整合的理论基础

　　美国语言学家 Fauconnier 和 Turner 在心理空间理论基础上提出概念整合思想。心理空间是人们在思维和说话时构建的信息集合，其构建是为了局部话语的理解。它是描写人类幕后认知的工具，通过心理空间的构建使得空间成分和关系结构化，同时通过建立语用功能使得不同空间的成分得以指称和辨认；通过空间优化策略使得空间之间的信息得以继承和转换。概念整合理论是通过心理空间进行的一种基本和普遍的认知操作，通过在线和动态的认知模式构建意义，在类推、反类推、递归、心理模式化、概念范畴化和框架化等认知操作下，通过心理空间网络的相互映现整合出新的心理空间，从而构建出新的意义。

　　Fauconnier（1985/1994）详细讨论了心理空间理论的理论基础及其主要内容，在此基础上在 1994 年正式提出了"概念整合"；Fauconnier 和 Sweetser（1996）开始应用心理空间理论解决语义和语法问题；Fauconnier（1997）和 Turner（1998）对概念整合的性质和整合过程进行了初步探讨，但是没有就心理空间之间的主要关系及关系的压缩过程予以说明；Coulson（2001）认为意义构建是非组构性（un-compositional）的过程，强调框架及框架转换在概念整合中的作用，并从神经心理学出发通过事件相关电位证明了概念整合的神经心理基础；Fauconnier 和 Turner（2002）则是概念整合理论的集大成之作，该书分为两部分，第一部分详细探讨了心理空间的网络模式，认为想象、合并、认同等认知操作是意义构建的核心手段，语言形式只是具有触发想象的作用，概念整合是一种基本的心理操作，它是人类长期进化后的一种无意识的看不见的认知活动，但它是意义构建的普遍的方式，概念整合过程包括心理空间之间的成分和关系的映现和选择性投射①，通过关系的压缩实现整合。在第二部分，该书介绍了人类如何运用概念整合进行说话和思维的，人类通过整合建立了语言、艺术、宗教、科学和文化，人类的很多违实性思维诸如幻想、模仿、撒谎、欺骗等也来源于概念整合的作用。最后作者认为概念整合是我们学习、思维和生活的方式，一部人类发展的历史就是概念整合的历史。②

　　概念整合理论从心理空间理论发端到现在历经 30 余年，已经成为认知语言学的重要研究方向之一，被广泛用于语法、语义、话语分析、文学、艺术及神经语言学研究中。21 世纪初期，国际上三本著名的期刊——《认知语言学》《语用学学刊》和《语言与文学》还出版了该理论的专刊，极大地推动了该理论的研究和发展。要了解概念整合理论的本质需要首先了解其理论来源，概念整合理论主要来源于心理空间理论，下文第三章有专门介绍，这里不再赘述。下面从概念隐喻理论、框架转换、神经心理基础三个方面介绍概念整合的理论基础。

第一节　概念隐喻与概念整合

　　Lakoff and Johnson（1980）提出了概念隐喻理论，该理论认为隐喻不仅是一种修辞手法，更是一种普遍的认知手段和思维方式，人们可以通过隐喻来理解抽象概念和进行认知推理，人类行动和思维的概念系统主要是建立在隐喻基础之上，隐喻通过跨概念域的投射建立了不同概念之间的指称和理解。该理论提出来之后，引起了一场认知语言学革命，对心理空间和概念整合也产生了重大影响，从概念整合的认知基础、投射过程及不同空间之间的投射方式上都可以看到概念整合对概念隐喻的继承和修正，Fauconnier（1997：8—10）也明确将概念隐喻理论应用到概念整合理论中。下面从隐喻和整合的性质、操作方式及操作原则上探讨前者对后者的影响。

---

　　①　这些关系包括时间、空间、使因—影响、部分—整体、类推、反类推、同一性、变化等，详见第四章概念整合的核心思想的相关介绍。

　　②　这一部分还介绍了涉及多空间的多重整合、整合的原则及形式和意义的关系。

一　隐喻和整合的性质

概念隐喻理论认为隐喻是一种认知手段，隐喻不仅仅是一种语言现象，它还是人类的一种思维方式，隐喻的本质是一种结构化的概念系统，它借助一种事物来理解和体验另外一种事物（Lakoff and Johnson，1980：5）。隐喻是跨概念域的映射，概念域是由概念（如"吃饭""学习"）组成的知识结构，一个概念域往往由实体和结构关系组成，如"吃饭"概念由实体"吃饭者、饭"和结构关系"吃"组成。人类的概念系统既是一种知识也是一种功能，它在日常生活中对范畴化、概念结构和思维推理起着重要作用，例如我们感知世界、与外界和他人联系都离不开概念系统，而这种概念系统大多数都是隐喻的。一方面，隐喻具有体验性，人类的概念系统具有范畴化、类推能力，这些能力的形成是人类根据自身的经验在漫长的历史中进化发展而成。以身体经验为基础，人类能认识到源域与目标域的相同性，并将源域中的某些特征选择性地投射到目标域中，例如"人生是旅程""辩论是战争"，隐喻不是任意的，其基本概念与身体经验积累的文化基本价值一致，源域与目标域的对应关系的形成如果没有身体经验知识的参与是不可想象的。正是这种体验性表明人类的概念系统是身体经验的结构化、系统化的概念。另一方面，隐喻具有无意识性，隐喻虽然是一种普遍的每天都在进行的思维方式，但是也是一种无意识的自动的思维，发现隐喻的方法之一就是仔细观察我们使用的语言，因为语言交际和隐喻建立在同样的概念系统之上。

概念整合理论是通过心理空间之间的映射整合来构建意义的理论，心理空间是说话或思维时临时构建的信息集合，一般情况下与概念基本相同。概念整合理论同样认为整合是一种普遍和基本的认知操作，正如"我们赖以生存的隐喻"一样，我们每天生活在整合之中。概念整合的认知方式比隐喻更加全面和复杂，这些操作由同一性、合并和想象构成，具体包括类推、反类推、递归、心理模式化、概念范畴化和框架化等，注重范畴之间的同一性的隐喻思维只是概念整合的认知操作中的一种。之所以人类具有整合能力是因为我们具有经过漫长进化的超强的大脑，加上人类经过体验积累的文化的帮助。整合是构建意义的主要手段，看得见的语言只不过是看不到的意义构建的冰山一角。类比、概念框架化和隐喻思维都是人类整合思维的工具，不过从来没有被人们意识和注意到，也许是这些机制经过历史演化而被适应了，成为人类思考的幕后活动而不为人们觉察，也有可能是这些机制发生时神经系统以光速激活运行，人类觉察和注意这些操作会干扰其运行（Fauconnier and Turner，2002：17—18）。

二 隐喻和整合的操作方式及类型

（一）隐喻的操作方式及类型

隐喻是跨概念域的映射，它以相似联想为基础采取"源域"向"目标域"两域映射方式，形成相关概念和结构的转移，体现了概念之间的内在联系。束定芳（2002）认为语义冲突是隐喻产生的基本条件，即语言意义组合中出现的违反语言组合限制或常理会导致的语义偏离；语义冲突会导致听话者进行语义推导时采用一个概念域向另一概念域转移的方法，即两个概念域的互动，从源域向目标域的单向映射。语义冲突是隐喻产生的基本条件，互动是隐喻意义产生的基本方式，而相似性则是隐喻产生的根据。[1]

根据相似联想和语义域转换，隐喻可以分为结构隐喻、方位隐喻和实体隐喻。结构隐喻来源于人对自身身体或外部物体的体验，如动作、情感、思想、看待事物的方式等，结构隐喻的源域和目标域虽然不同，但其结构保持不变，如在"通货膨胀是一个存在物"的隐喻中，"通货膨胀"被理解成一个可以指称和量化的事物，如"通货膨胀降低了我们的生活标准""如果有更多的通货膨胀的话，我们就别想活了""我们需要和通货膨胀斗争""通货膨胀将我们逼到了死角"等（Lakoff and Johnson，1980：26），事物的很多典型特征都被转移到"通货膨胀"这种现象当中了，两个概念之间的结构存在着规律性的对应关系。方位隐喻是参照空间方位形成的隐喻，人类根据自己的感知经验和知识积累形成的空间方位概念是最基本的感知经验，这些人们熟悉的、具体的概念

---

① 束定芳（2000：172—178）将相似性分为物理、心理和记号性相似性，物理相似性指事物之间的形状或功能上的相似；心理相似性指非物理的、心理感受上的相似；记号性相似指用某一情景表达另一情景。

很容易被用来指称和表达诸如情绪、状态、社会地位等抽象的概念，如"醒来了""起来""明白过来"和"睡过去""晕过去"中，体现了"清醒是来""不清醒是去"的隐喻，空间方位被用于抽象的动作或状态中。实体隐喻指人们根据物质世界的经验形成的具体的物质域来表达抽象的心理、认知、情感等抽象范畴及关系（杨秀杰，2005：43），典型的实体隐喻如容器隐喻，将人的身体看成一个容器，进食、呼吸、排泄都体现出容器特征，这种容器特征会转移到其他领域中，如"说出来""跳出这个话题""进了他的圈套"等。

（二）概念整合的操作方式及类型

概念整合借鉴了隐喻的跨概念域的映射方式，认为意义的构建是不同心理空间的成分和关系的映射。映射原来是数学术语，指两个集合之间存在的对应关系，如 y＝F（x）指集合 x 和 y 之间存在对应规则 F，集合 x 中的任一成分在集合 y 中都存在唯一的对应成分。概念整合用数学中的映射原理来分析联想和认知过程，也是借鉴了 Nunberg（1978）的语用功能理论，该理论认为人类能够通过心理、文化等语用关系在不同性质的客体之间建立联系（朱永生、蒋勇，2003；Coulson，2001：25）。在吸收概念隐喻的映射模式和 Nunberg 语用理论基础上，整合理论通过心理空间之间概念与概念的认同、对应和匹配关系来构建映射关系①。

Turner 和 Fauconnier（1995）开始借鉴隐喻的双域映射模式，认为双域模式在认知推理中非常有用，但这种模式实际上是更大、更普遍的多空间映射模式的一部分，这种多空间模式就是概念整合模式。概念整合至少由四个空间构成，两个输入空间、一个共有空间和一个整合空间，输入空间包含的概念大致相当于隐喻的源域和目标域，因为输入空间的信息会通过映射投射到整合空间，同时输入空间共同具有的结构和关系构成共有空间，输入空间、共有空间的成分和关系会选择性映射到整合空间中，整合空间具有输入空间的某些信息，同时会形成输入空间没有的新的意义。Lakoff 和 Johnson（1980：10—13）认为要根据一个概念来理解另一个概念，必须隐藏概念的某些特征，同时将焦点转向和

---

① Fauconnier（1997：9—13）将映射进一步细分为三类：投射映射、语用功能映射和图式映射，下文在讨论整合理论的核心思想时再具体介绍这三种映射。

隐喻意义一致的那些特征，如在"时间是金钱"隐喻中，人们的焦点只是集中到时间和金钱相同特征部分（如有价值、是有限资源等），但时间和金钱的不同特征（如不能追回、不能存储到银行里）被隐藏了。概念整合同样认为心理空间之间的映射具有选择性，输入空间的信息有些投射到整合空间，有些不能投射到整合空间。当然概念隐喻也认为隐喻概念也能延伸至一般说话或思维的字面意义之外的想象意义中去，概念通过隐喻功能只能部分结构化，有些部分可以通过某些方式进行延伸；同理概念整合理论也认为整合能产生输入空间中不具备的新结构，即创新结构，创新结构能产生输入空间中没有的新的意义——浮现意义。

在运行机制上概念整合也对隐喻进行了继承和修正。隐喻的运行机制是：语义冲突是隐喻产生的基本条件，互动是隐喻意义产生的基本方式，而相似性则是隐喻产生的根据。概念整合是一种更大、更普遍的多空间操作模式，使用范围和解释能力都超过了隐喻，所以在没有语义冲突的时候也能产生整合，如"老王的儿子小王"并没有语义冲突，整合是输入空间1"父子结构关系图式"和输入空间2成分"老王、小王"投射到整合空间，形成"父亲是老王，儿子是小王"的意义；整合同样利用了概念之间的互动关系，这种互动就是不同心理空间的映射；相似性是隐喻产生的根据，在整合理论中相似性只是所有认知操作的一种方式，心理空间内部的很多关系都能引起整合。具体来说，概念整合中整合空间的运行机制有三类：组合、完善和扩展，在后面章节具体讨论。根据心理空间之间的结构关系及整合方式，概念整合网络可以分成单一框架网络、框架网络和共享结构网络，其中共享结构网络又可以分成单向网络和双向网络，下文介绍概念整合的主要内容时详细说明，这里不赘述。

三　整合对隐喻的借鉴与发展

概念隐喻和概念整合理论把整合和隐喻看成一种普遍的认知操作方式，是我们思维和理解事物的一种工具，而不仅仅是一种语言现象，语言不过是对隐喻和整合起提示作用的一种表象，真正的隐喻和整合在后台运作，很难被人们注意或觉察；二者都采用了概念域之间的成分和关系的映射来解释意义的产生，都认为这种映射是选择性的和不对称的，只有部分特征会映射出去，其余部分则被隐藏；二者都认为概念域之间的映射受到某种原则限制，隐喻的映射是以相似性为基础的，所以认为这种映射受到"不变性原则"的限制，即隐喻映射保存了源域的认知结构，以与目标域相一致的方式映射到目标域中（Lakoff，1993），而整合也受到各种原则的限制，其中总的原则是"人类量度原则"。上述相似的部分很多是整合理论借鉴吸收了隐喻理论的长处，同时整合也将上述理论进行了发展，产生了很多不同于隐喻的地方。第一，概念整合虽然也认为整合是一种普遍的操作方式，但整合是一种更普遍的涵盖隐喻的认知方式，隐喻只是整合认知中的一种方式，所以在具体的映射模式上整合的多空间模式不仅能进行隐喻式的两域运作，还能进行隐喻不具备的多空间的映射；第二，在概念域之间的映射方向上，隐喻是由源域向目标域的单向映射，而整合多空间之间是相互的双向或多向映射；第三，隐喻只涉及两域单向映射，整合是多空间的双向或多向映射形成的整合网络，这种网络可以作为基础成为一个更大映射网络的一部分；第四，整合的运作机制和限制原则也不同于隐喻，隐喻以相似性为基础形成了映射的"不变性原则"，整合映射类型则是以"人类量度原则"为总原则的诸多原则构成；第五，隐喻只是建立了两域之间的稳定的系统的映射关系，因此隐喻只是概念系统的一部分，而整合既能构建稳定映射关系，还能构建在线的、动态的、临时的映射关系，所以整合是一种更普遍的认知方式，能解释一些隐喻无法解释的意义构建现象。比如Coulson（2001）和李福印、田聪（2005）以"This surgeon is a butcher"（这个外科医生是个屠夫）为例说明了隐喻和整合在解释力上的不同。根据隐喻理论，源域"屠夫"会向目标域"医生"映射各种概念关系，如：屠夫对应外科医生，杀猪刀对应手术刀，动物对应病人，等等。但是"屠夫"并没有把"不称职"这个特征映射到医生上，我们如何得出"这个外科医生不称职"的结论呢？屠夫虽然社会地位较低，但并没说所有屠夫都是不称职的。可见隐喻的两域单向映射无法解释这种意义的构建过程。在整合多空间模式中，屠夫的屠宰空间和外科医生的手术空间构成两个输入空间，该输入空间的对应部分会形成映射，同时这两个输入空间的共有结构投射到共有空间。屠宰空间和手术空间也会提取部分结构和关系映射到整合空间形成创新结构，屠宰空间的目的—手段—结果关系与手术空间的目的—手段—结果关系也会投射到整合空间，但这两种目的—手段—结果关系并不相容，于是在整合空间中通过组合、完善和扩展等认知活动使得人们出句子的浮现意义——"这个外科医生不称职"。

第二节　框架转换理论

概念整合理论主要来源于心理空间理论，同时借鉴和发展了概念隐喻的跨概念域的映射方式来构建意义，Coulson（2001）在此基础上借鉴了框架语义学理论，将静态的框架语义学进行动态的转换，应用到意义的在线构建过程中，阐明了概念整合的框架转换基础。下面参考Coulson（2001）的研究，从框架语义学、框架转换模式和概念整合中的框架转换三个方面，介绍概念整合如何应用框架转换来构建意义的①。

一　框架语义学

传统的句子加工理论认为意义建构来源于分析（parsing），一个词串信息由两部分组成：提供句法结构信息的句法或结构信息表征；提供词汇意义的词汇语义。词串意义由这两个独立的部分组合而成，两部分信息组合产生了语境不变的意义（context-invariant meaning），所以这种观念又称为组合观。而认知语义学的框架语义理论（Fillmore 1982）对组合观提出了挑战，框架语义理论认为语境是意义构建过程的固有组成部分，意义中的语境变化是普遍存在的现象。因为话语就是用来通过某种方式激活来自物质和社会的记忆信息，所以人类的背景知识能够影响话语意义。

Fillmore（1982）认为许多词汇意义的理解依赖于说话者预先假设的对场景或社会组织的经验。要理解一个概念系统中的任何一个概念，必须以理解它的整个背景结构为前提，当我们理解一个概念结构中的多个概念中的一个时，其他所有概念都会被自动激活。例如"星期二"

---

① Coulson（2001）的专著后来由世界图书出版社于2010年出版影印版，张辉先生在导读中有相关介绍，读者也可参考导读中的相关内容。

这个词的意义如果没有任何关于人类每周工作五天休息两天的这种社会常识的认识的话，不可能被顺利解读。一个框架就是一个范畴系统，这个范畴系统的结构来源于某种语境信息。要理解"breakfast"（早餐）的前提是必须知道：（1）一日三餐是我们文化中的一个行为；（2）早餐是在睡完一觉之后的一天的较早的一段时间进行的；（3）不同文化群体中早餐都有独特的菜单。这三个条件不是一个严格标准，在具体使用时有时候可以违背其中某个标准，如一个人上完夜班后吃的第一顿饭也可以称为"早餐"，但这一定义违反了"早餐"的第二条标准。这说明词语只是给了我们一个范畴，这个范畴可以用在不同的语境中，根据背景情境是否准确地与定义的原型相匹配，范畴可以分为典型用法和非典型用法，人们可以根据典型用法来理解非典型用法。因此"框架"作为描写语言意义的有效的概念，是与激活的语境相一致的结构化的范畴系统。同时一些认知心理学家也提供了有力的证据证明，人类经常利用框架或图式进行感知、计划和记忆等认知操作（Barsalou，1992）。

理解框架的结构和关系是理解意义的必备因素，虽然意义构建离不开对框架的理解，但单靠框架还不能进行完整的意义构建，将框架作为语言意义构建和认知推理的中心会遇到两个问题：首先，框架表征是静态的简单的认知活动，而完整的意义构建是动态的复杂的认知操作过程。人们在说话和思维时会建立不同的认知域，通过跨认知域的关系和成分的映射形成新的结构从而产生新的意义，这一过程伴随着感知、类比、递归等认知活动，是动态的、创造性的过程，而传统的静态的框架语义显然难以完成这一意义建构过程。理论上来说，一个框架具有表征无限数量的相关客体的能力，但不是所有范畴都是典型的，人们经常会遇到非典型范畴的情况，例如一只失去了象牙的大象、一只吃昆虫的斑马该如何表征呢？要解决这些问题必须区分长时记忆的知识表征和在线理解和推理的表征，因为人们在进行意义构建时并不需要所有的知识参与其中，认知操作只有一小部分可以得到的信息参与其中。尽管在我们的长时记忆中关于"大象"的框架中会有"象牙"这一成分，但这一成分只是在遇到和"象牙"相关的语境（如需要理解失去象牙的大象）时才会从长时记忆中调出并应用其中。其次，框架语义在进行意义构建时遇到的第二个问题是框架不能表征不同框架间成分和关系的组合情况

（Brachman，1985）。静态的单一框架无法表达框架与框架之间的成分和关系的整合情况，所以需要有一个更大更复杂的操作系统来容纳这种情况。综合来看，框架语义表征意义构建过程的主要问题，在于意义的在线构建并不是操作记忆中已经存在的表征问题，而是将说话者在线的感知的和概念的信息与长时记忆中更加抽象的信息合并整合的问题。如对失去了象牙的大象的识解，必须将看到的物体与长时记忆中的大象的概念进行合并整合来理解看到的现象。在线意义构建的动态特征的产生是因为语言使用者在说话和思维时，是持续和创造性地建立和整合框架的，而不是仅仅检索和实现框架。

二　框架转换模式

由于静态的框架语义无法表达动态的意义构建过程，Coulson（2001）提出了框架转换模式。框架转换是指语言理解过程中概念修订和更新的过程，这一操作将现有的信息重新组织到一个新的框架中，新框架会呈现出新的意义，反映了语义重新分析过程（Coulson，2001：34）。

在自然语言处理过程中经常会遇到存在多种方式来解释事件及事件之间的关系的难题，因为语言的模糊性，选择哪一个框架来解释意义往往至关重要。人们对语言的理解有两种观点：组合观和构建观。语言理解的组合观认为语言的生成能力是由语言的分析机制组合而来，语言加工只需要通达词库中的语义信息，并标记一定的句法表征，从词库和句法中就能组合出句子意义。与之相反，语言理解的构建观则认为通过语言的提示，语言使用者构建出一个基于框架的表征，语言输入激活了长时记忆中的框架从而构建出句子意义。组合观和构建观都认为语境和背景信息的作用巨大，组合观用它来解决词汇和句法的歧义性问题，通过它和字面意义的结合来推导话语意义；构建观将语境和背景知识作为构建信息表征的原材料，并不区别字面和非字面意义，通过语言与非语言信息的结合来构建信息层表征。组合观并不能充分解释意义的构建过程，因为信息层表征并不能通过词库和句法的组合得到充分说明。Coulson（2001）以"thoughtful"（深思熟虑的）为例阐明了组合观与构建观的区别，例如：

（1）A thoughtful wife has pork chops ready when her husband comes home from work.

（2）A thoughtful wife has pork chops ready when her husband comes home from fishing.

词典中"ready"的意思是"准备好马上要使用"，但"pork chops"在两个例句中的意义并不相同，例（1）是已经做好准备食用的食物，例（2）则是尚未做好只是备用的原料；"husband"在两例中的表现也不相同，根据话语唤起的语境，例（1）中是一个称职的丈夫，例（2）则是一个不称职的钓鱼者。二者意义的不同无法通过仅凭字面意义推断的组合观得出，特别是例（2）通过激活"钓鱼"事件框架（准备渔具、前往钓鱼处、选好钓鱼点、钓鱼、回家、烹调、吃鱼），将它与现存框架合并，重新分析以后得出钓不到鱼和空手而归的框架语境，由一个称职的丈夫框架转换到一个不称职的丈夫的框架，这些只能通过构建观进行解释。

框架转换过程有如下一些特点：

（一）框架转换能超越典型框架构建新框架。框架的建立一般依靠典型场景建立，如"商品买卖"框架一般由买者、卖者、商品、货币等构成，但人们能够通过认知操作超越典型框架范畴，进行语义重新分析，从而构建出新的意义。新框架的建立只需要和当前语境相关的具体信息，不需要从长时记忆中提取所有信息。例如 Johnson-Laird（1993）比较了下面三例中的"tomato"的意义：

（3）The tomato rolled across the floor.

（4）The sun was a ripe tomato.

（5）He accidentally sat on a tomato.

上面三例分别强调的是"tomato"的形状、颜色和即将被压碎的倾向，这些意义的建立并不需要"tomato"的所有框架意义，只需要提取当前需要的意义即可。

（二）框架转换能通过重新分析将典型框架中的默认值重新设定，

从而构建出新的意义。例如：

　　（6）Everyone had so much fun diving from the tree into the swimming pool we decided to put in a little water.

　　一般的"swimming pool"框架中都有"水"这个默认值，但例（6）对此默认值进行了修改，从而达到了幽默的效果。

　　（三）框架转换是由所表达的意义与典型框架中对槽与填充值的限制的偏离引起的，这种偏离会触发语言使用者选择性地对背景知识进行激活和协调，从而对框架进行重新解释，例如：

　　（7）When I asked the bartender for something cold and full of rum, he recommended his wife.

　　在酒吧里顾客一般会要求"bartender"推荐饮料，而"cold and full of rum"也是饮料的典型特征，但"bartender"推荐的却是他的妻子，这与饮料典型的填充值并不相同，从而触发听话者重新调整框架对此进行解释。

　　（四）框架转换涉及将现有框架的信息表征映射到新框架的过程，转换后的框架包含一些最初框架的结构，人类有能力唤醒和开发语言单位的非标准意义。

三　概念整合中的框架转换

　　Fauconnier 和 Turner（2002：102）认为心理空间具有成分和关系，当这些成分和关系被结构化为我们已知的概念包之后，就可以认为这个心理空间被框架化了，那么这个心理空间就是一个框架。概念整合理论与框架转换模式具有很多共同点，框架转换的转换原理和转换过程可以应用到概念整合理论中。总体来看，概念整合在如下方面与框架转换具有一致性。

　　（一）都认为意义构建是一个动态的在线的语言操作过程，框架转换将静态的框架语义转换为动态的框架转换过程，使得框架转换理论能够将长时记忆中的静态框架与在线语境结合起来，从而大大增强了理论的解释力。而概念整合也致力于动态的在线的意义构建，通过长时记忆和在线的语境整合出新的浮现意义。

（二）都认为意义构建涉及不同概念域之间的转换过程，框架转换通过当前意义与典型框架的填充值之间的偏离触发框架调整，重新分析从而产生出新的意义。概念整合通过不同空间之间的成分和关系的选择性匹配和投射形成新的空间，从而整合出新的意义。

（三）都注重非字面意义的信息对意义构建的作用，框架转换将语境和背景信息作为意义构建的原材料，注重词库和句法之外的语境意义在意义构建的作用，认为它不仅能唤醒语言使用者长时记忆中的背景知识，而且还能与在线的语境结合产生出新的意义。概念整合也认为语言只对整合起提示作用，人们通过语言的提示能进行内在的合并空间操作来构建新的意义。

概念整合充分吸收了框架转换的优点，Turner（2008）详细说明了概念整合中的框架转换，在双侧概念合并中涉及框架整合，所以框架整合已经成为概念整合操作的一个类型。概念整合相对于框架转换来说是一种更大更普遍的认知操作，能够解决框架转换无法解释的问题。一个空间基本上就是一个框架，空间内部的关系和成分对应于框架的关系和成分，由于概念整合是在多空间之间进行，能够清晰地反映不同空间之间的成分和关系的对应匹配过程，并能通过整合空间与输入空间之间的映射展示浮现意义的产生过程，所以概念整合相对于框架转换来说认知操作更复杂、更精确，解释力也更强。而且整合还能解释没有当前意义与典型框架的填充值之间的偏离引起的意义构建过程，所以概念整合是一种更普遍、解释力更强的意义构建理论。

第三节　概念整合的神经心理基础

概念整合理论认为整合是一种基本和普遍的认知操作，整合作为人类认知的一种工具，广泛应用于语言、文化、文学、艺术、数学、绘画、计算机科学等涉及语言和思维的方方面面，整合理论不仅具有语言和认知上的理论基础和证据，而且具有神经心理和生物学基础，它是大脑神经组织进化后获得的一种能力，能通过大脑神经活动予以证明。Fauconnier 和 Turner（2002）从人类进化的历史和儿童整合能力的发育介绍了大脑整合功能的发展过程，Grady（2001）从神经生物学角度对概念整合的运作机制进行了验证，而 Coulson（2001）则从事件相关电位的实验证明了框架转换和概念整合的存在，下面根据上述研究分别论述。

一　大脑整合功能的产生与发展

概念整合能力并不是人类产生之初就已经具备的，考古学、人类学和基因研究证实这种能力是人类进化到一定程度之后才产生的。Fauconnier 和 Turner（2002：389）认为在大约 5 万年前，人类才因为大脑神经组织的进化获得了双侧概念整合能力①。人类因为获得了这种能力直接导致了人类文化的产生，人类的概念整合能力迅速表现在语言、数字系统、宗教、艺术形式、游戏、科技等方面。

人类在历史进化过程中获得了概念整合功能，因此儿童与生俱来就拥有整合能力。儿童作为高级动物具有各种动物具备的感知能力，同时他们生来就处于一个被复杂的、固化的文化概念整合结构化的世界里，生来具备的整合能力与文化提供的整合网络结合起来，进一步发展了儿童的整合能力。但儿童的整合能力也有一个逐步发展的过程，他们在三岁之前还没有构建整合网络的复杂系统，三岁以后儿童生物学上的能力的发展并结合文化提供的整合网络使得整合能力逐步发展起来，儿童这种概念整合能力的发展过程很难被察觉。

二　概念整合的神经生物学依据

概念整合的运作机制主要有组合、完善和扩展，根据房红梅、严世清（2004）的介绍，Grady（2001）对这三种运作机制从神经生物学角度进行了验证，认为它们与认知科学中的连接、识别和激活扩散之间存在对应关系。首先，概念整合的组合机制与神经认知的连接密切相关，连接指在大脑神经外皮层中一些专门进行感知处理的区域，一些神经对

---

① 关于双侧概念整合网络的定义，可以参看概念整合的核心思想这一章节的介绍。

单个或连续的物体或场面进行感知的神经表征运作，通过连接能够在三万分之一秒到三秒之内将分散不同的意象整合为一个整体。神经认知科学家通过实验证实，大脑能够在短时间内对感知的独立分散的信号进行整合并上升到意识，因此整合可以看作神经连接和认知的产物。其次，概念整合的完善机制与神经认知的物体识别密切相关，大脑外侧枕骨的某些区域负责对物体的视觉辨认，在不能辨别物体时该区域的神经细胞就没有活动，但是如果大脑获得足够的信号，即使没有视觉表征，也可以激活该区域的细胞活动。在结构完善和人类完形心理支配下，物体识别在部分关闭的情况下，我们还是可以进行辨识活动，这种能力是人类依赖于已有的知识和经验进行的一种基本的认知操作，与格式塔完形心理学的原理是一致的，这种物体识别模式与概念整合的完善模式也存在相似之处。最后，概念整合的扩展机制与神经认知的激活扩散之间也存在着对应关系。Grady 的研究表明概念整合的运作机制并非主观臆想的结果，而是具有心理真实性和神经认知依据。

三　概念整合的事件相关电位证明

Coulson（2001：92—113）根据事件相关电位（Event-related Brain Potentials 或 ERP）考察人脑语言加工过程，证明了框架转换与概念整合的真实性。事件相关电位是心理学家测量在线脑活动的技术手段，其物理基础是安置在头皮上的电极可以收集到一组同时发射的神经元在大脑中产生的电场，通过观察在线自发电位中有规律的电压变化，可以发现它与加工事件的某种类型在时间上存在紧密联系。研究者可以比较 ERP 对不同类型的刺激的反应，确认认知任务改变是如何调节大脑反应的。通过 ERP 收集到的是与运动、感知和认知活动相关的正负波的波形，波形的性质由极性、潜伏期和头皮分布三个参数决定。根据三个参数可以确定 ERP 在定量或定性上的差异，定量差异指波形相同但波幅不一致，定性差异指极性、潜伏期和头皮分布等波形都不相同。因此，事件相关电位能够将发生的语言事件处理过程持续地在线地显示出来。大多数和语言处理有关的 ERP 研究集中于潜伏期较长的部分，特别是 N400（负走向 400 毫秒的潜伏期）被证明在在线记录语言处理过程特别有效。

Coulson 探讨了框架转换的事件相关电位，为了测试潜藏的框架转换过程和其他类型的意想不到的词与句子的整合之间的关系，她记录了发生了框架转换、以笑话结尾的句子和不是笑话结尾的意想不到的与语境激活框架一致的句子的脑电位数据，例如 Coulson（2001：107）：

（8）The city planners built the train station on the edge of town so that it would be near the _____。

非笑话结尾：planes. 笑话结尾：tracks.

（9）She read so much about the bad effects of smoking she decided she'd have to give up the _____.

非笑话结尾：habit. 笑话结尾：reading.

如果基于概念的背景知识活动是意义构建的驱动因素，那么笑话结尾得出的 ERP 应该与没有框架转换的非笑话结尾的句子不同，但实验数据证实，虽然笑话结尾得出的 N400 比非笑话结尾的波幅更大，但二者在波形上是一致的，也就是说，笑话结尾比非笑话结尾整合的时间更长，整合更困难，但二者并不存在质的不同。这也证明，笑话结尾与非笑话结尾在意义构建过程中其内在的神经处理过程是一样的，基于框架的背景知识的检索在句子整合处理过程中起着重要作用，框架转换是一个普遍存在的认知过程。

第四节　小结

概念隐喻通过跨概念域的映射这种普遍的认知手段来理解抽象概念和进行认知推理，通过"源域"和"目标域"之间的相似性、语义冲突和互动来构建映射关系，这些开创性的认知研究方法能够解释大量的隐喻意义产生过程。概念整合借鉴并发展了隐喻的操作方式，将隐喻的两空间映射扩展为四空间映射，单向映射发展为双向或多向映射，以相似性为基础的映射扩展为所有受"人类量度原则"支配的关系映射，概念整合系统成为一个涵盖隐喻系统，并扩展成一个既能构建传统隐喻意义又能构建在线的、动态的意义的概念合成系统。

　　由于静态的框架语义无法表达动态的意义构建过程，Coulson（2001）提出了框架转换模式，框架转换能超越典型框架构建新框架，能通过重新分析将典型框架中的默认值重新设定，从而构建出新的意义，框架转换是由所表达的意义与典型框架中对槽与填充值的限制的偏离引起的，这种偏离会触发语言使用者选择性地对背景知识进行激活和协调，从而对框架进行重新解释，同时框架转换涉及将现有框架的信息表征映射到新框架的过程，转换后的框架包含一些最初框架的结构。框架转换注意到语言理解过程中概念动态更新的特征，将静态的框架语义发展为动态的框架变换理论，使之能对典型框架重新设定默认值，超越典型框架构建新框架，从而表达动态的意义构建过程。概念整合借鉴了框架转换的动态操作过程，注重语境和背景信息对意义构建的作用，二者都通过概念域的转换来构建意义，都认为意义构建是一个动态的在线的语言操作过程，都注重非字面意义的信息对意义构建的作用。

　　概念整合理论是语言学、哲学、心理、认知和生物学多种学科理论成果的结晶，整合作为人类的一种基本和普遍的认知操作能力并非与生俱来，它经历了漫长的历史演化，在大脑神经组织高度发达时产生，人类在历史进化过程中获得了概念整合功能，因此儿童与生俱来就拥有整合能力，概念整合的运作机制如组合、完善和扩展，与认知科学中的连接、识别和激活扩散之间存在对应关系，说明它具备神经生物学基础；而事件相关电位实验更是从事实上验证了概念整合理论是人脑加工过程的一个环节。

第三章

概念整合的理论起源

第一节　心理空间理论的产生

概念整合理论来源于 Fauconnier 和 Turner 创立的心理空间理论。20世纪 70 年代开始，认知语言学在广泛吸收了各门学科如心理学、哲学、神经科学、人类学等认知科学成果之后，产生了基于认知科学的研究成果和研究方法。语言研究开始由客观主义与形式主义转向非客观主义与功能主义的研究，并取得了丰硕成果，如 Langacker 的空间语法（后来发展为认知语法）、Lakoff 的隐喻理论及 Jonson、Sweetser、Talmy 的图形/背景和事件合并理论。心理空间理论也在此时由 Fauconnier 和 Turner 创立，该理论建立之初是为了解决逻辑和形式语言学指称的隐晦性和预设投射问题，通过建立不同的心理空间并运用可及原则（Access Principle）为这些困扰逻辑和形式语言学的问题提供了统一的认知解释。此后 Dinsmore（1991）和 Cutrer（1994）通过时态和体发展了心理空间连接理论，Fauconnier 和 Sweetser（1996）将心理空间理论应用于语法和思维过程研究，进一步拓展了心理空间的研究范围。心理空间理论成果主要体现在 Fauconnier（1985/1994、1997）中。此外 Fauconnier、Sweetser（1996）和 Fauconnier（2007）也对此进行了介绍。

心理空间是人们在说话和思维时，为了局部的话语理解而构建的部分信息集合。它包括空间组成成分和结构化的框架及认知模式，并与人们的背景知识或长时记忆中的抽象知识相连接，如沿着某一路径走路、进行买卖活动等。有时候心理空间来源于人们即时的经验，这些信息集合与人们的具体知识相连接，如你的记忆中"张三登过泰山"，那么心理空间就包括成分"张三""泰山"，包含关系"登"。记忆事件会通过不同的方式和目的被激活，如：

（1）张三登过泰山。（已发生事件空间）
（2）如果张三登过泰山。（违实空间）
（3）李四相信张三登过泰山。（信念空间）
（4）这幅画上张三登过泰山。（绘画空间）
（5）这本小说中张三登过泰山。（小说空间）

在上述例句中，存在一个基础空间（一般为现实空间）及我们通过认知构建的心理空间（如已发生事件空间、违实空间等），基础空间的成分"张三"和"泰山"和结构"登"会分别映现到不同的心理空间，这些对应成分和结构关系通过时间、假设、信念和绘画连接起来，使人们能够辨认和指称这些成分和关系。

心理空间的建立是动态的，但也可以固化（entrench）在长时记忆中，在话语交谈和思维中这些固化的框架会被瞬间激活，如"十字架上的耶稣"会激活"罗马刑罚""圣婴""圣子"及"玛丽和圣女在十字架下"等框架。心理空间的建构框架可以是具体的也可以是抽象的，以"拳击、打斗、竞争"为例，"拳击"十分具体，"打斗"较为抽象，"竞争"更加抽象。心理空间理论的构建是基于认知的、功能的和动态的语言学理论，要完全理解心理空间理论的内涵和外延，需要将它和语言、形式语言学、可能世界区分开来。

第二节　心理空间的外延与内涵

一　心理空间的外延

（一）心理空间与语言

心理空间认为语言并不携带意义，语言引导意义。语言并不能直接进行认知构建，语言只是提供给人少量的但是充分的提示，当这种提示与人脑中已经存在的结构、认知原则、背景框架等结合时，人们就能构建意义。因此心理空间就是描写人的幕后认知的工具，人们在说话和思维时可以通过心理空间来描写人如何运用概念、背景知识、语境知识、图式归纳和认知映现能力来构建意义。心理空间是动态的，随着话语和思维的进行，新的认知域出现，新成分通过时间连接或合并起来，随着内部结构的改变和扩展，视角和焦点的不断变换，从而在线构成新的框架，形成新的空间。人们日常会话和推理都是通过这种看不见的、高度抽象的心理创造进行的，在这些意义构建过程中，语言特别是语法起着尤为重要的作用，它作为一种可见的连接，将神秘的幕后认知和思维组织与表层可见的行动连接起来了。出现在话语构建的不同阶段的句子，通过语法形式标示如下一些信息（Fauconnnier，2008：D14—15）：（1）关于新的空间被构建的信息，一般由空间构建词语（space builders）表达；（2）关于空间目前所处的焦点信息、焦点空间与基础空间如何连接的信息、焦点空间的可及性（accessibility）信息，这些信息通常由时态和情态手段来表达；（3）把新的成分（以及可能的对应成分）引进空间的描述；（4）一般通常构建类属层次的图式和框架的句法信息；（5）把心理空间成分连接到背景知识的框架和认知模式中的词汇信息，这一信息通过利用事先构建好的背景图式来构建心理空间；（6）可使一些结构迅速在空间网络中传播的预设标记。

（二）心理空间与可能世界

心理空间也不同于人们一般认为的可能世界。可能世界包含了所有的指称物及其特征，以及完全被标示的、非语言和非认知信息，研究的是语言形式与可能世界之间的连接关系。长期以来形式语言学坚持客观主义的研究方法，认为"概念是心智运作和思维过程的产物，是根据客观范畴组织起来的，因而也与其同构。概念结构也是符号结构，符号仅通过与世界（包括现实世界与可能世界）中客观存在的事体、范畴、特征、关系对应获得意义"（王寅，2007：54）。客观主义的可能世界与主观主义的心理空间之间的区别是：前者是形而上学的、高度抽象的和静态的；而后者是动态的和认知的，只是语篇理解过程中被部分标示的模式，即心理空间在语篇展开过程中所经历的不断改变、补充和标示的过程。心理空间之所以是认知的，是因为它们不是我们所指称的客观世界的东西，而是可以被我们用来指称人的投射世界的认知成分，心理空间包括了在客观世界中不存在的和不能直接指称的成分和关系（Fauconnnier，2008：D15）。

（三）心理空间的意义建构观

心理空间在意义建构观上属于认知语义学范畴，在理论基础上与形式语义学范畴不同。形式语言学认为自然语言的句子与逻辑系统的句子是一致的，句子是表达命题的，可以用逻辑来研究自然语言，因此语义学的任务就是探究命题是什么，句子与命题是如何结合在一起的。[①] 以乔姆斯基为首的生成语言学派认为语言是天赋的、自治的，是人脑中的独立系统，与人的感知、经验、社会背景、文化知识和交际需要没有直接关系，句法是人类心智生成的，人类大脑天生具备自治的句法模块，因此句法是自治的，纯形式的与语义无关的系统。而第二代认知科学认为语言并非天赋自治的，语言是人与世界的体验与互动认知的结果，语言的生成源于概念结构而非句法。因此，心理空间理论认为句子并不是表达命题的，自然语言的句子是一些未完全标明的信息，这些信息与某些语境信息的结合引导我们进行认知的意义构建，而语法在意义构建中主要起提示和引导作用，语言背后的幕后认知才是心理空间主要研究的部分，所以心理空间的建立不仅仅是通过明确的空间构建语（space builders），更多的是通过非直接的语法意义及非语言的语用、文化和语境因素建立的。

二　心理空间的内涵

（一）心理空间的认知基础

心理空间理论建立在第二代认知科学基础之上，其哲学、心理学基础和语言观都与第一代认知科学截然不同。王寅（2007：16—24）讨论了两代认知科学的不同，认为发端于20世纪70年代的第二代认知科学是对第一代认知科学的客观主义、天赋论、二元论等观点的反动，第二代认知科学认为心智的本质来自身体经验，包括概念、推理、意义是完全依赖自身经验的，概念化和想象力（特别是隐喻、转喻、意象、原型、框架、心智空间等）是研究的中心。第二代认知科学表现在语言上

①　20世纪50年代以来，乔姆斯基的转换生成语法并不重视意义的研究，70年代以后的语义学理论也将研究重点放在意义的形式化方面，用各种基于算法系统的规则来表达意义的演算过程。

也就是我们一般所说的认知语言学，张敏（1998：5—7）归纳了九条认知语言学基本原则和理念，比如认知语言学认为自然语言既是人类认知活动的产物，又是人类认知活动的工具，人类的语言能力不是完全自主自足的天赋部分，而是与一般认知能力密切相关的；句法并不涉及任何转换部分，表层句法结构是句法描写的基本单位，它直接对应于语义结构；语义不是基于客观的真值条件，语义结构也不能简单地化解为真值条件的配列，它并非对应于客观的外在世界，而是对应于非客观的投射世界，并与其中约定俗成的概念结构直接联系；语义学和语用学形成一个连续统，二者都作用于语言的意义；等等。认知语言学的这些基本原则都与心理空间理论的原则相符，形成了心理空间理论的基本原则。

（二）心理空间对跨域函数的发展

心理空间理论的建立除了基于上述一般认知语言学基本原则之外，还有其特殊的理论贡献，包括对跨域函数的发展、对框架化和视角的应用及认知映现的发现。首先来看心理空间理论对跨域函数（cross-domain functions）的发展。人们进行任何形式的思维时，特别是以语言为媒介的思维时，大脑开始建立、结构化并连接认知域。随着思维的发展，大量的认知域（心理空间）建立起来，语言（语法和词库）是标示和检索认知建构的有效手段但不是唯一的手段。指称、推论和各种结构投射都是通过结构化的心理空间的连接进行运作的，这种空间与空间之间的对应成分和投射结构之间的连接就是跨域函数。例如我们谈话时说到现实生活的"鲁迅"和画像中的"鲁迅"，会建立两个空间—现实空间和画像空间，这两个空间都有一个"鲁迅"，他们是彼此对应的成分，通过空间连接感觉具有同一性的一个人，这同一个"鲁迅"出现在两个认知域中。如果按照客观的观点，这两个人不应该是同一个人，他们一个有血有肉，另一个不过是水墨构成的画；从主观的观点来看，二者的区别也很明显。但是人类能通过认知操作，将本属于不同认知域中的实体、框架和结构连接应用到同一事物。Kamp（1984）的话语表征理论和 Seuren（1984）的话语语义学通过同一性建立了不同空间之间的对应结构，但 Fauconnier 认为仅仅通过同一性的连接是远远不够的，虽然同一性可能是最明显、最典型的跨空间的概念连接，但从认知语义学的角度来看，同一性只是概念连接中众多手段中的一种，类比、隐喻投射、角色与价值、语用转喻都可以建立跨域连接。心理空间不能通过语言进行充分标示，从空间结构到语言形式之间并没有什么算法规则，心理空间的建构高度依赖于预先存在的结构，如可用的跨空间映现、框架和认知模式、社会框架的局部特征及现存世界的真实特征等。

（三）心理空间对框架化和视点的发展

心理空间理论特别重视框架化（framing）和视点（point of view）的作用。认知语法和构式语法（如 Langacker、Talmy、Fillmore、Lakoff、Brugman、Goldberg）早就注意到句法结构是进入一般框架的一种手段，这些框架再通过词汇标示等手段映现到更具体的框架中，甚至这些框架会依次映现到由局部语境、空间连接和相关的文化和知识背景决定的更具体的框架中。从这种意义上来说，空间构建就是框架构建，框架提供了驱动跨空间映现的抽象推导的图式。话语建构过程是高度流动和动态的，充满了局部创造性，如空间中范畴的建立、时间的连接、新框架的在线创立等，而语法的作用在于唤起语境中的类属框架以操纵更具体的框架。意义构建过程的动态性说话和思维的参与者必须随着心理空间和空间之间的连接的路径来构建意义，这些可以通过视点及视点的转换来达到这个目的，因为视点和视点的转换能通过时态、体、空间构建语、照应及其他的认知操作来进行语法上的编码。[①] 任何空间结构都包括基础、视点、焦点和事件四个基本元素，基础空间为空间开始的基础，视点空间是其他空间构建或进入空间的来源空间，焦点空间是谈话或思维正在增加内容的空间，事件空间与正在谈话或考虑的事件或状态的时间相对应的空间，所以事件空间经常就是焦点空间。例如（Fauconnier, 1997：73）：

（6）马克思现在 23 岁，他已经住在国外。1990 年他住在罗马，1991 年他将搬到威尼斯。这样他已经在罗马住了一年了。

"马克思现在 23 岁"建立了一个基础空间，也是说话者最初的视点和焦点；"他已经住在国外"焦点不变，只不过增加了一个过去事件空

---

① 如语法的时态和体能表示心理空间内部的相对关系，根据参与者的话语位置，从而确定焦点空间、基础空间及视角转换、焦点转换等。

间；"1990 年他住在罗马"通过空间建构语"1990 年"建立了一个新的焦点空间，空间信息为"马克思住在罗马"；"1991 年他将搬到威尼斯"将视点转换到下一个焦点空间"马克思搬到威尼斯"；"这样他已经在罗马住了一年了"视点与前两句相同，1991 年仍为焦点，"在罗马住了一年"为焦点空间内容。

（四）心理空间对认知映现的发现

心理空间的一个最重要的发现是认知映现（cognitive mappings）。由类比、隐喻、转喻等构建的多空间结构，包括来源空间、目标空间、共有空间和整合空间，这些空间之间能互相投射成分或结构。以 Turner（1991）的 XYZ 隐喻研究为例，其句法结构为：NP be NP of NP（即 X be Y of Z）。如"Vanity is the quicksand of reason"（虚荣是理性的流沙），这个简单的结构具有复杂的语义及语用解释，目标空间的 X（虚荣）是来源空间的 Y（流沙）的对应成分，目标空间的 Z（理性）是来源空间中的第四个成分 W（旅行者）的对应成分，用这些结构能将来源空间的推导成分投射到目标空间中。例如 W（旅行者）想到达目的地，因为流沙破坏了旅行者的旅行，所以可以推导出虚荣破坏了理性。在这些意义构建和推导过程中，语法提供的信息很少而且是高度抽象的，人们可以靠自己的认知能力来找到映现及丢失的成分进行意义构建。认知映现和整合是意义构建的核心，Langacker、Talmy、Fillmore 研究的句法结构表征了高层共有空间，结合词项本身的结构，他们能被映现和整合到更具体的空间，这种一般图式允许结构的多个层次自然投射到一个给定的心理空间结构中。

第三节　心理空间理论的重要观点

一　语用功能与影像

语言研究从最初注重语言形式的结构本身的研究，转变为注重语言依存的结构和网络及这些结构和网络之间的对应关系的研究，如框架、场景、话语隐喻等概念都是因此而产生。G. Nunberg 在研究指称关系时提出了语用功能概念，即我们可以通过认知、心理、文化或语用推理在两个不同的成分之间建立连接，这种连接允许一个成分用与其连接的另一个成分来进行指称和辨认。Fauconnier 将其归纳为可及原则（Access Principle），也称为辨认原则（Identification Principle）。

辨认原则：如果两个成分 a 和 b 通过语用功能 F 连接起来，那么通过描写 a 可以用来辨认其对应成分 b。

辨认原则使得处于不同空间的成分可以通过语用功能建立认知连接，其中描写成分为触发词（trigger），其对应的辨认成分为目标词（target），例如：

（7）柏拉图在上层书架上。

（8）蘑菇煎蛋饼没付钱就走了。

"柏拉图"和"蘑菇煎蛋饼"为触发词，"书"和"顾客"为目标词，二者通过认知、心理、文化或推理建立了联系，使得前者可以辨认和指称后者。由于语用功能的不同，目标词的解释也不一样，如"柏拉图"触发的目标词可能指称的是柏拉图写的书，也可能是关于柏拉图的档案、写有柏拉图的标语，甚至是柏拉图的尸体，等等。语用功能主要起辨认功能，将触发词与目标词联系起来，因此又称为"连接语"（connector）。语用功能有一种类型是影像和模型，模型可以作为触发词用来辨认和指称影像，如："在画中丽莎在微笑，但实际上她已经消沉了几个月了"，影像（触发词）"丽莎"辨认和指称了模型（目标词）"她"；"丽莎已经消沉了几个月了，但在画中她在微笑"，模型（触发词）"丽莎"辨认和指称了影像（目标词）"她"。

空间与空间之间往往具有包含关系，如由空间建构语构建的空间作为子空间往往被包含在母空间里，例如：

（9）张三认为在李四的画中花是黄色的。

这里有三个空间：现实空间、张三的信念空间、绘画空间，三个空间的关系为：绘画空间⊂信念空间⊂现实空间。认知连接的辨认原则可以解释指称的隐晦性和透明性问题。指称的隐晦性指对某一事物的解读具有矛盾性，而透明性则没有矛盾性。如：

（10）Len believes that the girl with blue eyes has green eyes.

在隐晦性解读中，这个蓝色眼睛的女孩有一双绿色眼睛；在透明性解读中，这个绿色眼睛的女孩实际上有一双蓝色眼睛。隐晦性解读的产生是因为绿色眼睛的女孩是通过蓝色眼睛的女孩进行辨认；透明性解读是因为说话者建立了现实空间和信念空间，将现实空间中的蓝色眼睛女孩跨域连接到信念空间的绿色女孩。

二　心理空间的转换

心理空间的母空间和子空间的信息能够继承和扩展，心理空间之间存在着默认的转换机制提供继承和转换信息，即空间优化策略（space optimization strategies）。空间优化策略将信息在母空间和子空间之间传递，Fauconnier（1994：91）认为："当子空间 M 建立在母空间 R 之上时，我们会默认结构 M 与 R 之间存在最大的相似性。比如 R 中的成分在 M 中存在对应成分；R 中存在的关系在 M 中也存在对应关系；R 中的背景假设在 M 中同样存在。"预设传递是空间优化策略的一种，预设能使子空间的信息传递到子空间，但如果母空间已经包含子空间的预设信息或者母空间信息与子空间信息相悖时，信息传递就会被阻断。例如（Fauconnier and Sweetser，1996：23；Fauconnier，2008：D21—22）：

（11）比尔说乔伊想见劳拉的丈夫。
（12）比尔说劳拉是单身但乔伊想见劳拉的丈夫。
（13）比尔说劳拉已经结婚但乔伊想见劳拉的丈夫。

根据上面的例子，可以建立三个空间：说话者的现实空间（speaker reality）、由空间建构语"比尔说"构建的"言语空间"（speech space）、由空间建构语"乔伊想"构建的"想做空间"（want space）。

三个空间的关系为：说话者的现实空间为母空间，言语空间为子空间，想做空间为更低一层的子空间。"劳拉的丈夫"预设"劳拉已经结婚"，这一预设正常情况下可以通过子空间传递到母空间，如（11）中的预设"劳拉已经结婚"由"想做空间"传递到"言语空间"再传递到了"说话者的现实空间"；（12）中的预设"劳拉已经结婚"由"想做空间"传递到"言语空间"时，由于与言语空间的信息相悖使得传递终止；（13）中预设"劳拉已经结婚"由"想做空间"传递到"言语空间"时，由于言语空间已经存在"劳拉已经结婚"的信息，使得预设无法进一步传递。

预设除了被阻断之外还会出现转换的情况，预设转换指与子空间相关的预设在子空间中无效却在母空间（现实空间）中有效。例如：

（14）在那幅画上，卢克已经不吸烟了。

而实际情况是现实中卢克一直在吸烟，面色苍白，显得并不健康；而在画上卢克并没吸烟，而且面色很好。因此预设"卢克以前吸烟"在现实空间中成立，但在绘画空间中并不成立。

三　认知建构与语法成分

心理空间理论认为语言表达本身并没有意义，它只是一种意义潜势（meaning potential），只有当话语完整并包含语境的情况下意义才真正产生。随着话语的展开，复杂的认知构建开始产生，心理空间通过框架和认知模式结构化，而这些结构化的认知域通过连接语互相连接。语法引导对于意义构建尽管不是决定性的，但也十分关键，语言中很多语法成分会引导或提示心理空间内部的结构化及心理空间之间的连接，这些成分主要有空间建构语、名称和名称描述、时态和体、预设结构、跨空间成分，下面分别介绍。

空间建构语是建立新空间或转换焦点空间的语法成分，它能够建立新的空间、成分及成分之间的关系，这些建立新的空间或回指已经出现的空间的话语为空间建构语（space-builders），它表现为多种语法形式，如介词结构（在画有鲁迅的画上、在他看来、在2009年、在哈尔滨）、

副词（确实、可能、也许）、连词（如果、或者）、主谓结构（他相
信……我希望……张三主张……）等；名称和名称描述也可以建立新的
空间成分或指向话语结构中已经存在的成分；语法中的时态和体经常能
决定哪一类空间处于焦点位置，决定焦点空间到基础空间的连接及空间
成分的可及性；预设结构能建立心理空间之间的连接关系，语言中的某
些语法结构如限定成分的描述、体成分、分裂成分（cleft）等，能作为
标记将一个空间内的结构引进到预设模式中，从而使得该结构作为包孕
成分蕴含到相邻空间；语言中有些成分可以将空间内部结构化或作为连
接语将不同的空间连接起来，有的动词如"吃、送"可以建立成分与
成分之间的关系，有的动词如"想、希望、相信"可以建立新的空间，
其中系动词如"是、成为"是典型的空间连接词语，它可以连接触发
词和目标词，建立空间之间的连接，结构式"NP$_1$ be NP$_2$"可以将 NP$_1$
所在的空间成分与 NP$_2$ 所在的空间成分对应连接起来，如"we are the
first house on the right"，通过转喻连接将"we"和"first house"对应连
接起来；语言中成分的辨别可以通过可及性原则将不同认知域的结构和
成分连接起来，一个空间中的名称及名称的描述能够用来辨别或指称另
一个空间中的对应成分，这也是语言的一个关键性质。

　　下面以一个具体的例子来说明心理空间的建立、连接和转换（引自
Fauconnier，1997：44）：

　　　　（15）Achilles sees a tortoise. He chases it. He thinks that the
tortoise is slow and that he will catch it. But it is fast. If the tortoise had
been slow, Achilles would have caught it. Maybe the tortoise is really a
hare.

　　第一句"Achilles sees a tortoise"中"Achilles"是一个名称，它被
连接到基础空间的背景成分 a 中，非限定成分"a tortoise"建立了新的
成分 b，而"see"建立了一个"x see y"的关系框架，"a"和"b"可
以作为角色填入这一框架中；第二句"He chases it"，根据背景信息我
们可以判断"Achilles"是一个人，"tortoise"是动物，因此照应代词
"he"和"it"可以通过基础空间的"a"和"b"辨认，第二句仅仅增

加了结构，并没有增加成分；第三句 "He thinks that the tortoise is slow and that he will catch it"，空间建构语 "he thinks" 建立了一个与基础空间相关的新空间，即 "Achilles" 的信念空间，其中补足语 "the tortoise is slow and that he will catch it" 将信念空间内部结构化，在信念空间中还有另外一个空间建构语 "will" 建立了第三个空间，也就是将来空间；第四句 "But it is fast"，将说话者的视点拉回到基础空间，说明基础空间的结构不同于信念空间的结构；第五句 "If the tortoise had been slow, Achilles would have caught it"，连词 "if" 建立了一个违实空间，过去分词时态 "had been" 表明违实空间相对于基础空间来说是违实的，同时两个新的结构 "b_1SLOW" 和 "a_1CATCH b_1" 出现在违实空间中；第六句 "Maybe the tortoise is really a hare"，视点仍然来源于基础空间，"maybe" 建构了一个可能空间，通过可及性原则可以判断出在此空间中 "tortoise" 的对应成分是 "hare"。

第四节　小结

概念整合理论直接来源于心理空间理论，认知语言学在广泛吸收了各门学科如心理学、哲学、神经科学、人类学等认知科学成果之后，产生了基于认知科学的研究成果和研究方法。心理空间理论建立之初是为了解决逻辑和形式语言学指称的隐晦性和预设投射问题，通过建立不同的心理空间并运用可及原则为这些困扰逻辑和形式语言学的问题提供了统一的认知解释。Fauconnier 和 Sweetser（1996）将心理空间理论应用于语法和思维过程研究，进一步拓展了心理空间的研究范围。心理空间是人们在说话和思维时，为了局部的话语理解而构建的部分信息集合。它包括了空间组成成分和结构化的框架及认知模式，并与人们的背景知识或长时记忆中的抽象知识相连接。心理空间认为语言并不携带意义，语言引导意义。语言并不能直接进行认知构建，语言只是提供给人少量的但是充分的提示，当这种提示与人脑中已经存在的结构、认知原则、背景框架等结合时，人们就能构建意义。心理空间也不同于人们一般认为的可能世界，心理空间在意义建构观上属于认知语义学范畴，在理论基础上与形式语义学范畴不同。心理空间理论建立在第二代认知科学基础之上，其哲学、心理学基础和语言观都与第一代认知科学截然不同。认知语言学的基本原则都与心理空间理论的原则相符，形成了心理空间理论的基本原则。

心理空间理论奠定了概念整合的理论基础，它将意义构建与语言和可能世界区分开来，通过语言提示并结合人的认知体验研究语言背后的认知操作。心理空间建立在第二代认知科学基础之上，并继承和发展了跨域函数、框架化和视点、认知映现等重要理论。对跨域函数的发展，使心理空间之间可以通过类比、隐喻投射、角色与价值和语用转喻等多种方式进行跨域连接，从而突破了单一通过隐喻或转喻进行连接的局限；对框架化和视点的发展，使心理空间能通过框架和视点转换动态构建意义；对认知映现的发现，使心理空间之间能互相投射结构和成分，映射和投射使得不同空间之间的信息能构建出新信息。上述理论的具体操作是通过语用功能与函数、心理空间的转换、认知构建与语法成分来实现的。辨认原则使得不同空间的成分通过语用功能建立起认知连接，空间优化策略建立了母空间和子空间的信息传递策略，语法成分则为心理空间构建提供了语言提示。语法引导对于意义构建尽管不是决定性的，但也十分关键，语言中很多语法成分会引导或提示心理空间内部的结构化及心理空间之间的连接，这些成分主要有空间建构语、名称和名称描述、时态和体、预设结构、跨空间成分。总之，心理空间理论基本建立起了不同认知域之间的信息建立和映射框架，成为在线意义构建的平台，虽然心理空间理论并未说明信息之间的具体映射机制和原则，但为概念整合提供了意义构建的基本理论框架。

第四章

概念整合的理论核心

Lakoff 和 Johnson（1980）的《我们赖以生活的隐喻》引发了语言研究中认知论和方法论的一场革命，认知语言学作为语言学研究的一种重要方法开始引起了广泛重视。五年之后，Fauconnier（1985）的心理空间理论在概念隐喻理论的影响下，开启了人类思维和话语产生中在线意义构建研究的新思路。20 世纪 90 年代，随着 Fauconnier 和 Sweetser（1996）、Fauconnier（1997）、Fauconnier 和 Turner（1996、1998）等一系列成果的出现，概念整合理论逐步成型。2000 年以后，Coulson（2001）阐明了概念整合的框架转换基础，运用事件相关电位的实验研究证实了概念整合的神经心理基础；Dancygier 和 Sweetser（2005）使用心理空间理论研究了条件构式的语义语法问题；而 Fauconnier 和 Turner（2002）则全面论述了概念整合的内部结构、运作机制和制约原则。至此，概念整合理论逐步走向成熟。概念整合理论借鉴和吸收了语言、认知、心理和神经科学理论的成果，将潜藏在大脑中在线构建意义的认知操作过程清晰地勾勒出来，整合作为人类一种基本的认知方式，在日常生活中的语言、动作、计划、推理、选择、判断、幽默、幻想等活动中都发挥着重要作用，能够解释语言、文学、文化、艺术、绘画、数学、宗教仪式、神经科学、计算机科学等诸多涉及语言和思维的现象，引起了学界广泛关注，成为认知语言学的主要研究方向之一。

概念整合探索意义整合构建过程的理论，该理论认为人类通过思维建立心理空间，通过心理空间之间的映射、合并能整合出新的意义。下面从概念整合的基本框架、映射类型、网络类型、运作机制及整合原则五个方面介绍概念整合的核心思想。

第一节　概念整合的基本框架

概念整合是心理空间之间的一种普遍的认知操作，概念整合由输入空间、共有空间和整合空间组成整合网络，空间之间能进行跨空间的对应连接映射，输入空间的部分结构会选择性投射到整合空间，整合空间通过整合形成整合结构。因此，整合是一个由心理空间及空间之间的映射和投射构成的整合空间网络。下面分别论述这一网络结构及映射、投射和整合过程。

首先是概念整合网络，典型的概念整合网络包括四个空间，两个输入空间（Input Spaces）、一个共有空间（Generic Space）和一个整合空间（Blending Space）。输入空间为其他空间提供结构或关系，两个输入空间之间存在部分结构对应关系，能向整合空间投射部分结构；共有空间包含两个输入空间的共同的结构，同时与两个输入空间之间存在映射关系；两个输入空间的部分结构选择性投射到整合空间，通过整合形成创新结构（Emergent Structure），产生浮现意义。其次，跨空间的对应成分的连接映射是指输入空间之间存在部分对应成分的连接，这些连接有框架内关系和成分的连接，实体、转换或表征之间的连接，隐喻连接，等等。再次，选择性投射并非输入空间的所有结构都会投射到整合空间，输入空间的结构会选择性投射到整合空间。最后，输入空间的部分结构选择性投射到整合空间，通过整合会形成创新结构，形成输入空间没有的新的浮现意义，整合过程通过组合、完善和扩展三种认知机制运行。下面以一则"佛教僧侣难解之谜"小故事来说明什么是概念整合（Fauconnier and Turner：136）。

一个佛教僧侣某天早晨开始向山上进发，日落时抵达山顶，在山顶沉思了几天后，某天早晨他又开始向山脚返回，在日落时抵达山脚。如果不考虑他的出发地点、停止地点或他的步伐速度，可以证明在这两次不同的旅程中，这个佛教僧侣会在一天的同一时间到达同一地点。

这个故事会提出这样一个问题：这个僧侣不可能同时进行两次旅行，他也不可能自己遇到自己，为什么我们会有这个佛教僧侣在同一时间到达同一地点这样一个推理想象结果呢？使用心理空间和概念整合理论可以解决这个谜团：人们在思维时将上山和下山这两次旅程的特征合并，整合出创新结构从而得出了一个确定的推论。这一思维过程包括输入空间、共有空间、跨空间映射、整合空间、选择性投射和创新结构等空间构建和映射整合过程：

1. 输入空间：这里有两个分别由两次旅行构成的输入空间，这两个空间之间存在部分结构的对应关系。输入空间 1 中用 d_1 表示上山那一天，a_1 表示上山的僧侣；输入空间 2 中用 d_2 表示下山那一天，a_2 表示下山的僧侣。

2. 共有空间：输入空间的共同结构映射到共有空间，包括一个走动的人及他所处的位置，连接山脚到山顶的道路，旅行的某一天，共有空间不包括僧侣行走的方向。

3. 跨空间映射：输入空间与共有空间、输入空间与整合空间及输入空间之间都存在对应成分的跨空间映射。以输入空间之间的映射为例，映射连接了两个输入空间之间的山、走动的人、旅行那一天及人的移动。

4. 整合空间：在整合空间中，输入空间的山坡外表合并为一个山坡；旅行的日期和 d_1 和 d_2，映射并合并为同一天 d'。在输入空间中存在的人及其位置、移动方向分别投射到整合空间，使得整合空间存在 a_1' 和 a_2' 两个相向移动的人，因此这两人在整合空间中并没有合并。

5. 选择性投射：由输入空间向整合空间的投射是选择性的，如移动的人、位置和方向投射到了整合空间，而旅行在日历中的具体日期没有投射到整合空间。

6. 创新结构：整合空间包含输入空间中没有的创新结构，如输入空间信息的组合创造了输入空间没有的新的关系，输入空间中的一个人在整合空间变成了两个，他们从不同的起点相向移动，因此他们之间的位置可以进行比较。

上述过程如图4-1所示（注：图中虚线连接的是对应映射成分）。

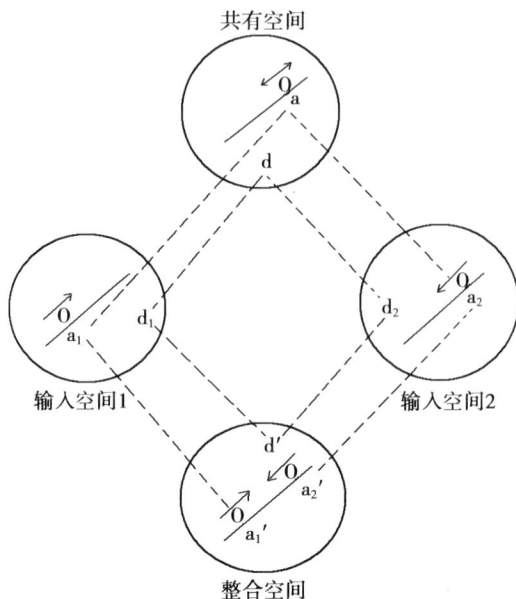

图 4-1　"佛教僧侣难解之谜"概念整合网络

关于概念整合的例子 Fauconnier and Turner（1996：113）还用一位当代哲学家的一段话进行了说明：

> 我认为理性是一种自我发展的能力。康德不同意我的观点，他说理性是天生的。但我认为在《纯粹理性批判》中他反对只有天生思想具有力量的看法是在回避问题的实质。但是我问到关于神经组织选择的问题，他没有给予回答。

这段话中当代哲学家的话很令人费解，他与康德相隔两百多年，两人使用不同的语言，使用不同的表达方式，却能进行直接的辩论。如果使用心理空间和概念整合理论，这段话的意义构建过程则会十分明了。这里这位当代哲学家构建了两个输入空间，一个是哲学家本人构建的说话空间，另一个是康德的写作空间；这两个空间有一个共享的框架结构，即有一位思考者，提出了一些主张和思想，运用了某种表达方式，使用了某种语言等；整合空间则有来自两个输入空间的当代哲学家和康德，整合空间组建了争论空间并建立了一系列关系。其跨空间映射、选择性投射和创新结构产生过程如下。

　　跨空间映射：输入空间之间的映射成分包括康德和当代哲学家、他们使用的语言、话题、主张、目的（探讨真理）、行动的时间及表达方式等。

　　选择性投射：投射到整合空间的包括康德、当代哲学家、他们的一些主张、对真理的探讨等；没有投射到整合空间的有康德所处的年代、使用的语言、表达的方式（书面的著作或论文）。

　　创新结构：整合空间中通过组合输入空间结构导致有两个人在同一时间同一地点在讨论问题；通过完善机制唤起我们文化框架中的谈话或争论框架。

　　其框架网络图示如图4-2所示。

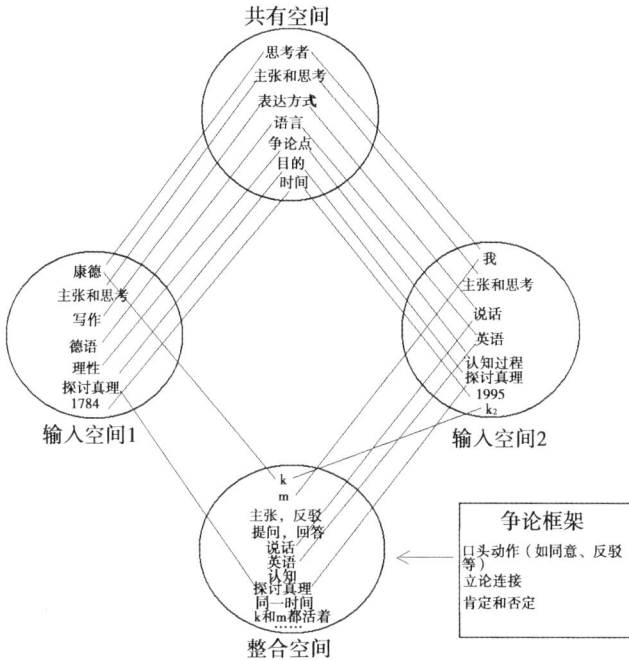

图4-2　"哲学家辩论"概念整合网络

注：输入空间2中的"k_2"为当代人们能够意识到的"康德"，整合空间的k为"康德"，m为"我"。

第二节　概念整合的映射类型

　　映射是概念域之间的认同、对应，或称为匹配关系，心理空间之间的连接主要是通过映射进行的。朱永生、蒋勇（2003：27）在解释意义构建时，认为人脑中有大量根据常规事件关系结构化的概念，在说话和思维时会启动某些概念元素，根据概念之间的常规关系，将概念结构从一个心理空间投射到另一个心理空间，从而产生映射关系。Fauconnier（1997：8—9）认为当我们思维和说话时我们就在建立的心理空间之间建立映射关系，映射在自然语言构建和推理中处于核心地位。Fauconnier（1997：8—13）将映射分为投射映射（projection mappings）、语用功能映射（pragmatic function mappings）和图式映射（schema mappings）三类，下面根据 Fauconnier（1997）和朱永生、蒋勇（2003）分别介绍这三种映射类型。

一　投射映射

　　投射映射是根据概念域之间的关系（主要是相似关系），将一个心理空间的结构投射到另一个心理空间中。即人们可以通过相似联想，用一个心理空间的结构来指称或理解另一心理空间的结构。隐喻思维都是通过投射映射完成的，当我们谈到或思考某一概念域（目标域）时，我们可以使用其他概念域（源域）及其词汇对应来映射这一概念域。以"Vanity is the quicksand of reason"（虚荣是理性的流沙）为例说明其投射映射过程。这是一句隐喻性质的谚语，源域是流沙对旅行者的阻碍，目标域是"虚荣"对"理性"的阻碍。其概念整合框架如图4-3所示。

　　输入空间1和输入空间2分别对应源域和目标域，空间与空间之间的映射关系分别用直线连接，共有空间具有两个输入空间共同的结构"one thing hinders another thing"，人们可以通过抽象的共有的结构理解另一空间的结构，输入空间1通过抽取抽象的、高一级的共有空间的结构投射到输入空间2，从而把握输入空间1与输入空间2之间的对应关系。两个输入空间的关系和成分组合以后投射到整合空间，从而形成不

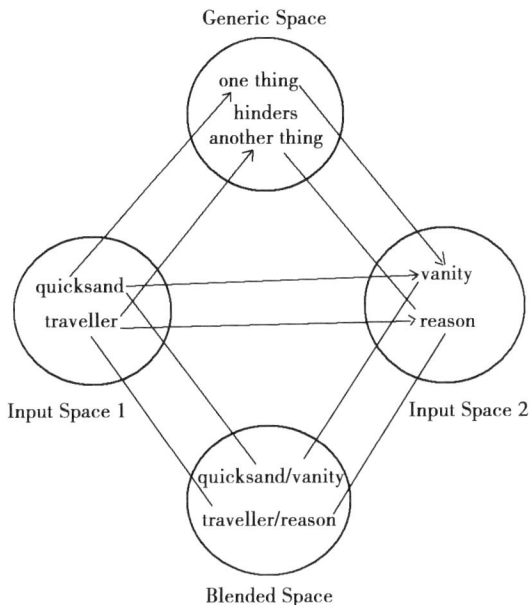

图4-3 "虚荣是理性的流沙"概念整合网络

同于输入空间的整合意义。有些映射结构由于长期使用会固化到长时记忆中成为表示文化的传统隐喻，传统隐喻具有约定俗成的性质，可以在长时记忆中随时调出。

二 功能映射

语用功能映射是根据相关联系建立的映射关系，是概念结构内部的借代性映射，这种映射主要是根据 Nunberg（1978）而来。当两个相关的概念域存在典型的对应关系时，它们可以通过语用功能进行映射。人们可以通过相关关系用一个概念间接指代另一个概念是因为理想认知模式的存在，使得不同空间的概念因为文化、经验的作用构成紧密的联想关系，因此，当提到某一概念时可以迅速联想到另一概念。言语只是一种信号提示，人们可以根据这种提示从不同的视角呈现同一事物，从而建立不同空间之间的对应关系，使得人们可以根据事物的对应事物来识别这一事物。如"12号房间胃溃疡需要一些咖啡"，这里是用病名来代替病人；"请帮我把鲁迅放到书架上"，这是用人来代指书。由于病名与病人、作者与书之间的功能映射关系，人们可以用前者来指代后者。

三　图式映射

图式映射是将抽象的图式、框架或模式用于理解具体语境情况的操作。根据 Langacker（1987，1991）的认知语法框架，语法构式和词项能够唤起意义图式，听话人能根据抽象的句法构式的映射来理解句子的常规含意。心理空间是部分信息的集合，随着思维和话语的展开，人们会构建话语和知识结构的精密度，使得抽象结构能与具体意义联系起来。心理空间就是一种由理想认知模型（ICM）结构化的信息集合（Lakoff，1987），可以作为图式映射的形式载体。如在理解"买卖"框架时，人们会构建买者、卖者、商品、货币和价格等具体成分填充到语法槽中。以"Jack buys gold from Jill"为例，具体成分"Jack、gold、Jill"作为具体角色填到抽象成分买者、商品和卖者中，在概念整合框架中具体成分和抽象成分分属于两个输入空间，二者存在成分间的映射关系。Fauconnier（1997：172—176）还将心理空间与 Goldberg 构式语法结合起来，建立了概念结构与语法构式之间的映射关系，从而建立了抽象的语法框架与具体的概念之间的映射关系。

语言表达形式仅仅具有产生意义的潜势，它只有与人们的认知结构相互作用时才能产生意义。概念映射能力是人类经过漫长进化、学习之后产生的认知能力，它使得人类能根据概念之间的相似、相关或抽象—具体等联系进行跨空间的投射和映射。因此，投射映射、语用功能映射和图式映射是人类进行语言理解的核心认知功能。

第三节　概念整合的网络类型

框架网络是由所有的空间包括输入空间、共有空间和整合空间组成的概念合并网络，这些空间共同拥有由组织框架提供的架构，组织框架是包含动作、事件和参与者等具体特征的框架。Fauconnier 和 Turner（2002：119—135）将框架网络分为单一网络（Simplex Networks）、镜像网络（Mirror Networks）、单侧网络（Single-Scope Networks）和双侧网络（Double-Scope Networks），下面分别介绍。

一 单一网络

单一网络是最简单的一种框架网络，该网络主要是将由人类文化或生物历史形成的某些框架应用于某些具体成分类型中，在单一网络框架中抽象的框架组成一个输入空间，某些具体框架填充成分组成另一个输入空间，整合框架则用最简单的方式合并输入空间的框架和具体的值。例如在"Paul is the father of Sally"中，一个输入空间是父女关系，一个输入空间是具体的人"Paul"和"Sally"，"父亲"和"Paul"、女儿和"Sally"之间形成对应成分的映射关系，共有空间是其性别男人和女人，输入空间投射到整合空间形成合并关系"Paul is the father of Sally"。在单一网络中，输入空间的组织框架之间对于究竟选择哪一个投射到整合框架中没有竞争关系，因为作为填充值的输入空间没有组织框架与另一由抽象框架组成的输入空间形成竞争。

二 镜像网络

镜像网络是所有空间（输入空间、共有空间和整合空间）共有一个组织空间的合并网络。在镜像网络中输入空间拥有共同的组织框架可以彼此进行反射，共有空间和整合空间也具有同样的组织框架。例如在"佛教僧侣"例子中，四个空间都具有"某人沿着山上的道路在行走"这一共有框架，这一框架来源于对整合空间"两人在山上某处相遇"这一更为具体的框架的继承。

在镜像网络中由一个组织空间提供了空间架构，也就是说，提供了空间中不同成分的构成关系。当两个空间都具有同样的构成框架时，它们就具有互相对应的格局，能够很容易建立对应关系，从而在不同输入空间之间直接建立一种跨空间的映射。在镜像网络中，输入空间之间的构成框架之间对于该选择哪一种框架投射到整合空间中没有产生竞争关系，因为所有空间的框架都是相同的。但是在抽象框架层级之下的具体框架选择中仍然存在竞争关系。

三 单侧网络

单侧网络指两个输入空间具有不同的组织框架，其中一个输入空间的框架被投射到整合空间中构成整合空间的整合网络。也就是说，在单侧网络中投射到整合空间的网络是不对称的，只有其中一个输入空间的框架能成为整合空间的框架。传统的源域映射到目标域的隐喻都是单侧网络，源域对应于其中一个向整合空间投射框架的输入空间，而目标域对应于另一个成为意义理解的焦点的输入空间。

　　单侧网络的例子可以假设有这样一个场景：我们用两个男拳击手的相互搏击的框架来理解两个总裁（CEO）"默多克"和"艾克卡"在商业上的竞争，我们会说其中一个总裁猛击了另一个一拳，但另一个很快恢复过来；其中一个绊倒了，另一个稍占优势；其中一个无情地击倒了另一个；等等。这种场景的构建就是单侧整合网络，在拳击输入空间和商业输入空间存在跨空间映射，拳击空间的框架投射到整合空间。其整合网络图式如图4-4所示。

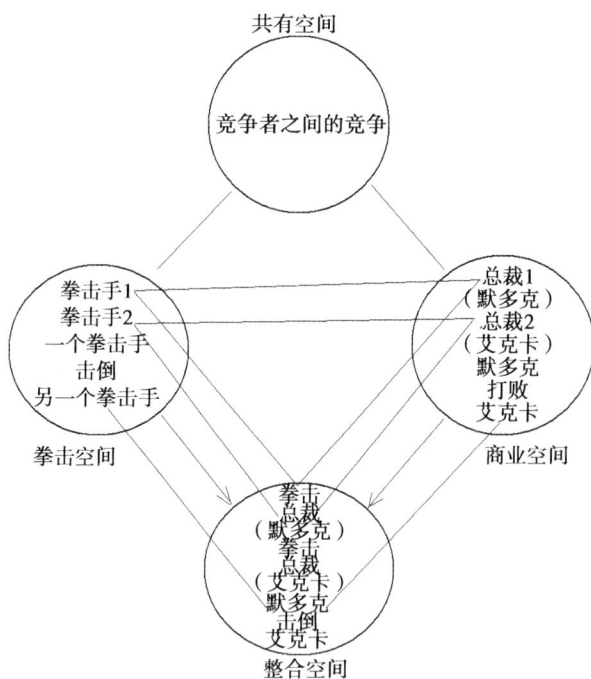

共有空间

竞争者之间的竞争

拳击手1
拳击手2
一个拳击手
击倒
另一个拳击手

拳击空间

总裁1
（默多克）
总裁2
（艾克卡）
默多克
打败
艾克卡

商业空间

拳击总裁
（默多克）
拳击总裁
（艾克卡）
默多克
击倒
艾克卡

整合空间

图4-4　"总裁的竞争"概念整合网络

　　因为输入空间具有不同的框架，所以单侧网络存在明显的框架竞争关系。在典型的单侧网络中，为整合空间提供框架的框架空间有预先建立的压缩关系，用来为焦点输入空间推导出压缩关系。例如在"他消化了这本书"这一例句中，这是一个由吃饭空间和阅读空间整合而成的单侧网络，人们通过框架输入空间（吃饭空间）来理解焦点输入空间（阅读空间），在吃饭空间中"消化"是由诸如口腔咀嚼、牙齿磨碎、舌头搅拌、吞咽、肠胃蠕动、消化液混合、化学性消化、人体吸收等事件的压缩而成，而阅读空间的事件是一系列分散事件如拿起书、阅读、完成阅读、思考、理解等，框架输入空间投射到整合空间使得焦点输入空间中分散的事件在整合空间中获得的概念合并为一个压缩事件。

四　双侧网络

双侧网络的输入空间具有不同的组织框架，这两个输入空间的框架的一部分都可以投射到整合空间形成整合空间独有的创新框架。在双侧网络中，两个输入空间的框架都对整合框架起着重要作用。

以习语性隐喻句"他在自掘坟墓"为例，句子的意思是警告听话者正在做一件对自己不利的事情，而且他没有意识到这件事对他的影响。例句的输入空间 1 是"挖掘坟墓"，输入空间 2 是"没有意识到的失败"，整合空间中的"自掘坟墓"的具体框架显然来自"挖掘坟墓"空间，表面上看似乎是单侧网络，但仔细考察可以发现很多内在关系来自于"没有意识到的失败"这一空间。两个输入空间在使因关系、意图、参与者、时间顺序、实体和内部事件结构上都不相同，存在竞争关系，但在这些框架上只有"没有意识到的失败"投射到了整合空间中。例如在使因关系上挖掘坟墓不会导致死亡，但愚蠢的行动会导致失败；在意图结构上，人们在挖掘坟墓时不会意识不到后果，只有可能不注意的时候导致失败；在事件参与者施事、受事上，根据人们的背景知识可以推断施事是挖掘坟墓和埋葬受事的人、受事是死亡的人，但在整合空间上施事和受事合并了，挖掘坟墓和埋葬受事的是一个人；在事件序列上应该是先挖掘坟墓再埋葬死者，但在整合空间上这些序列被颠倒过来，变成了死者挖掘坟墓；在事件结构关系上，挖掘坟墓的深度和这个人死亡的概率没有联系，但是这个人粗心大意陷入麻烦的程度却和失败有着直接的关系。因此，整合事件的架构在具体框架上来源于"挖掘坟墓"空间，但在关键的内部结构框架上来源于"没有意识到的失败"，两个输入空间各有一部分被拿来作为整合空间的框架，所以这种整合类型属于双侧整合。由于双侧网络的整合空间的框架与两个输入空间都有关系，所以输入空间之间有的有竞争关系，有的没有竞争关系。

第四节　概念整合的运作机制

概念整合是通过建立输入空间、共有空间和整合空间形成网络框架，通过输入空间之间的匹配和对应成分的连接建立映射关系，输入空间与共有空间存在共有框架，也存在相互映射关系，同时输入空间的成分和关系选择性地投射到整合空间。在整合空间内部由这些投射到整合空间内部的成分和关系通过整合运作机制产生创新结构，从而构建出浮现意义。整合空间内部的整合操作主要有组合（composition）、完善（completion）和扩展（elaboration）三种。整合通过这三种认知操作将输入空间投射到整合空间内部的各种成分和关系进行压缩，同时这些关系之间有的还存在不同程度的竞争关系。下面从整合操作和关系的压缩与竞争两个方面说明概念整合的运作机制。

一　整合的基本运作机制

在整合空间的认知操作有组合、完善和扩展，Fauconnier 和 Turner（1998：144；2002：48—49）对这三种整合操作进行了详细说明。组合是将输入空间投射到整合空间的结构合并到一起从而产生出输入空间中没有的新关系。在"佛教僧侣"的例子中，虽然输入空间只有一个旅行者作了一次旅行，但组合使得两个旅行者在同一时间和同一道路上作出了方向不同的旅行。组合使得不同空间的对应成分在整合空间中汇合起来，或者使得对应成分在整合空间中合并为同一成分，如两个输入空间中佛教僧侣旅行的日期在整合空间中合并为同一天，这种投射也称"融合"。

完善是我们无意识地带到整合空间的背景知识和结构，众多的背景知识参与了整合空间的构建，人们能根据日常框架模式完善空间意义，也就是说当人们看到熟悉的意义框架的一部分时，会自动根据这些框架来补充和完善框架中没有明确表明的那一部分，并将它带到整合空间中，显然这是受到"完形"心理的影响。整合中的组合能够自动被更丰富的框架模式完善，例如"佛教僧侣"例子中两个僧侣的旅行被两人相向旅行这样更为丰富详细的场景所取代，"自掘坟墓"例子中使因关系、意图、参与者、事件顺序等细节的由来都是人们通过完善细节得来的。

扩展是指人们根据已经建立的整合框架通过想象对整合进行详细的心理模拟和认知说明。人们能够运行整合操作是因为人们能够根据框架模式动态地进行场景构建，运行整合除了按照日常模式对框架进行完善之外，人们还可以运用想象力从不同方向对场景细节进行加工，使得框架模式细节更加丰富。例如在"佛教僧侣"例子中，两个僧侣相遇之后，我们可以想象他们进行了一番哲学探讨然后相继离开；在"医生是屠夫"例子中，可以想象医生像屠夫一样对病人的身体进行摧残，加深医生的不称职的印象。这种认知创造的可能性来源于整合操作中完善和扩展的开放性，它们为整合空间提供了新的结构，整合操作也是建立在物理和心理世界的丰富性基础之上的，这种丰富性为完善和扩展提供了基础。

组合、完善和扩展能够在整合空间中建立创新结构，在这些基本认知操作之下，整合空间的事件还可以被修改、合并和固化。在整合空间中任何空间都能被修改，输入空间的结构通过整合操作可以发生变化，如"哲学家的辩论"的例子中处于不同时代的两个人却能进行对话交锋，"佛教僧侣"例子中两个和尚相向而行在同一地点相遇都是输入空间不存在的事件，这些事件经过整合后能反向映射回输入空间中去。整合是事件合并的基本手段，整合能将输入空间投射到整合空间的事件进行合并。整合通常是即时的、创新的并且是快速生成的，但一旦整合之后，整合本身也可能被固化，传统隐喻都是由新鲜隐喻固化而来，新的整合可能被固化为习惯用法。

二 关系及关系的压缩与竞争

概念整合的运行机制是组合、完善和扩展，这是理解整合运行的基本要素，但是掌握了整合运行的基本机制并不意味着能够掌握整合的全部运行过程，整合的结果包括范畴化、隐喻、类推、语法、违实思维、事件合并等现象，整合操作的一致性是解释这些不同现象的科学基础，因此整合操作的复杂性需要有一个统一的科学的解释。人们之所以要建立心理空间和心理空间之间的连接并整合空间，是因为它能给人们整体视角、人类量度的理解并能建立新的意义，它能使人类思维变得有效且具有创造性。而这种有效性和创造性最重要的一个方面是人们能通过整合进行压缩（compression）。压缩是将心理空间内部或空间之间的成分或关系合并或融合的一种认知操作，下面根据 Fauconnier 和 Turner（2002：89—138）的研究，介绍空间内部或空间之间的核心关系，以及这些关系之间的压缩与竞争。

（一）核心关系

心理空间是由一系列成分和关系构成的，关系将成分连接起来，同时心理空间之间也存在成分和关系的对应关系，在整合空间里能通过各种关系对成分进行认知操作。空间内部和空间之间的起重要作用的核心关系主要有变化、实体、时间、空间、使因—影响、部分—整体、表征、角色—值、类推、反类推、性质、相同性、范畴、意图和唯一性。

变化是将一个（或一组）成分与另一个（或一组）成分连接起来的关系，由于心理空间是动态的，所以当我们感知动作或性质变化时，都能发现心理空间内关系的变化。变化连接经常伴随着实体的连接，如假设有这样一幅"从恐龙到鸟的演化图"，该图描绘了恐龙在追逐飞行昆虫时上肢逐渐演化成翅膀，下肢萎缩成鸟腿，最后完全成为一只飞行的鸟。在输入空间中人们会建立生物演化的各种关系，在整合空间里的恐龙是经过演化的同一只恐龙，虽然我们知道同一只恐龙不可能经历这些变化，但整合使我们能够将变化的恐龙压缩为同一只恐龙。

实体是最基本的核心关系，它是经过想象在心理空间中建立或分解的事物，这些事物在现实世界中不一定存在。人们可以在想象中将一个人的幼年、少年和成年阶段当成同一个人，而不管他在生理或心理上的不同，人们还可以将这些实体与变化、时间、使因—影响等关系联系起来。同一个实体可以在心理空间中被当成不同的实体，如"佛教僧侣"例子中同一个僧人在整合空间中变成了两个；如"如果他是双胞胎的话，他们会彼此讨厌的"，这里将同一个人变成了双胞胎。所以心理空间中的实体的建立可以不考虑事物的同一性或输入空间中的一对一关系。

　　时间和空间关系是和记忆、变化、连续性、同时性及非同时性相关的核心关系，如在"哲学家与康德的辩论"例子中输入空间中不同的时间和空间在整合空间中都被合并了。整合能经常进行跨时间和空间的压缩。

　　使因—影响关系是进行整合操作中非常重要的关系，人们既能将分散的事件合并，建立一个整体的理解，也能将一个复杂的事件分解为若干小事件，理解事件的因果关系。根据使因—影响关系，燃烧的木头能连接到一堆冰冷的灰烬。我们建立了两个心理空间，这种空间连接是通过时间（一个空间晚于另一个空间）、空间（二者在同一地点）、变化（木头变化成灰烬）和使因—影响（燃烧使得物体状态变化）等关系连接起来的。

　　部分—整体关系也能建立实体或事件之间的联系。如根据画中"张三"的一张脸，我们可以说这是"张三"，人们构建了输入空间画中人物最明显的部分（脸）和具体的人之间的映射，在整合空间中脸和人融合成一个人物实体。同样，表征关系是人们根据事物之间相同、相似或相关的关系，用一事物来表征另一事物。输入空间中不同的事物，在整合空间中根据表征连接能整合成同一事物。

　　角色—值关系也十分普遍，如 1863 年的"林肯"是一个值，他的角色是"总统"。类推能依靠角色—值的压缩建立关系，如"斯坦福"能类推到"哈佛"，因为二者都具有"美国著名的私立研究院校"角色，这一角色在不同空间中的值分别是"斯坦福"和"哈佛"；反类推建立在类推基础之上，当人们意识到事物间的相似点时同样会觉察到其不同点，所以反类推通常被压缩成变化关系。

　　意图关系包括希望、企图、要求、害怕、信仰等许多心理态度，意图也是一种重要关系，因为人们的动作、思考和感受都与意图有关，对于人们来说，玻璃是意外破碎的还是人们主动打破的截然不同，"他死于癌症"和"癌症夺走了他的生命"的意图关系也不相同。

　　（二）关系的压缩与竞争

　　核心关系压缩是人们理解和洞察世界的核心动力之一，人们通过对核心关系的压缩来构建意义。概念整合需要对输入空间的各种关系合并压缩来构建浮现意义，整合就是一个最好的压缩工具。关系压缩在整合中十分普遍，如"佛教僧侣"例子中的时间压缩（将两次时间不同的旅行压缩为一次），"哲学家与康德辩论"例子中的空间压缩（处于不同空间的人在同一场所辩论），等等。有些核心关系如时间、空间、使因—影响、变化、部分—整体和意图关系形成一个中间有间隔点的链条。时间关系的例子如在"从恐龙到鸟的演化"中，跨越了从远古恐龙到现代的鸟的一系列时间，但只有其中的几个时点被激活；使因—影响的例子如看到木头燃烧，人们会想象到一堆冰冷的灰烬，由木头到灰烬是一个链条，但只有使因"木头燃烧"被激活；变化关系的例子如你在毕业时回顾四年大学生活，可能只有这些片段：上课、自习、毕业答辩等，仅仅这几个事件的压缩就形成了大学毕业生的所有经历；部分—整体关系的例子如国际航空公司的宣传广告，几个从外表来看来自于不同国家的机票代理人，用不同的语言说"欢迎"，广告中有许多层次的部分—整体关系，如国家航空公司有国际部门，国际部门有不同地区的办公部门，每一个办公部门有不同的职员从事不同的工作，售票是其中一种，在整合空间中整个部分—整体系列从国际航空公司到个人售票代理人合并成了一步。因此，关系压缩可以选取关系链条中的其中一个或几个节点，通过压缩来代表整个关系。

由于输入空间的关系并非都能投射到整合空间中，这种投射是选择性的，所以输入空间之间的关系存在竞争关系。如在"哲学家与康德辩论"的例子中，哲学家与康德存在使用的语言、生活的年代和表达的方式等差异，这些具体层次的竞争的解决方式有两种：一是存在竞争的两种关系只有一种被投射到整合空间里，如哲学家与康德之间的竞争关系中只有哲学家使用的语言（英语）、生活的年代（1995 年）和表达方式（说话）被投射到了整合空间里；二是存在竞争关系的两种成分作为不同的实体都被投射到整合空间中，如哲学家与康德的不同主张都被投射到了整合空间里。

第五节　概念整合原则

概念整合的结构应该是由哪些成分组成的，整合时各种关系的压缩遵循什么规则？也就是说，怎么样才算是一个好的整合？Fauconnier 和

Turner（1998：162—163）提出了整合的五条优选原则：合并原则（integration）、布局原则（topology）、网络原则（web）、拆解原则（unpacking）和理据原则（good reason）。合并原则指整合必须构成一个紧密合并的能够作为一个单位被运作的场景；布局原则指对于投射到整合空间的成分的关系与其在输入空间中对应成分的关系能相匹配；网络原则是指整合空间和输入空间应保持紧密联系，作为一个单位运作的整合空间必须与输入空间能很容易连接而不需要多余的推导；拆解原则指整合空间必须易于理解，能够将整合空间拆解合成，从而重构输入空间、跨空间映射、共有空间以及空间之间的连接网络；理据原则指整合空间中出现的成分必须有充分的理由，能够在与其他空间的连接及运行整合的功能中找到该成分存在的标记。

在提出上述五项原则后，Fauconnier 和 Turner（2002：309—352）对整合原则进行了修正和说明，将整合原则分为组成原则（constitutive principles）和统治原则（governing principles），并提出了整合的总原则——人类量度原则（human scale principles）。概念整合的组成原则是指结构和动态原则，包括跨空间映射、选择性投射和创新结构的发展，这一原则对整合的结构施加了严格限制，构成了整合的基本结构，由于上文对此有过详细论述，这里不再赘述，下面对整合的人类量度原则和统治原则分别论述。

一　概念整合的人类量度原则

人类量度原则是概念整合的总原则，该原则指概念整合是在人类能够直接掌握的熟悉框架之下，进行直接感知和行动的情况之下的整合。例如物体坠落、一个人走向某处、两人正在交谈等常见情景。这种场景参与者较少，具有直接意图和身体影响，且能被直接理解。人类量度原则除了获得人类量度整合之外，还有一些附属目的，即将分散部分压缩、获得整体理解、强化核心关系、伴随人类熟悉情节等。压缩分散部分是指将核心关系进行压缩，有的是将单一关系进行压缩（如将使因链中的多个步骤压缩为一个步骤，将或长或短的时间段压缩为很短的时间，将不同的意图压缩为一个意图，将一个核心关系的链条切分为若干间隔点，等等），有的是将一个或多个核心关系压缩为另一个核心关系

（如将时间关系压缩为空间关系，将类推关系压缩为唯一关系）。获得
整体理解是将复杂分散结构中的不同事件、成分压缩为一个事件和成
分，从而产生整体的理解，概念整合网络的构建和心理空间之间的连接
能够产生整体理解的压缩。压缩过程是对关系的选择性压缩，其中满足
人类量度原则的核心关系会被强化；由于要获得人类量度，所以压缩过
程常常伴随人类熟悉的情节，空间内部及空间之间的关系要满足这些情
节需要；在概念整合过程中，整合对各种复杂的空间结构和关系进行合
并整合，从而将多个空间关系及成分合而为一，获得整体理解。

二　概念整合的统治原则

人类量度原则是整合的总体原则，组成原则限制了整合的基本过
程，而统治原则是对整合的具体内容进行了更为详尽的限制，它是描述
创新结构的优选策略。统治原则主要包括两方面内容：一是对压缩关系
的限制原则，压缩过程中一个关系可能压缩得更紧密，一个或多个关系
可能被压缩成另一关系，新的压缩关系可能产生；二是与整合网络结构
相关的一些原则，包括格局、模式完善、合并、关系的加强、网络中连
接的保持等。

对压缩限制的统治原则有七条：借用压缩、被量度的单一关系压
缩、被切分的单一关系压缩、从一个关系到另一个关系的压缩、量度
性、压缩产生的创造性及强调压缩。借用压缩原则是指一个输入空间与
人类量度具有紧密的一致性，而另一空间不具备，这时不具备条件的输
入空间关系可以借用具备条件的输入空间的影响来达到压缩投射到整合
空间中的目的，如"自掘坟墓"例子中"没有意识到的失败"借用
"挖掘坟墓"的关系投射到整合空间中。被量度的单一关系压缩指一个
核心关系能够被压缩得更紧密的同义关系量度，如相同性关系能被实体
共享特征的数量量度。被切分的单一关系压缩是指单一关系能够被切分
为几个关键成分的关系压缩。一个核心关系能够被压缩为另一关系也是
统治原则之一。量度原则是指空间内部许多关系具有可量度性，非量度
关系也能被压缩为量度关系。压缩产生的创造性是指压缩能够创造输入
空间中不存在的新的关系。强调压缩是将重要情节中的分散成分压缩到
整合空间中的同时序列中。

　　与整合网络相关的统治原则有八条：布局原则、模式完善原则、合并原则、核心关系最大化原则、核心关系强化原则、网络原则、拆解原则、相关原则。布局原则、合并原则、网络原则和拆解原则前面介绍过，相关原则实际上就是理解原则，下面介绍其他三个原则。模式完善原则指在其他成分相同的情况下，整合空间中完善的成分能被结构化为合并模式中的成分；核心关系最大化原则指将整合网络中的核心关系丰富细化，使得核心关系最大化；核心关系强化原则指强化整合空间的结构、输入空间之间的总体连接及已经具有的核心关系。

第六节　小结

　　概念整合是人类的一种普遍的认知工具，大约 5 万年前，由于脑神经功能的进化，人类获得了双侧网络这样的高级概念整合能力，人类文化开始产生，语言、数字系统、宗教、艺术形式、科技、游戏等作为具体的概念整合能力体现形式不断产生。大约 5000 年前，语言和人类其他复杂表达能力作为人类高级概念整合能力的产物出现，但形式表达只是为了提示概念整合，人们使用语言等表达形式提示他人展开概念整合。我们生活在整合之中，人类具有整合能力且每天都在使用它进行思维、说话和行动，但是人们并没有意识到这种整合网络及跨空间的投射，人们的注意力只集中于运行整合本身及整合的对象。

　　Fauconnier（1985）的心理空间理论在概念隐喻理论的影响下，开启了人类思维和话语产生中在线意义构建研究的新思路。概念整合理论借鉴和吸收了语言、认知、心理和神经科学理论的成果，将潜藏在大脑中在线构建意义的认知操作过程清晰地勾勒出来，整合作为人类一种基本的认知方式发挥着重要作用。概念整合是心理空间之间的一种普遍的认知操作，概念整合由输入空间、共有空间和整合空间组成整合网络，空间之间能进行跨空间的对应连接映射，输入空间的部分结构会选择性投射到整合空间，整合空间通过整合形成整合结构。典型的概念整合网络包括四个空间，两个输入空间、一个共有空间和一个整合空间。输入空间为其他空间提供结构或关系，两个输入空间之间存在部分结构对应关系，能向整合空间投射部分结构；共有空间包含两个输入空间的共同的结构，同时与两个输入空间之间存在映射关系；两个输入空间的部分结构选择性投射到整合空间，通过整合形成创新结构，产生浮现意义。映射分为投射映射、语用功能映射和图式映射三类，投射映射是根据概念域之间的关系（主要是相似关系），将一个心理空间的结构投射到另一个心理空间中；语用功能映射是根据相关联系建立的映射关系，是概念结构内部的借代性映射；图式映射是将抽象的图式、框架或模式用于理解具体语境情况的操作。概念整合的框架网络有单一网络、镜像网络、单侧网络和双侧网络四种：单一网络框架中抽象的框架组成一个输入空间，某些具体框架填充成分组成另一个输入空间，整合框架则用最简单的方式合并输入空间的框架和具体的值；镜像网络是所有空间共有一个组织空间的合并网络，输入空间拥有共同的组织框架可以彼此进行反射，共有空间和整合空间也具有同样的组织框架；单侧网络指两个输入空间具有不同的组织框架，其中一个输入空间的框架被投射到整合空间中构成整合空间的整合网络；双侧网络的输入空间具有不同的组织框架，这两个输入空间的框架的一部分都可以投射到整合空间形成整合空间独有的创新框架。整合空间内部的整合操作主要有组合、完善和扩展三种运作机制。整合通过这三种认知操作将输入空间投射到整合空间内部的各种成分和关系进行压缩，同时这些关系之间有的还存在不同程度的竞争关系。心理空间是由一系列成分和关系构成的，空间内部和空间之间的起重要作用的核心关系主要有变化、实体、时间、空间、使因—影响、部分—整体、表征、角色—值、类推、反类推、性质、相同性、范畴、意图和唯一性。Fauconnier 和 Turner（1998：162—163）提出了整合的五条优选原则：合并原则、布局原则、网络原则、拆解原则和理据原则。人类量度原则是概念整合的总原则，该原则指概念整合是在人类能够直接掌握的熟悉框架之下，进行直接感知和行动的情况之下的整合。人类量度原则是整合的总体原则，组成原则限制了整合的基本过程，而统治原则是对整合的具体内容进行了更为详尽的限制，它是描述创新结构的优选策略。统治原则主要包括两方面内容：一是对压缩关系的限制原则，压缩过程中一个关系可能压缩得更紧密，一个或多个关系可能被压缩成另一关系，新的压缩关系可能产生；二是与整合网络结构相关的一些原则，包括格局、模式完善、合并、关系的加强、网络中连接的保持等。

第五章

事件结构理论的起源与发展

第一节　事件结构研究概况

本书的一个重要目的是探讨句法语义实现问题，事件结构是句法—词汇语义接口中事件表达的工具，本书概念整合框架下的句法—语义接口以语法整合为基础构架，而语法整合的概念空间的表达需要使用事件结构形式来表达，所以这里介绍事件结构理论的基本情况。

我们谈论的事件有两种，一种是现实世界的事件，另一种是语言事件，现实世界的事件是现实中发生的事件，而语言事件是对现实事件的表征（Rosen，2003：323）。也可以说，语言事件是动词对现实发生事件的性质的词汇化（Levin and Rappaport Hovav，2005：19）。由于事件具有内部时间结构，如事件的起始、持续、终结等，所以称为事件结构。

事件结构理论是将事件和事件结构用于句法—词汇语义接口研究，探讨从事件到句法的映射理论①。该理论起源于 20 世纪五六十年代甚至更早的动词体结构研究，人们按照动词的内部时间结构将动词分为不同的事件类型。Davison（1967）从逻辑蕴含的必要性出发，开始将事件作为动词的一个论元引入形式语义学的研究，这种研究方法称为戴维森分析法，后来经过 Parsons（1990）修正发展成为新戴维森分析法。与此同时，生成语义学采用谓词解构方式将动词分解为若干基本动词组成的事件结构，将事件结构表征到深层句法树中。从此，动词体结构研究和事件语义研究开始与句法研究结合起来，事件结构开始大量用于语法

---

① 纯粹的词汇语义或逻辑语义的事件结构研究虽与事件结构有关，但不是本书讨论的事件结构理论。

研究中。

80 年代至今是事件结构理论快速发展时期，事件和事件结构理论被广泛用于句法—词汇语义接口研究，该方法是基于从事件结构到句法的映射，可以分为两类：一是事件结构从词库映射到句法，二是事件结构直接映射到句法。由于研究方法和理论背景不同，所使用的名称也不同，如词汇概念结构（Jackendoff，1972，1983，1990）、事件结构（Voorst，1988；Grimshaw，1990；Levin and Rappaport Hovav，2005）、语义结构（Pinker，1989）、词汇关系结构（Hale and Keyser，1993）、逻辑结构（Van Valin and LaPolla，1997；Van Valin，2005）、词汇句法（Travis，2000a，2000b）等。

国际上事件和事件结构理论从产生到发展已历经大半个世纪，提出了系统的研究理论，出版了丰富的研究成果。国内研究起步较晚，近年来成果渐多，但遗憾的是还没有全面介绍事件结构理论来源及发展的文章。

第二节　事件结构理论的起源

词汇语义学很早就开始了动词事件类型研究，Davison 将事件引入逻辑语义学研究，同时这些研究被应用于句法研究形成了事件结构理论。

一　动词意义的体结构

事件研究最早产生于词汇语义学对动词体结构①的研究。事件同动词内部时间结构密切相关，早期事件通常指所有非状态动词，如 Vendler（1967）认为事件指非状态动词，包括活动（activity）、完成（accomplishment）和实现（achivement）动词。Parsons（1990：20—21）的事件专门指有终结点的动词。Bach（1986：6）用"事件性"（eventuality）指包括状态和事件的所有的体类型。现在一般用"事件"代替"事件性"指所有的动词体类型，本书也持同样的观点。

---

　　① Smith（1991）区分了视点体（viewpoint aspect）和情状体（situation aspect），视点体指形态或语法体，情状体指词形体（aktionsart），事件指的是情状体。

人们很早就认识到动词具有内部时间结构，亚里士多德在《形而上学》（Metaphysics）一文中根据动词内部时间结构区分了动词的事件类型。遵循亚里士多德的研究传统，现在对动词时间结构类型的探索取得了丰硕成果。Ryle（1949）将动词分为事件、过程和状态，Kenny（1963）也采纳了亚里士多德的分类方法，根据语义蕴含将动词分为状态、活动（没有终结点的动作）和完成（performance）（有内在终结点的动作）。Vendler（1967）根据动词的时态、逻辑蕴含、所带副词等限制，将动词分为状态、活动、完成、实现四种类型，Dowty（1979）将Vendler的四类动词和生成语义学的研究方法结合起来，应用到蒙太古语法（montague grammar），产生了重大影响。Smith（1991）在Vendler四分法基础上加上了第五种类型——单动作（smelfactive），即瞬间完成事件。研究动词事件类型的其他成果还有Comrie（1976）、Verkuyl（1972，1993）、Moens（1987）、Krifka（1989）、Olsen（1997）等。

在事件类型研究中，研究者发现事件类型不仅仅与动词本身的性质有关，动词以外的一些因素也可以影响动词的事件类型，这些因素包括宾语的隐现、宾语的有定性、宾语是否可数、宾语格的变化、时间副词、结果补语和某些介词短语的隐现等，也就是说，事件类型不单单由动词决定，而是具有组合性（Verkuyl，1972；Dowty，1979；Krifka，1989；Tenny，1994；Ritter and Rosen，1996；Kiparsky，1998）。判断事件类型的方法很多，以Dowty（1979：55—60）为例主要有以下几种：动词的逻辑语义蕴含、动词所带副词限制、动词所带时间介词限制、动词能出现在哪些时态中、动词能否出现在某些结构式中。事件类型不同主要是事件语义特征不同，但不同的人依据的事件语义特征也不相同。

　　Carlson（1981）：时点（point）、延伸（extended）、持续的（continuous）

　　Hoeksema（1983）：可数（count）、持续（duration）

　　Moens（1987）：结果（consequence）、延伸（extended）、原子（atomic）

　　Smith（1991）：动态的（dynamic）、持续的（durative）、终结的（telic）

Verkyul（1993）：有界（boundedness）、延续（continuousness）

Van Valin（2005）：静态的（static）、动态的（dynamic）、终结的（telic）、瞬间的（punctual）

在这些特征中，受到普遍关注也是最重要的事件参数是事件的"持续性"和"终结性"[①]。

人们区分事件类型是希望用尽可能少的事件类型去识别所有的事件，虽然这种研究并不能解释事件是如何表征到句法中的，但是在客观上描述了事件的基本特征、事件之间的联系和区别，为研究事件结构到句法的映射提供了理论准备（Rosen，2003）。

二　逻辑语义中的事件

事件结构理论的产生离不开逻辑语义学对事件的研究，美国哲学家 Donald Davison 在 1967 年发表了《行为句的逻辑式》一文，文中根据逻辑蕴含的必要性提出了语言逻辑式中应增加一个事件论元。例如（1）的逻辑式为（2）：

（1）a. Jones buttered the toast.

b. Jones buttered the toast in the bathroom.

c. Jones buttered the toast in the bathroom with a knife.

d. Jones buttered the toast in the bathroom with a knife at midnight.

（2）a. （∃e）（BUTTER（e，Jones，toast））

b. （∃e）（BUTTER（e，Jones，toast）& IN（e，bathroom））

c. （∃e）（BUTTER（e，Jones，toast）& IN（e，bathroom）& WITH（e，knife））

d. （∃e）（BUTTER（e，Jones，toast）& IN（e，bathroom）& WITH（e，knife）& AT（e，midnight））

---

① 终结/非终结语义特征除了"telic/atelic""bounded/unbounded"外，还有"delimited/non-delimited"（Tenny 1994）、"quantized/cumulative"（Krifka 1989）等术语。

Davison 之前的传统逻辑表达式没有事件论元，副词性修饰成分也常常看作动词的论元。如（1）d 的传统逻辑式为：buttered（Jones，the toast，the bathroom，a knife，midnight）。Davison 在动词的常规论元基础上增加了一个事件论元，其他副词性修饰成分如动作行为的时间、地点和工具不再是动词的必有论元，而是通过合取关系出现在句子的表达式中，从而体现（1）d 到（1）a 之间的蕴含关系，这种方法被称为戴维森分析法。戴维森分析法使得动词的论元数目固定下来从而保持在不同句子中的一致性，更重要的是它能有效地表达句子之间的逻辑语义蕴含关系。如（2）d 的逻辑式的意思是：存在着琼斯用黄油涂抹面包这样一个事件，这个事件是在浴室里，这个事件用了一把小刀，并且这个事件是在半夜。由于有了事件 e 的存在，使得（2）d 的逻辑式在语义上可以确切蕴含事件（2）a—c。

Parsons（1990）对 Davison 的理论进行了改进，他认为谓词的常规论元是独立于谓词的，只有事件论元是谓词的论元，事件论元不仅要分派到谓词和谓词的修饰语中，而且应该分派到次谓词（secondary predicate）描述的题元角色中。Parsons（1990：23—28）还将事件分为终结（culminate）和持续（hold）事件，并将它通过合取的方式表达到逻辑式中。如（1）d 的逻辑表达式为：

(3)（∃e）（BUTTER（e）& AGENT（e，Jones）& THEME（e，toast）& IN（e，bathroom）& WITH（e，knife）& AT（e，midnight）&Cul（e））

Parsons（1990：68—104）将题元角色看成事件和事件参与者之间的关系，并将它引入语义表达式中，认为所有动词都只带一个事件论元，而常规论元和动词的修饰语都可以带上事件论元并通过合取形式在语义式中表达出来，持相同观点的还有 Higginbotham（1983）、Krifka（1989，1992）等，这种方法被称为新戴维森分析法。不管是戴维森分析法还是新戴维森分析法，事件已经被引入论元结构中，成为类似于语言中的"事物"或"实体"的等价物（Davison，1967：81）。

三 谓词解构与事件的具体化

事件结构理论的产生在句法方面主要来源于生成语义学的谓词解构分析法。谓词解构是将动词意义分解为若干基本动词，并将这些基本动词表征到句法树中。20 世纪 60 年代，生成语义学家 George Lakoff、James McCawley、I. R. Ross 等提出，表层的一个词汇可以通过最深层的多个抽象动词来表征。Lakoff（1965）注意到具有相同的深层语法关系的这样一类句子：

（4）a. The soup was cool.

       b. The soup cool（ed.）

       c. John cooled the soup.

Lakoff 认为 a、b 的主语与动词的关系和 c 句的动词与宾语的语法关系相同，之所以三句具有相同的深层语法关系，是因为它们在句法树中都有一个处于高位的抽象动词，这个动词具有 "+INCHOATIVE" 特征，相当于具体动词 "变成" 或 "导致"。

McCawley（1968）的分析影响较大，他以动词 "kill" 为例，将它分解成 "CAUSE BECOME NOT ALIVE" 四个成分，其深层结构句法树如图 5-1 所示（McCawley，1968：73）。

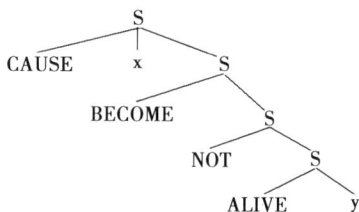

图 5-1 "kill" 深层句法结构树

Jackendoff（1972）和 Dowty（1979）在生成语义框架内进一步进行了词汇语义的解构研究，试图将语义表征和句法树连接起来。Dowty（1979：71—125）看到了不同事件类型之间的关系，将状态动词作为基本成分，加上 CAUSE、DO 和 BECOME 三个基本算子来表征其他事件类型。CAUSE 是事件的致使或发动，可用于完成体动词的解构；DO 表征事件的过程，用于活动和完成动词的解构；BECOME 表征事件的结果状态，可以出现在完成和实现动词的解构中。Dowty 将生成语义学的解构方法用于动词事件解构，并将它应用到了蒙太古语法。如 "John broke the window" 的逻辑表达式为（Dowty，1979：124）：

$$(5) \quad [[DO(\alpha_1, [\pi_n(\alpha_1, \cdots, \alpha_n)])] CAUSE [BECOME [\rho_m(\beta_1, \cdots, \beta_m)]]]$$

在此基础上，逻辑语义学继续研究事件的可分解性质，人们逐渐认识到动词意义可以分析成由动词构成的事件的结构表征，复杂事件具有可分解的内部结构，他们将完成体动词构成的复杂事件分解成由基本动词构成的次事件组合而成。如 "x closes the door" 的逻辑表达式为（Parsons，1990：120）：

$$(6) \quad (\exists e)(Cul(e) \& Agent(e, x) \& (\exists e')[Cul(e') \& Theme(e', door) \& CAUSE(e, e') \& (\exists s)[Being-closed(s) \& Theme(s, door) \& Hold(s) \& BECOME(e', s)]])$$

Pustejovsky（1991，1995：67—75）表征了事件与次事件之间的关系，认为完成体动词代表的事件是一个复杂事件，由"过程"和"状态"组成，"过程"是动作本身，而"状态"则是动作结果。[①]

体结构研究个体动词的意义，事件语义研究命题解释的组合性质，体结构研究必须由动词出发到句子以找到动词的事件结构的特征，而事件语义必须由句子出发到动词以表征语义事实，通过具体动词来表征句子的语义；两种方法一个由内到外，一个由外到内，互相补充（Tenny and Pustejovsky，2000：3），它们与句法研究结合最终导致事件结构理论产生。

---

① Pustejovsky（1995）的生成词库理论认为词汇信息组织由四个表征层级组成：论元结构、事件结构、物性结构（qualia structure）、词汇承继结构，四个层级由一套生成装置连接，从而为语境中的词汇提供合成解释。

第三节　事件结构理论的发展

事件结构理论吸收了词汇语义和逻辑语义的研究成果，将它应用到语法研究中。从 20 世纪 80 年代开始，大量语言学家投入事件结构理论研究中，产生了数量庞大的研究成果，虽然词汇语义的体结构研究和逻辑语义的事件研究仍然受到极大关注，但运用事件和事件结构理论研究从事件结构到句法的映射成为最受关注的课题，这些研究可以分为两类：一是事件从词库映射到句法，二是事件直接映射到句法。

一　词库映射到句法的事件

认识到了词汇语义能决定句法实现之后，事件结构理论被广泛用于决定论元实现的词汇语义表征，但是对于事件的什么语义性质影响论元实现，语言使用者是如何概念化现实世界的事件仍存在不同理解。有三种使用广泛的词汇语义表征的事件结构理论方法：处所分析法、体分析法和致使分析法。[①] 这些方法都采用谓词解构方法将动词分解为基本动词，基本动词具有携带论元的功能，动词论元被表征到相关动词的论元位置。

处所分析法认为包含空间移动和处所的事件是构建所有事件的中心，所有的动词都可以被识解为移动或处所动词。Gruber（1965，1976）开始将处所分析法应用到事件表征，将动词分为移动、非移动动词，后者又可以分为持续和非持续动词（Gruber，1976：37—90）。凡在时间上表示变化或转换的动词归入移动动词，那些不是明显表示移动的动词通过抽象的方式归入移动动词，移动动词和介词结合可以表征起点、路径、目标、方向、处所等事件类型。Jackendoff（1972，1983，1990）进一步将处所分析法的事件结构表征形式化，认为事件有处所事件和移动事件两大类型，可以通过解构的基本动词如"GO、BE、STAY、CAUSE、INCHOATIVE、FROM、TO、AT"等来表达，如"Harry gave Sam a book"的表征形式为（Jackendoff，1990：135）：

---

① 读者可参考 Levin and Rappaport Hovav（2005：78—130）对这三种方法的详细介绍。

$$\begin{bmatrix} CS\text{+}(\,[\,HARRY\,]\,,[\,GO_{poss}(\,[\,BOOK\,],\begin{bmatrix} FROM[\,HARRY\,] \\ TO[\,SAM\,] \end{bmatrix})\,]) \\ AFF\text{+}(\,[\,HARRY,[\,SAM\,]\,]) \end{bmatrix}$$

Jackendoff 的表征体系由"题元层"和"行动层"组成[①]，"题元层"表示"Harry"致使书的拥有者从"Harry"转移到"Sam"（"CS⁺"表示成功致使，POSS 表示拥有关系），"行动层"则表示"Harry"施加正面动作到"Sam"（"AFF⁺"表示施加动作使得"Sam"成为受益者）。Jackendoff（1990：12）将这种说话者对世界的识解进行的编码称为"概念结构"，认为它是概念语义的心理表征。

体分析法把谓词描述事件的内部时间性质作为论元表征的重要依据，认为主语与事件的起始和使因对应，而直接宾语的形态句法表现与终结性、度量（measure）和渐生客体这些概念对应。Tenny（1994）系统地论述了由动词体到句法映射的理论，构建了有界事件的终点与直接宾语的关系，提出了影响极大的"体接口假设"（Aspectual Interface Hypothesis）（Tenny，1994：2）[②]：题元结构和句法论元结构之间的普遍映射原则受到体性质的控制，与直接内部论元、间接内部论元和外部论元相联系的体性质所受到的限制，能制约出现在这些位置的事件参与者的种类。只有题元结构的体性质才是普遍连接原则的可见部分。

Voorst（1988）的事件结构理论也将直接宾语与事件终结点对应，同时提出了事件的起始与句子主语相连，其事件结构与句法的对应规则如下（Voorst，1988：10）：

（7）事件结构对应规则

起始对象（荷兰语）　　　　　事件　　　终结对象
或者实现对象（英语）
0··0
主语名词　　　　　　　　　　　　　　直接宾语名词

---

① "题元层"处理移动和处所事件，"题元"并非题元角色，只是为了方便借用其名，"题元"实际上是结构化的概念结构的关系概念，即事件论元（Jackendoff，1990：43—50）；"行动层"主要是处理动作者和受事的关系（Jackendoff，1990：125—151）。

② "体接口假设"由于概括能力太强，也引起了一些争议，如 Levin（2000）认为致使、渐增客体与终结性并没有必然联系，而是互相独立的概念。

Van Valin、LaPolla（1997）和 Van Valin（2005）在角色参照语法框架下探讨句法—语义接口问题，将动词分为状态、活动、实现、单动作、完成和活动完成动词，运用谓词解构将六种词形体分别表征出来，这种词汇表征作者称为"逻辑结构"，如活动完成动词的逻辑结构为（Van Valin，2005：45）：do′（x，［predicate₁′（x，（y））］&INGR predicate₂′（z，x）or（y），"逻辑结构"与"宏角色"（macrorole）①共同决定词汇语义到句法的表征。和角色参照语法类似，Grimshaw（1990）也认为论元实现与语义角色有关，事件结构和题元角色共同决定论元实现。

致使分析法（Croft，1991，1994）认为事件是决定论元实现的中心概念，将事件看成一系列致使环节组成的"致使链"（causal chain），"致使链"每一个环节联系两个事件参与者。Croft（1994：37）提出了简单事件的理想认知模式。

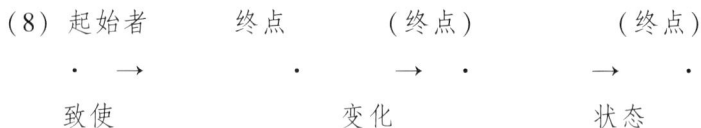

（8）　起始者　　　终点　　　（终点）　　　　　（终点）

　　　·　→　　　·　→　·　　　　·　→　　·

　　　致使　　　　　　　　变化　　　　　　状态

致使分析法描绘了事件结构的明确的模式，组建了事件个体之间的关系，能够解释一些基于语义角色方法无法解释的现象。

不过上述三种方法也遇到了一些难题，Levin 和 Rappaport Hovav（2005：78—129）指出处所分析法对于那些非状态、不能被自然用于移动的动词缺乏好的方法；对于体分析法来说，渐生客体与终结性之间并没有必然的对应关系，有些及物动词带宾语时既可能是终结性的也可能是非终结性的，而且有些体概念的区分并不能影响论元表达；致使分析法则存在对不含不对称力量传送动词的解释及在主宾语选择上使因概念优先于感知等问题。因此，Levin 和 Rappaport Hovav（1995，2004，2005）、Rappaport Hovav 和 Levin（1998）提出了自己的主张，认为

---

① "宏角色"只有"行动者"和"经受者"两个，它的提出是因为很多题元角色在语法功能上具有相似性，它是对一般语义角色的概化，是一种广义语义角色（Van Valin，2005：60—67）。

"事件结构模板"（即事件结构）可以分为简单和复杂两种，简单事件结构模板由单一事件组成，复杂事件结构模板由两个次事件组成。如：

（9）简单事件结构模板
　　a.　$[\text{x ACT}_{\text{<MANNER>}}]$
　　b.　$[\text{x<STATE>}]$
　　c.　$[\text{BECOME }[\text{x<STATE>}]]$

（10）复杂事件结构模板
　　$[[\text{x ACT}_{\text{<MANNER>}}]\text{ CAUSE }[\text{BECOME }[\text{y<STATE>}]]]$

事件结构模板采用谓词解构方法，将不同的谓词分解为基本动词的固定集合，该集合由基本动词和"语义常量"组成，"ACT、BECOME、CAUSE"等是基本动词，而尖括号中的"MANNER、STATE"是常量，常量由本体逻辑范畴组成。从事件结构到句法的映射遵循如下原则（Rappaport Hovav and Levin，1998：113）：对于事件结构中的每一个结构参与者必须有一个论元 XP 在句法中实现。该原则认为事件结构要求的参与者必须在句法中实现，简单事件有一个参与者，复杂事件有两个参与者，即一个次事件必须有一个结构参与者实现。该理论认为决定论元实现的语义主要是事件结构（结构意义）和语义常量（常量意义），克服了单一依靠结构意义无法解决某些论元实现的问题。

此外，Pinker（1989：165—246）在研究儿童语言习得问题时，认为儿童习得正确的论元结构需要掌握语义和句法的连接规则，连接规则之一就是"语义结构"的习得，"语义结构"综合使用了事件、状态、事物、路径、位置、方式等概念成分，这些概念成分分别由一些基本动词来表达，如"ACT、GO、BE、HAVE"表达事件和状态，"AT、ON、IN、UNDER"表达位置功能，"TO、INTO、TOWARD"表达路径功能等，Pinker 认为这些概念成分和语法密切相关，能影响论元转换。

二　直接映射到句法的事件

随着事件和事件结构概念逐步进入形式语义学领域，句法学家也开始注意到了词汇语义和纯句法结构之间相互作用的现象。60 年代生成语义学开始使用谓词解构分析句法，并逐步引入事件理论，Dowty（1979）将生成语义学与事件结构结合应用到形式语义研究中。此后，在管辖约束理论和最简方案框架下，语法学继续探讨事件结构如何直接表征到句法中。

VP 内主语假说把主语看成 VP 内生成的成分，它和谓语内部论元都是动词的论元，只不过主语处于高位，这使得 VP 能表达一个完整的事件结构。Larson（1988）提出了"单补语假设"（single complement hypothesis），即一个中心只能有一个补语，所以在处理双宾语结构时，采用了二分支结构树，在结构树高位设置了一个抽象动词。这两种操作使得动词具有了更多组构性（articulation），句法结构与结构化的事件的对应关系更加清楚。

Hale 和 Keyser（1993）的"词汇关系结构"（lexical relational structure，LRS）理论认为动词的论元结构是由词汇核心投射到句法结构的，所以本质上是属于句法范畴，即所谓的词汇句法。根据 Larson 的轻动词理论和 Baker（1988）的合并（incorporation）理论，提出名词派生动词和形容词派生动词在论元结构中经历了核心移位过程。如图 5-2 所示（Hale and Keyser，1993：72）。

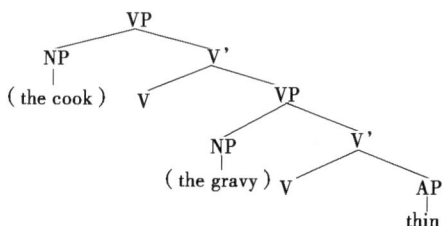

图 5-2 "The cook thinned the gravy" 的词汇关系结构

图中高层 V 投射了"CAUSE"关系，低层 V 投射的是一个隐含"STATE"的活动事件。词汇核心"thin"经历了从 AP 到低层 V 再到高层 V 位置的移位和合并过程，从而实现为表层句法结构。Hale 和 Keyser 将事件结构和句法结构联系起来，使具有组构性的轻动词具有了事件语义内容，进而使论元位置可以从结构中预测。不过他们研究的轻动词仅限于致使动词及名词和形容词派生动词，Huang（1997）将它扩展到所有的动词类型，认为所有的动词类型都可以嵌入相应的轻动词，如动作动词对应于 DO，起始动词对应于 BECOME 或 OCCUR，状态动词对应于 BE 或 HOLD，致使动词对应于 CAUSE，同时明确将这些轻动词称为"事件性谓词"（eventuality predicate），使得事件结构的基本动词与轻动词全面结合起来。①

　　动词短语结构具有内部结构的组构性，为表征结构化的事件提供了理论基础，更多的语法学家将目光集中到句子的功能投射与事件结构的关系上，人们发现句法操作对事件结构敏感，特别是事件的起点、终结点能与格和一致性关系连接。

　　Borer（1994，1998）认为句子的功能投射决定事件结构，事件结构参与者包括起始者和事件度量两种类型，位于高位指定语（spec）位置的投射编码了起始者，而低位指定语位置编码事件度量。van Hout（2000：254—261）主张事件的终结性特征通过 AgrO 位置的指定语与中心语的一致关系核查，动词（或谓词）的事件类型特征必须与终结性特征相匹配，从而使指定语位置的论元联结到事件结构中经历了状态或处所变化的事件参与者，同时这种事件参与者受到宾语格限制，只有强格（strong case）② 宾语具有终结性，弱格（weak case）宾语没有终结性。Travis（1994，2000a，2000b）将事件纳入功能范畴，认为事件具有约束动词的事件题旨角色的功能，这种事件功能由事件短语和体短语两种功能范畴实现，事件短语约束事件论元并提供事件信息，体短语编码事件的终结性。她发现两种语言——Tagalog 和 Malagasy 中存在类似于英语高位轻动词的语素，Tagalog 为 "pag-"，Malagasy 为 "an-"，从而证实了 Hale 和 Keyser（1993）的词汇句法（指发生在词库中的句法）的存在。Ritter 和 Rosen（1998，2000）提出语言语法化事件是通过 AgrS 和 AgrO，即格和一致性关系完成的。事件只有起始点和终结点被语法化到语言中，持续部分被排除在外。事件结构由具有事件意义的功能投射决定，起始点和终结点论元出现在功能投射的指定语位置。他们

---

　　① 值得注意的是，Huang（1997）主要是将事件结构理论用于汉语语法研究，他通过汉语的一些句法—语义误配（mismatch）句式分析，认为事件谓词表现为抽象的轻动词，主要谓词通过句法提升为高层抽象轻动词，从而解释了这些误配现象的产生。

　　② de Hoop（1992）将形态句法中的强/弱格赋予了语义内容，认为充当受格宾语的强格具有量化和指称意义，具有终结性；充当部分格宾语的弱格，具有非量化和修饰意义，具有非终结性。

根据事件的起始与定界（delimitation）对句子解释的作用，将世界上的语言分为"起始语言"（I-语言）和"定界语言"（D-语言），起始语言将具有起始者的句子作为事件，定界语言将具有定界者的句子作为事件（Ritter and Rosen 2000：194-6）。

第四节　小结

　　事件结构理论是将事件和事件结构用于句法—词汇语义接口研究，探讨从事件到句法的映射理论。20世纪五六十年代甚至更早的动词体结构研究中，人们按照动词的内部时间结构将动词分为不同的事件类型（如状态、活动、完成、实现四种类型），在事件类型研究中，研究者还发现事件类型不仅仅与动词本身的性质有关，动词以外的一些因素也可以影响动词的事件类型，人们区分事件类型在客观上描述了事件的基本特征、事件之间的联系和区别，为研究事件结构到句法的映射提供了理论准备。Donald Davison 在 1967 年发表了《行为句的逻辑式》一文，文中根据逻辑蕴含的必要性提出了语言逻辑式中应增加一个事件论元。Parsons（1990：68—104）将题元角色看成事件和事件参与者之间的关系，并将它引入语义表达式中，认为所有动词都只带一个事件论元，而常规论元和动词的修饰语都可以带上事件论元并通过合取形式在语义式中表达出来。至此，事件已经被引入论元结构中，成为类似于语言中的"事物"或"实体"的等价物。事件结构理论的产生在句法方面主要来源于生成语义学的谓词解构分析法。谓词解构是将动词意义分解为若干基本动词，并将这些基本动词表征到句法树中。体结构研究个体动词的意义，事件语义研究命题解释的组合性质，体结构研究必须由动词出发到句子以找到动词的事件结构的特征，而事件语义必须由句子出发到动词以表征语义事实，通过具体动词来表征句子的语义，它们与句法研究结合最终导致事件结构理论产生。

　　事件结构理论吸收了词汇语义和逻辑语义的研究成果，将它应用到语法研究中。有三种使用广泛的词汇语义表征的事件结构理论方法：处所分析法、体分析法和致使分析法。这些方法都采用谓词解构方法将动词分解为基本动词，基本动词具有携带论元的功能，动词论元被表征到相关动词的论元位置。随着事件和事件结构概念逐步进入形式语义学领域，句法学家也开始注意到了词汇语义和纯句法结构之间相互作用的现象。在管辖约束理论和最简方案框架下，语法学继续探讨事件结构如何直接表征到句法中。动词短语结构具有内部结构的组构性，为表征结构化的事件提供了理论基础，更多的语法学家将目光集中到句子的功能投射与事件结构的关系上，人们发现句法操作对事件结构敏感，特别是事件的起点、终结点能与格和一致性关系连接。

　　事件和事件结构理论的产生和发展历经半个多世纪，至今仍然是语言学界关注的热点。对词汇语义和逻辑语义的研究成果的吸收，使得事件结构理论应用到句法研究时具有了深厚的认知语义和逻辑语义基础，让句法操作具有了更多的理据性，这也是事件结构理论用于句法—语义接口研究时具有强大解释力的原因。现实事件与语言编码的事件之间的关系仍然备受关注，现实世界必然影响人们对语言事件的编码，时间、空间、变化和致使都是我们在现实世界中会遇到的事情，但是这些概念是如何编码到语言中的，哪些意义能对句法产生影响，意义是如何决定论元实现的，这是事件结构理论正在也是将来要研究的问题，这些问题的解决对于语言学、逻辑学和认知科学来说都具有重大意义。另外，事件结构理论应用到汉语研究中已经有一些成果，但相对于英语来说还远远不够，如何运用事件结构理论解决汉语的句法—语义接口问题也有待于继续研究。

第六章

概念整合与句法—语义接口

关于句法—语义接口的定义，徐烈炯先生在《句法—语义界面研究》（沈园，2007）序言当中认为是指词义影响句法的问题，如词义如何具体地影响句法，词义的哪一部分影响句法，在多大程度上影响句法。20世纪70年代，研究者注意到动词语义和句法之间的规律性联系，在语义类型上相同的动词其句法表现往往也相同，动词语义能够决定句法形式（Fillmore，1970），80年代的形式语法学派（如管辖约束理论、广义短语结构语法和词汇功能语法）也认为动词语义能决定句子结构（Wasow，1985：203）。但是在究竟哪些动词语义决定句法表现，如何分离出这些意义并将其表征出来的问题上仍存在争议，采用语义角色和事件结构来表征论元是两种普遍采用的方法①。

本书的句法—语义接口研究主要包括人们如何根据意义构建句法形式和如何根据句法提示构建意义两个部分。前者探讨从意义到句法的实现，后者探讨从句法到意义的生成。概念整合理论是意义构建理论，通过建立心理空间网络及空间之间的映射和投射产生新创结构来构建意义。但概念整合理论并不限于语篇、语义研究，该理论同样可以用于语法研究，Fauconnier和Turner（1996）介绍了作为语法的核心过程的整合思想，构建了从概念结构到典型的语法结构之间的映射和实现框架，为概念整合理论应用于句法—语义接口研究打下了基础。因为句法—语义接口研究如何分离出意义、动词的论元和句法位置之间的连接规则（即论元是如何映射到句法位置上）问题，而作为语法的核心过程的整

---

① 关于语义角色用于句法—语义接口研究中存在的问题，请参看上文第五章中相关内容的介绍；单纯的事件结构理论用于句法—语义接口研究也存在理据性不足，缺乏认知心理上的支持，所以本书提出基于概念整合并结合事件结构和构式语法的综合理论。

合——语法整合可以解释这一过程。虽然语法整合能够解释意义与句法直接的连接问题，但在构建语义结构形式上过于随意，事件结构理论虽然具有统一、完整、易于操作的形式，但在解释语义与句法的连接问题上没有太多的理据性，所以本书提出一个概念整合框架下结合事件结构、构式语法理论的句法—词汇语义接口表征理论。该理论以事件结构和构式作为概念结构的形式，用语法整合框架表征语义与句法之间的映射关系及整合过程，从而构建出语义到句法的映射过程。下面从语法整合基础、语法整合网络、语法整合过程和整合原则四个方面论述语法整合的主要内容。

第一节　语法整合基础

概念整合是一种普遍的认知操作，能解释文学、艺术、思维、语言、宗教等方面的意义构建过程，整合认为语言并不能直接进行认知构建，语言只是提供给人少量的但是充分的提示，当这种提示与人脑中已经存在的结构、认知原则、背景框架等结合时，人们就能构建意义。因此人们能根据语言提示来构建概念结构，Fauconnier 和 Turner（1996）认为语法也能通过概念整合构建出其实现过程，提出了概念与语法构式结合整合出语法形式的操作思路；Mandelblit（1997）在此基础上提出将构式语法融入语法意义与形式的生成过程中，提出了完整的语法整合框架。我们在上述研究基础上提出概念整合、构式语法与事件结构理论结合来表征语法与意义之间的表征模式。

概念整合在意义构建上是通过两个输入空间的结构合并整合出新的意义，同样，意义到形式或形式到意义的生成也能通过多空间结构之间的映射和投射完成。语法作为一种抽象图式也能反映出事件合并和概念整合，事件结构和语法构式之间存在成分和结构的对应关系，使得二者之间能够进行跨空间的映射。语法整合是概念整合的一种类型，与构建意义的概念整合不同，语法整合主要研究句子和意义的生成过程。① 语

---

① 语法整合主要关注句法与意义的实现问题，即意义如何实现为句法形式，句法形式如何解码为意义；而一般构建意义的概念整合主要关注人们如何通过语言提示、背景知识、概念结构构建意义。这两方面内容也是后面非受事宾语句的主要研究内容。

法整合通过想象事件和句法构式的相似性合并到整合空间中，再通过句法句式体现出来，想象事件和句法构式之间存在的相似性是进行语法整合的前提。

具体的句子是通过具体事件和抽象语法构式之间的合并产生的，语法整合选择构式作为意义和形式之间的媒介与构式的性质有关。主要有如下三个原因。

（一）抽象构式是形式和意义的结合体，既不同于具体的概念也不同于抽象的语法形式，可以作为具体概念到抽象语法形式之间的媒介。Goldberg（1995）对构式的定义是："C 是一个构式当且仅当 C 是一个形式——意义的配对$<F_i，C_i>$，且 C 的形式或意义的某些方面不能从 C 的构成成分或其他先前已有的构式中得到完全预测。"因此构式本身具有意义，这种意义能够通过事件体现出来。语言中的基本句型组成一个相互联系的网络，在该网络中语义结构以一种最普遍的方式与具体的形式配对。

（二）构式语法很大程度上来源于框架语义学和基于体验的研究方法，这与概念整合的理论来源一致，所以能够适用于概念整合框架。构式与反映人类经验的基本情景的语义结构直接相连，含有基本论元结构的构式被证明与动态的情景相连，如某人经历某事、某人有意将某物转移给另一人、某人致使某物移动或改变状态等。Goldberg（1995）认为意义通常被定义为与某个特定的背景框架（frame）或情景（scene）相连，而且这种框架和情景自身有着高度的组织结构，因此动词也应该包含框架语义的意义，也就是说，动词的意义必须参照包含了丰富世俗知识和文化知识的背景框架。框架语义知识可以解释诸如副词和附加语的使用，构式的解读和翻译及构式的替代过程以及推论等。构式语法同样属于认知语法范畴，正如陆俭明先生在《构式——论元结构的构式语法》中文版序言中所说："从句法的角度说，构式语法理论提出了这样一种思想：一个个的语法格式，并不是如转换生成语法学派所说的那样由生成规则或普遍原则的操作所产生的副现象（epiphenomena），换句话说，'句法不是生成的'；词汇项和语法结构二者之间没有绝对的界限；每个句法格式本身表示某种独立的意义，不同的句法格式有不同句式意义。""这种理论是以认知语言学为理论背景的，符合认知语言学

'整体大于部分之和'的完形原则；特别是与菲尔墨的框架语义学（Frame Semantics）具有内在的联系。"

（三）构式自身具有独立于动词的意义，构式意义不是简单的词汇意义的加合，构式能体现动词和构式之间的互动关系。构式并非只有一个固定不变的、抽象的意义，而是通常包括许多密切相关的意义，这些意义共同构成一个家族。像词项一样，短语构式也规定哪些角色可以被侧重，所有被表达为直接语法功能项的论元角色被认为得到侧重，被侧重的参与者角色与被侧重的论元角色融合，构式必须能够容纳所有被侧重的参与者角色。

因此，构式从形式和意义的结合关系、研究方法和理论来源来说，都适合充当语法与意义之间的一种过渡载体，从而可以作为语法整合的输入空间反映具体事件与抽象事件的映射关系。

虽然构式能够进入整合框架空间，但是必须指出来的是，构式毕竟是一种具有结果意义的结构式，构式本身并不能说明意义的构建过程，也没有表达意义形成过程的映射框架，构式并没充分说明语言意义的形成过程，它只是将人类的认知操作过程直接以构式的结果形式展现出来，所以构式并不适合作为构建意义生成的框架。但是，由于构式是意义和形式的结合体，同样是基于语言认知体验和框架语义学的一种语法理论，它完全可以作为语法与意义之间的一种过渡载体，直接参与到语法整合的映射框架中，成为概念整合里输入空间或整合空间的一部分，参与到概念整合框架中来。

事件结构理论是将事件和事件结构用于句法—词汇语义研究，探讨从句法到事件的映射理论，该理论是被普遍用于接口研究的理论。事件结构理论吸收了词汇语义和逻辑语义的研究成果，最初被生成语义学用来表征深层句法树，后来被广泛用于从事件结构到句法的映射研究。事件结构理论能用于语法整合研究，主要有如下三个原因。

（一）事件结构理论相对于语义角色表征理论表征句法语义关系更具优势。语义角色表征可以看成等价论元的集合，其目的是识别任何应用于所有动词论元的语义角色的集合，它是被大多数人采用的词汇语义表征的形式，但是语义角色不能区别动词赋予题元的词汇蕴含（lexical entailment），缺乏内部结构，是离散的和不可分析的（unanalyzable），所以不能精确分离出某些角色的论元。谓词解构和事件结构理论相对于基于语义角色的动词意义表征理论来说更具优势，因为基元谓词容易界定，数量很少，而且它将论元之间的关系编码，能解释论元之间的关系及多个论元能否共现（Levin and Rappaport Hovav，2005：51—77）。

　　（二）语法构式的表达也离不开事件结构，Goldberg 的构式语法表达实际上使用的是事件结构表达方式，如：

> （1）双及物构式：CAUSE RECEIVE<agt rec pat>
> （2）致使移动构式：CAUSE MOVE<cause goal theme>
> （3）动结构式：CAUSE BECOME<cause goal theme>
> （4）意动构式：DIRECT ACTION AT<agt thme>

　　上述构式的"CAUSE"是各种构式中反复出现的基本动词，"BECOME""ACTION""DIRECT""MOVE"和"AT"也是事件结构中的常用基本动词。显然构式语法也部分借鉴了谓词分解方法，不过构式语法在基本动词的数量和分类方法上并未完全遵照事件结构方法。① 总体来看，构式所使用的动词及表达方式基本上与事件结构一致，所以事件结构完全可以用于构式的形式表达。也可以说，构式语法借鉴了事件结构理论的部分成果，除了表达方式之外，在处理构式与动词的整合上，构式语法也吸收了事件结构理论的优点，将动词的论元角色体现在事件结构基本结构所处位置关系上。

　　（三）事件结构表达式具有一定的普遍性、简明性和形式化基础。概念整合探讨认知结构中不同的意义空间之间的映射整合过程，输入空间中意义结构的表达采用语义角色（如"施事、动作、受事"）这种表达方式，语义角色不能精确表达动词和名词之间的关系，所以关于语义角色的分类标准和数量一直都不太统一，而且语义角色都是离散的，不能充分表达动作和事物之间的关系。而事件结构用抽象动词来表达结构式，既解决了动词和名词之间的词汇蕴含关系，同时这些动词又具有

---

　　① 事件结构经常使用处所分析法、体分析法和致使分析法，构式中使用的基本动词"CAUSE""BECOME""ACTION"和"AT"在上述三种方法中都使用过，但"RECEIVE"并没使用。

一定的普遍性，能概括一般的事件结构关系；另外，事件结构用少量抽象动词解构表达式来概括所有事件关系，和用语义角色表达式比较起来，又具备简明性和精确性，如 Beth Levin 和 Malka Rappaport Hovav 的事件结构类型只有如下几种：

简单事件结构模板：

a. ［x ACT$_{<MANNER>}$］　　b. ［x<STATE>］　　c. ［BECOME ［x< STATE>］］

复杂事件结构模板：

［［x ACT$_{<MANNER>}$］CAUSE ［BECOME ［y<STATE>］］］

这些抽象动词表达的结构式除了具备上述特点之外，还具有形式化的优势，认知语言学和形式语言学比较起来，在意义构建方面充分考虑到了认知对语言的影响，具有更多的理据性。但其形式化方面不如形式语言学简明，意义推理方面具有模糊性。如果概念整合模式中能引入事件结构表达方式，就可以在形式化方面吸收其表达简明、形式化的优点，弥补语法整合形式化不足的弱点。

第二节　语法整合网络

语法整合的句法实现是以想象事件和句法句式为输入空间，通过跨空间的映射和投射，在整合空间中由句法句式表征出来；语法整合的意义实现是以句法句式和事件结构为输入空间，通过跨空间的映射和投射，在整合空间中由想象事件表征出来。想象事件和构式为句法句式提供了具体角色和关系框架，而句法句式则为想象事件和构式提供了句法体现。Mandelblit（2000：199）提供了语法整合的基本框架网络图（见图6-1）。

Mandelblit（1997，2000）输入空间2中的句法句式既包括句法形式也包括语法结构式，整合空间主要是具体角色与句法形式的合并。Mandelblit（1997）以简单句"斯纳吻了丹尼"为例说明了语法整合的基本结构（见图6-2）。

句法句式　　　　　　想象和感知的世界

跨空间映射

输入空间2　　　　　　输入空间1

整合空间

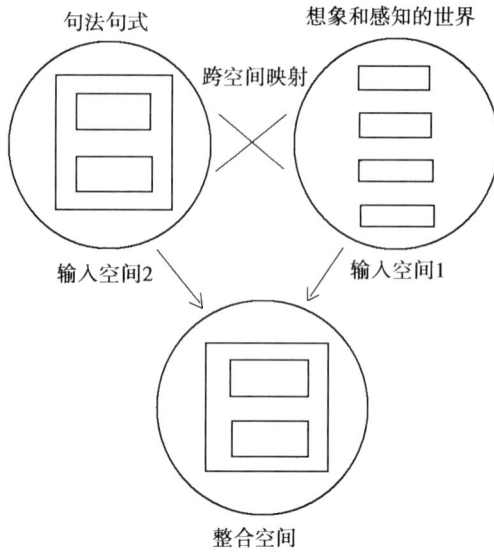

图 6-1　Mandelblit 的语法整合框架网络

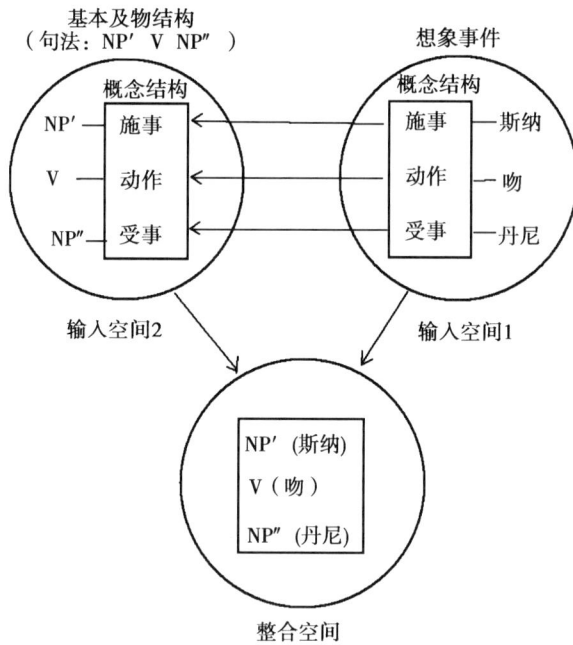

基本及物结构
（句法：NP′ V NP″）　　　　　想象事件

概念结构　　　　　　概念结构

NP′　施事　　　　　施事　——斯纳

V　　动作　　　　　动作　——吻

NP″　受事　　　　　受事　——丹尼

输入空间2　　　　　　输入空间1

NP′（斯纳）

V（吻）

NP″（丹尼）

整合空间

图 6-2　Mandelblit "斯纳吻了丹尼" 的语法整合网络

输入空间 1 是一个想象事件，有一个叫 "斯纳" 的人吻了一个叫

"丹尼"的人，这一想象事件被一个语义框架（即概念结构）表征，概念结构是具体事件的抽象图式，其语义角色如"施事"和"受事"的实例分别是"斯纳"和"丹尼"。输入空间 2 是说话者具有的句法结构知识（主要是关于语言的知识），即英语的基本及物结构的句法形式。英语的基本及物结构为"NP′V NP″"，其典型意义为"施事施行动作并且影响受事"。基本及物结构同样在语法上具有相应的"施事""动作"和"受事"等语义成分。由于在两个心理空间之间（即输入空间 1 的想象事件和输入空间 2 的基本及物结构的语义构式之间）具有相似性，因此说话者选择了及物结构作为句法形式来表达想象事件。说话者根据这种相似性将想象事件中的参与者映射到句法结构的语义角色中，两个输入空间之间的概念和语义角色的映射触发了与语义角色相关的语言形式的映射，如想象事件中参与者"斯纳"先映射到基本及物结构的语义角色施事中，与语言形式相关的施事又映射到了句法结构 NP′中。整合空间合并了输入空间的部分结构，形成了最终的语言表征形式，句法形式继承了输入空间 2 中的结构，而具体词项形式继承了输入空间 1 中的参与者，于是"NP′V NP″"中的各个成分分别被"斯纳""吻"和"丹尼"填充。

Mandelblit（1997）的语法整合网络中两个输入空间都有概念结构，实际上这两个概念结构并不相同，输入空间 1 中的概念结构应该是具体想象事件，如某人吃了饭，某人到了某处，某人使某物移动，等等；输入空间 2 的概念结构则是抽象的事件结构，该结构与具体的事件和参与者没有直接的联系，所以在结构式表达中可以直接用事件结构式表达。因此我们提出一个不同于 Mandelblit 的语法整合结构，输入空间 1 中的想象事件用具体事件如"斯纳 吻 丹尼"表达，而输入空间 2 中的基本及物结构用抽象事件结构式如"X 做 Y"表达，这样可以区别两个输入空间中事件结构的差别，反映心理空间中由具体语义向抽象形式的映射过程，而且因为事件结构之间的关系隐含了语义角色，所以没有专门的语义角色表达式，使得映射形式更加简明，如图 6-3 所示。

第三节　语法整合过程

上面介绍了语法整合网络的基本构成和整合模式，"斯纳吻了丹

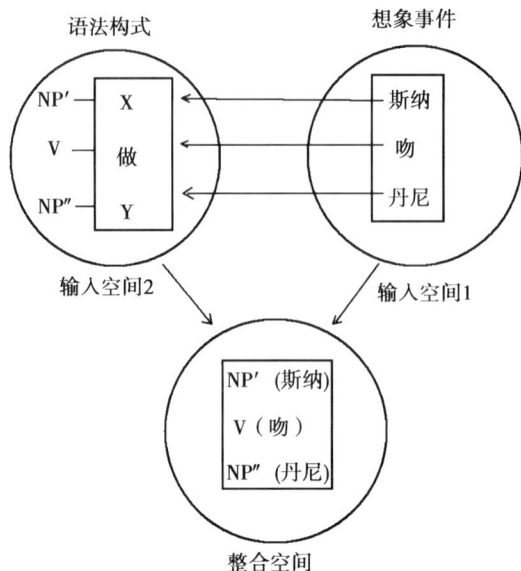

图 6-3　"斯纳吻了丹尼"的语法整合网络

尼"只是简单事件，所以从具体事件到抽象语法构式之间的映射只是简单和直接的映射，实际上语法整合并非都是如此，语言中还存在大量的复杂事件的映射，复杂事件的映射涉及选择性映射和合并过程，下面以英语致使—移动句为例来介绍复杂事件的整合过程。根据说话者编码语言和听读者识解语言的不同，概念整合可以分为从意义到句法的整合和从句法到意义的整合两类，下面先分两部分论述整合过程。

一　从意义到句法

从意义到句法的整合指将要表达的意义在句法上体现出来。英语的致使—移动句与汉语有较大差别，其基本语义是某人施行动作导致物体移动，句法形式是"NP V NP PP"，致使—移动句虽然有相同的句法形式和语义结构，但其整合过程却并不形同，请看下面的例子（Mandelblit，1997：31—43）。

（5）Rachel threw the ball into the basket.

（6）Rachel sneezed the napkin off the table.

（7）She trotted the horse into the stable.

（8）The commander let the tank into the compound.

例（5）的动词"threw"能详细说明动作事件和物体移动事件之间的因果关系，即人扔球的行为导致了球进入篮筐，但未说明球的移动动作；例（6）说明了人的行为（打喷嚏），和"桌布掉下去"的移动路径，但是因为人的行为和物体的移动之间的因果关系并没有必然的联系，所以在致使关系上例句并未作说明；例（7）说明了"马"移动路径，但并没有明确说明人的致使行为，没说明人采取了何种动作导致物体的移动；例（8）说明了物体移动路径，说明了人的动作与物体移动的致使关系"let"，但是没有说明人采取了何种动作。所以在具体事件上并非所有类型都做了详细说明，下面以事件成分和关系较为完备的例（5）为例，用语法整合框架图说明其整合过程，如图6-4所示。

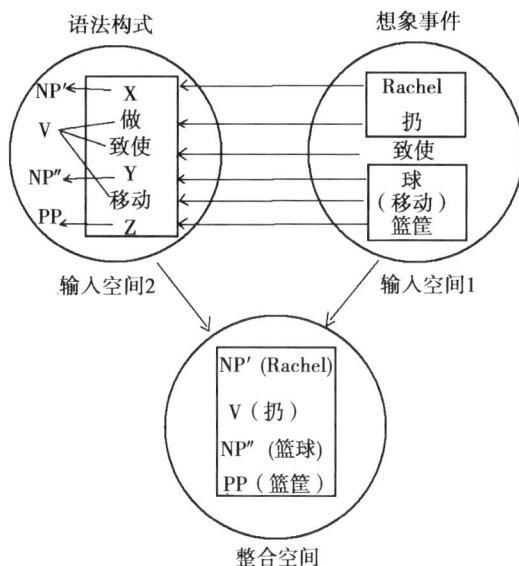

图6-4 "Rachel threw the ball into the basket"的句法实现

致使—移动句式是复杂事件，想象事件中的事件由"Rachel扔球"和"球移动到篮筐"两个简单事件通过"致使"关系结合组成，语法构式则由复杂事件结构"X做［致使［Y移动［到Z］］］"构成，想象事件和语法构式之间存在事件结构和关系的相似性，即"人的动作致使物体移动"，根据这种相似性会产生由具体想象事件到抽象语法构式之间的结构和成分的映射，具体想象事件中的成分"Rachel""球"和"篮筐"分别映射到抽象语法构式中的"X""Y"和"Z"中，具体想象事件中的动作和关系"扔""致使"和"移动"分别映射到抽象语法构式中的"做""致使"和"移动"中。语法构式是一种形式和意义的结合体，它既有"某人施行动作导致某物移动"的意义，也和形式之间具有同构性，因此事件"X 做［致使［Y 移动［到 Z］］］"能映射到"NP′ V NP″PP"中，其中"X""Y"和"Z"分别映射到"NP′""NP″"和"PP"中，而动作和关系"做""致使"和"移动到"合并后映射到"V"中。最后，想象事件中的具体成分及语法构式中的句法关系投射到整合空间中，通过组合和完善形成句子"Rachel threw the ball into the basket"。其他几个例句的映射过程大致相同，不同之处在于在输入空间 1 中，例（6）没有明确说明致使关系和物体移动动作，例（7）没有说明人的动作和致使关系，例（8）没有说明人的动作和物体移动动作。由于在具体事件中存在动作或关系的空位，所以映射到语法构式中的这些成分只是部分映射，虽然存在空位，但人们能够根据长时记忆中的背景知识判断这些空位的语义内容和结构关系，所以同样能保证映射的顺利进行。

二　从句法到意义

从句法到意义的整合指通过句法形式的提示识解意义。上例中那些未说明的动作和关系人们又是如何识解的呢？听读者是如何理解意义的呢？意义的识解过程与句子的句法实现过程不一样，句子的实现过程是由想象事件到语法构式再到句法句式的映射，是说话者根据意义编码语言形式的过程，也就是句子的生成过程；识解过程则是根据句法形式的提示，构建语法构式再到具体想象事件的映射过程。也就是说，识解过程的映射方向与句法实现过程并不一致，句法实现是由语义到句法实现，而识解则是由句法到语义的理解过程。

根据概念整合的拆解原则（unpacking principle），整合空间必须易于理解，能够将整合空间拆解合成，从而重构输入空间、跨空间映射、共有空间以及空间之间的连接网络（Fauconnier and Turner, 2002：

332），所以原来的整合空间能够重新拆解再逆向映射回输入空间，通过逆向映射和投射，原来的输入空间可以成为整合空间。Fauconnier 和 Turner（2002：334—336）认为概念整合具有递归性（recursion），一个概念整合网络中的整合空间常常能作为输入空间用于另一概念整合网络，一旦整合空间在人类量度原则作用下提供了新的整合，那么新的整合就将成为更好地获得人类量度的潜在的手段，从而用来构建更新的整合。下面具体论述由句法到意义识解的整合过程。

概念整合认为语言并不能构建意义，语言起提示作用，人们能够根据语言的提示结合长时记忆中的背景知识，再通过跨空间的映射和投射构建意义。同样句法形式和语法构式也能提示听话者识解意义，句法句式虽然是抽象的语法形式，但它是表达意义的载体，句法形式同样具有语法意义，如名词、动词和形容词常常与事物、动作和性质具有对应关系，主语、谓语与事件结构的"某人做某事"之间也存在关系的相似性，因此人们能够根据背景知识建立从句法到事件结构之间的映射关系。事件结构虽然是抽象语法结构，但它来源于词汇分解及框架语义学，词汇分解的来源涉及意义的分解，而这离不开体验哲学，所以事件结构表征的语法构式与反映人类经验的基本情景的语义结构直接相连，含有基本论元结构的构式被证明与动态的情景相连，因此人们能够将它具体化为具体事件。同样含有具体词项的句子除了向语法构式空间映射事件结构之外，还能向想象事件空间提供具体事件参与者，通过这种逆向映射能重新建立一个完整的语法整合网络。而完成这一语法整合网络构建的概念整合基础除了拆解原则之外，还有心理空间的解压缩（或称"反合并"），整合空间由输入空间合并而成，整合空间同样可以被解压缩，而空间内部的结构和关系都可以通过解压缩被重新分解后投射到其他空间。下面同样以"Rachel threw the ball into the basket"为例来说明从句法到语义的整合框架，如图6-5所示。

上图中输入空间1中是具体的句式，该句式包括句法句式和具体词项，句法句式一方面向整合空间投射具体词项代表的语义，另一方面由于句法句式与输入空间2中的语法构式之间存在句法相似性，如成分"NP′""NP″"和"PP"分别与语法构式的"X""Y"和"Z"之间存在映射关系，而"V"则与语法构式的"做""致使"和"移动"存在

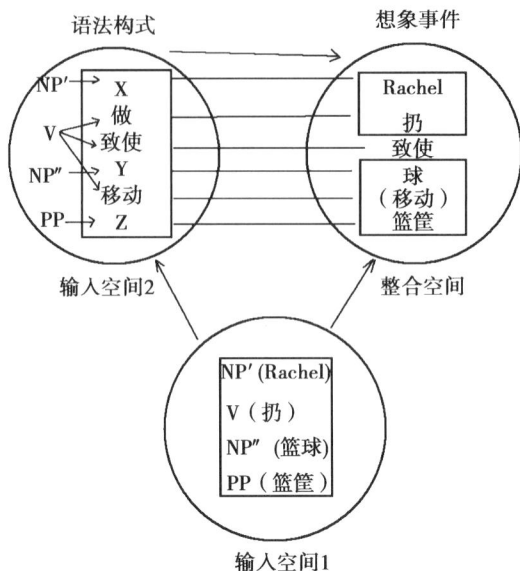

图 6-5　"Rachel threw the ball into the basket" 的意义实现

映射关系；语法构式的 "X" "Y" 和 "Z" 又分别与整合空间的成分 "Rachel" "球" 和 "篮筐" 存在映射关系，而语法构式的 "做" "致使" 和 "移动" 又与想象事件的 "扔" "致使" 和 "移动" 存在映射关系，所以语法构式的抽象关系和成分映射到想象事件，与输入空间 1 中具体句子投射到整合空间中的具体成分合并，整合出具体的想象事件。在这一过程中听话者会根据存储在记忆中的抽象的句法语义知识，找到空间与空间之间的相似性，完成从句法到构式再到具体想象事件的映射，从而实现对具体句子的识解。虽然有些事件如例（6）（7）和（8）并未完全说明事件的某些动作和关系，但听话者会根据自身具备的背景知识（包括语言知识和生活常识），将复杂事件分解为简单事件（根据动词及句法形式进行谓词分解），确定事件序列的时间顺序（某人动作在先，某物移动在后），明确事件之间的关系（致使关系），并将具体词项映射到这些简单事件中。所以如果说从语义到句法的句子生成过程的主要机制是压缩合并的话，那么从具体句子到语义的具体化过程的主要机制则是解压缩。

第四节　语法整合原则

概念整合并非组合性质的组合算法，整合也不能简单从输入空间就可以预测其整合结果，语法整合和一般概念整合一样，是通过输入空间的选择性投射形成整合结构，整合结构可能具有输入空间中不具备的结构。整合过程是整合原则指导下的优选整合，这里在 Mandelblit（1997：34—35）基础上提出语法整合的三条原则。

一　经济性与明确性原则

语言在表达时遵循用最少的句法成分表达最多的意义，所以一般情况下句法是最简明经济的。在从想象事件到事件结构再到句法句式的映射过程中，想象事件是最具体和充分的概念，各个参与者和关系都比较齐全，虽然有些成分未做详细说明，但说话者可以根据自己的想象加以适当补充完善；事件结构是想象事件的抽象表达式，基本能够表述各个成分及成分间的抽象关系；句法句式最为简明和复杂，句法句式只有抽象的语法成分和语法关系，是在事件结构基础上合并和抽象的结果，充分体现了语言的经济性。如在 "Rachel threw the ball into the basket" 的整合过程中，想象事件是 "Rachel 扔球" 致使 "球移动到篮筐"，事件结构是 "X 做［致使［Y 移动［到 Z］］］"，而句法句式是 "NP′ V NP″PP"。所以在从想象事件到句法实现过程中，语义成分经历了从 "Rachel、球、篮筐" 到 "X、Y、Z" 再到 "NP′、NP″、PP" 的抽象化过程，语义关系和动作经历了从 "扔、致使、移动" 到 "做、致使、移动" 再到 "VP、PP" 的抽象化和合并过程。在从语法到意义的整合过程则正好相反。所以在由意义到语法的整合过程中，主要机制是压缩合并，正体现了整合的经济性原则；而在由语法到意义的整合过程中，主要机制是解压缩，正体现了整合的明确性原则。

二　语义一致原则

根据 Goldberg（1995：47），只有在语义上一致能够被感知的角色才能彼此映射，也就是语义一致原则。只有语义一致的角色可以融合，

两个角色 r_1 和 r_2 在语义上一致，如果 r_1 可以被理解为 r_2 的一个实例，那么这两个角色就可以融合。Goldberg 是从动词与构式角色之间的相容性出发来确定两个角色能否合并，而在语法整合中的语义一致是指想象事件与事件结构组成的构式之间是否存在结构成分的对应性，如果二者具有相似性，则可以映射。如想象事件中的"Rachel 扔"和语法构式中的"X 做"中的"Rachel"和"X"之间就存在语义一致性，二者在语义角色上是可以融合的。

三　典型性原则

当想象事件中有两个参与者具有同一语义角色，但在对应的合并结构中却只有一个对应的空位时，这两个参与者中更为典型的一个会被映射到空位中去。例如在"She trotted the horse into the stable"的想象事件中有两个施事"She"和"horse"，但在事件结构中只有一个施事，这时"She"进入事件结构的"X"中，因为"She"是力量的发出者，更具动力性，施事性更为典型。

第五节　小结

本章的句法—语义接口研究主要包括人们如何根据意义构建句法形式和如何根据句法提示构建意义两个部分。前者探讨从意义到句法的实现，后者探讨从句法到意义的生成。Fauconnier 和 Turner（1996）介绍了作为语法的核心过程的整合思想，构建了从概念结构到典型的语法结构之间的映射和实现框架，为概念整合理论应用于句法—语义接口研究打下了基础。虽然语法整合能够解释意义与句法直接的连接问题，但在构建语义结构形式上过于随意，事件结构理论虽然具有统一、完整、易于操作的形式，但在解释语义与句法的连接问题上没有太多的理据性，本章提出以事件结构和构式作为概念结构的形式，用语法整合框架表征语义与句法之间的映射关系及整合过程，从而构建出语义到句法的映射过程。构式从形式和意义的结合关系、研究方法和理论来源来说，都适合充当语法与意义之间的一种过渡载体，从而可以作为语法整合的输入空间反映具体事件与抽象事件的映射关系。事件结构理论能用于语法整合研究，主要因为事件结构理论相对于语义角色征表理论表征句法语义关系更具优势，因为基元谓词容易界定，数量很少，而且它将论元之间的关系编码，能解释论元之间的关系及多个论元能否共现。此外，语法构式的表达也离不开事件结构，Goldberg 的构式语法表达实际上使用的是事件结构表达方式。想象事件和构式为句法句式提供了具体角色和关系框架，而句法句式则为想象事件和构式提供了句法体现。Mandelblit（2000：199）提供了语法整合的基本框架网络图。本章在此基础上进一步构建了句法—语义之间的映射过程，从意义到句法的整合指将要表达的意义在句法上体现出来，而从句法到意义的整合指通过句法形式的提示识解意义。本章还提出了语法整合的三条基本原则：经济型与明确性原则、语义一致原则和典型性原则。在由意义到语法的整合过程中，主要机制是压缩合并，正体现了整合的经济性原则；而在由语法到意义的整合过程中，主要机制是解压缩，正体现了整合的明确性原则。

本章提出的语法整合与 Fauconnier、Turner（1996）和 Mandelblit（1997）的整合模式不同，在映射方式、事件结构的运用和整合框架的设计上都有如下特点。

（一）Fauconnier、Turner 和 Mandelblit 的整合模式的映射关系是通过语义角色进行映射的，语法构式的语义角色与具体事件的语义角色通过映射产生联系。而本章的整合模式是通过事件结构的关系和成分进行映射的，因为事件结构已经包含了语义角色，事件结构的位置内化了语义角色，而且事件结构能够表征事件之间的关系，所以没有必要通过语义角色进行映射，因此，通过事件结构建立映射关系的模式不仅能够表达语义角色的映射关系，而且能使得概念结构更加简明，映射关系更加直接。

（二）Fauconnier、Turner 和 Mandelblit 没有充分考虑到事件结构在投射中的作用，构式的实质是一个事件结构序列，事件结构既有句法性质又有语义性质，起着句法和语义之间的连接作用。同时事件结构的基本方法之一是谓词解构，将动词分解为基本动词形成事件，这可以解释多个事件如何投射到一个句法动词，或者一个句法动词如何分解到事件中的多个动作和关系中去。如英语致使—移动句很多没有说明的动作或关系都可以通过谓词解构进行说明，在从语义到句法的整合中未说明的动作或关系可以在完整的事件结构中找到对应结构，如例（5）没有说明物体移动概念中的移动动作，在抽象事件结构中可以找到对应关系，例（6）没有说明人的动作与物体移动之间的致使关系，但同样可以在抽象事件中找到对应关系。反过来，当从句法到语义整合时，人们会根据事件结构将句法中的动词分解为事件结构中不同的动作或关系，如例（5）的"threw"可以分解为"do""cause"和"move"。

（三）Mandelblit（1997）虽然也提出了从句法到语义的整合，但并未详细说明，本章对其中的整合过程和映射方式做了新的阐释。Mandelblit（1997：41）的从句法到语义的解压缩模式中并未设定从句法句式到想象事件的投射关系，这种方式不仅使想象事件的具体词项来源不明，而且构建的框架网络不符合概念整合的多空间模式，因为概念整合的框架网络要求输入空间至少有两个空间，所以本章的整合模式将句法句式作为输入空间1建立了从输入空间1到整合空间的跨空间投射关系，使得概念整合框架更加完善。

语法整合是概念整合中涉及语法知识的一个类型，其整合框架和过程与一般概念整合一致，语法整合过程中同样涉及背景知识结构特别是语法知识的参与，人们根据背景知识构建想象事件，与长时记忆中抽象的事件结构产生映射关系，最后投射合并到抽象的句法句式中；同样，人们也能根据句法句式进行谓词解构，分解出事件结构，再根据长时记忆中的典型事件情景构建具体的想象事件。整合过程中人们能够根据语言的提示构建心理空间，进行跨空间的映射和投射，最后产生新创结构。所以，语法整合也是概念整合，语法整合对于说明论元实现和表征过程，解释语言使用者如何构建语义和语法来说，是一种极富解释力的理论。①

---

① 但是遗憾的是多年来概念整合研究的主要部分集中于一般意义的构建，关于语法整合的研究成果较少，有待于进一步研究。

第七章

供用句的构建与整合

第一节 供用句研究概述

本章讨论"一条被子盖三个人""一锅饭吃十个人"之类句子，其基本格式为"数量 NP$_1$+V+数量 NP$_2$"，表示一定数量的人或物能供一定数量的人或物使用的含义，句子主语和宾语互换之后意思基本不变。

20 世纪 60 年代李临定、范方莲（1960）谈到表"每"的数量结构对应式时，认为像"四张纸糊一个窗户"的句子表示分配意义，而这种表"每"的意义是由格式提供的；丁声树等（1961：36—37）也注意到"这一锅饭能吃三十几个人"这种句子，认为它并非倒装句，只是宾语类似施事。80 年代以后对供用句的句法语义特点研究得出如下结论：NP$_1$ 主要是表物名词，NP$_2$ 是表人或物的名词，宾语作为施事不表动作的发出者，主要表示两个相关配置数量成分中的一个，主宾互易之后句子由"供给"义变为"分配"义；句式主要表示一种数量关系，动词只是供用的方式，因而动词去掉之后句子仍然成立，如"一锅饭吃十个人"可以变换成"一锅饭十个人"；关于句式意义有三种观点：表示某物供某人使用的意思，容许和容纳量的意义，或者是用供动方式表达容纳意义（陈建民，1986；范晓，1989：24；宋玉柱，1991：152—161；李敏，1998：54；陈昌来，2000：194—195）。

供用句具有可逆的特点，但是并非所有"数量 NP$_2$（施事）+V+数量 NP$_1$（受事）"结构都能通过逆转实现为供用句，例如任鹰（2005：16—18）注意到"在不含供用义的双数量结构中，即当一个名词性成分只是动作的发出者，而在完成动作的同时不必或不能占有益源时，是

不能被放至动词后的", 例如:

　　(1) a. 三个人抬一张沙发　　b. *一张沙发抬三个人
　　(2) a. 十个人做一锅饭　　　b. *一锅饭做十个人
　　(3) a. 两个人洗一件衣服　　b. *一件衣服洗两个人

　　因此, 90 年代以后学术界开始从不同视角出发深入考察供用句成立及可逆动因。从现代配位理论的句法和语义成分的连接规则来看, 施事一般位于主语、受事一般位于宾语位置, 供用句则是受事话题化和施事述题化交替进行的结果。从形式语法出发, 供用句中的 "数量+NP$_1$" 是以数量词为核心的数量短语, 能表示确定的量, 并不违背主语不能是不定指的要求。更多的人从供用句的构式意义出发, 认为句式成立是因为句式具有 "供用" 或 "容纳" 的高层次语义关系意义, 如陆俭明先生认为这是一种表示容纳性的数量结构对应式, 将其概括为: 容纳量—容纳方式—被容纳量。任鹰强调句式中动词本身或在构式作用下产生的 "供用" 或 "给予" 意义的作用对句式的产生起了很大作用。张旺熹则认为是动词的 "非动态性特征" 使得动词失去了对它所联系的两个数量项名词的控制力, 动词只能起到标明配比方式的作用。最近, 人们开始从认知角度出发认为供用句是转喻认知模型或 "给予" 认知模型作用的结果 (袁毓林, 1998: 137; 张旺熹, 1999: 72; 任鹰, 1999: 1—3; 李艳惠、陆丙甫, 2002; 陆俭明, 2004: 414; 任鹰, 2005: 21; 丁加勇, 2006; 鹿荣、齐沪扬, 2010)。丁加勇 (2006) 较详细地提出了供用句 (丁文称之为 "容纳句") 的认知解释, 提出句式是由 "数量转喻认知模型" 支配: 在数量语境中为了说明事物的容纳量, 需要一个人参与活动的数量来指称这种数量, 从而形成了 "受事—动作—施事" 的语序; 这两种数量形成了 "容纳量—容纳方式—被容纳量" 框架, 这一框架属于 "容器—内容" 框架; 在这一框架内事物的容纳量与施事参与动作的数量相关, 激活前者时能同时激活后者, 因为前者在认知上比后者显著。数量转喻认知模型产生的客观基础是人和事物互动的结果, 人的动作性和事物的存在性处于互动的关系中, 人的活动可以用参与事物来表示, 而事物可以用参与其中的人来表示。任鹰在《主宾可换位供用句的语义分析》（1999）一文中详细讨论了供用句成立的语义条件：首先，供用句的动词都应当具有"给予"义，包括动词本身就是给予动词，或者动词虽然不是给予动词，但是在特定句式中获取并隐含着"给予"义；其次，带有"取得"义的动词无法进入表示供用义的主宾可换位结构，因为其语义特征与"给予"义矛盾。作者认为在供用句中的动词已经在一定程度上抽象化了，动词表示什么动作并不重要，重要的是动词说明供用的方式，供用句句式义的产生源于两个数量结构的配对使用产生的数量对比关系，"没有作为'益源'的受事成分与作为'受益者'的对象成分的搭配使用，'供用'这一句式义是无从谈起的"。

通过上述研究，供用句的基本结构、句法语义特点和产生动因被逐步揭示出来，取得了很大成就。但是供用句的意义是如何构建的？句式到底是表容纳意义还是表供用意义？句式有哪些语法特征及为什么有这些特征？从意义构建过程和结果来看供用句产生的根本动因是什么？句式的句法是如何实现的？上述问题尚未有专文讨论过，有进一步研究的必要，由于概念整合是揭示语言意义的在线动态构建过程的理论，本章通过探讨供用句的概念整合过程来回答上述问题。

第二节　句式的意义构建

概念整合是由输入空间提供概念域投射到整合空间形成的，所以要想构建概念整合网络，首先必须找到适当的输入空间。那么供用句是由哪些概念提供构成的呢？一般来说，非常规序列事件往往是由那些经常出现的、为人们熟知的常规事件序列合并整合而成的，概念整合理论认为语言对意义构建起提示作用，所以要找到供用句的来源概念，可以首先从句式的动作和参与者寻找，然后根据动作和参与者构建常规事件。供用句由非常规语序"数量 NP_1+V+数量 NP_2"构成，以"一锅饭吃十个人"为例，显然"NP_1"（饭）为受事，那么"NP_2"（人）是施事吗？如果单就字面意义上来看，"饭"是被"人"吃的，因此"人"应该是施事。但是根据整个供用句意义来看，"吃"缺乏动作性，具有"非动态性"，"吃"不过是表示一种动作方式，强调主谓之间数量关系的对应性①（张旺熹，1999：71）。因此供用句的来源概念首先与常规事件"数量 NP_2+V+数量 NP_1"有关，即"十个人吃一锅饭"构成了供用句的一个来源概念，供用句意义的形成离不开对于常规事件的加工。另外，供用句具有独特的句式意义，这种句式意义完全靠常规事件是难以表达出来的，所以供用句的另一个来源空间与其自身具有的意义"数量 NP_1供数量 NP_2"有关，即"一锅饭供十个人"，确立这一来源空间还与这一空间与前一输入空间"十个人吃一锅饭"存在相似性和对应关系，二者在参与者上具有对应性，在动作关系上具有相关性，意义上也存在一定程度上的关联性。因此，供用句"一锅饭吃十个人"的输入空间构成如下：

输入空间 1：十个人吃一锅饭
输入空间 2：一锅饭供十个人
整合空间：一锅饭吃十个人

如图 7-1 所示。

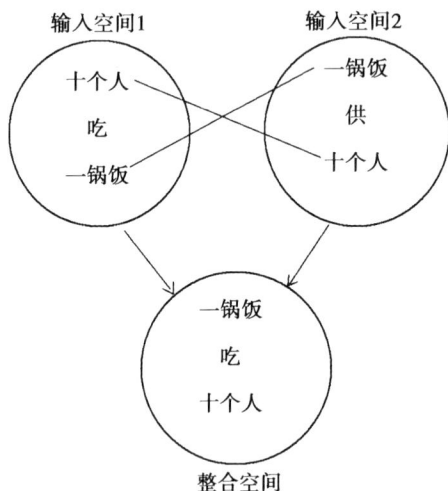

图 7-1　"一锅饭吃十个人"的概念整合网络

① 很多学者（如任鹰（2005）、丁加勇（2006））都注意到了句式动词的抽象性。

由图 7-1 可以看到，输入空间 1 和输入空间 2 之间存在成分和关系之间的对应关系，二者投射到整合空间形成"一锅饭吃十个人"的整合概念，显然整合概念框架来源于输入空间 1，即整合框架来源于"X 吃 Y"而非"Y 供 X"，人们可以用"一锅饭吃十个人"来表示句式意义，而不是用"一锅饭供十个人"来表达句式意义。这一框架选择受到人类量度原则（human scale principle）支配，由于有些框架与人类活动密切相关，人们在语言理解和交谈中经常使用这种熟悉的事件框架来表达那些不熟悉的事件（Fauconnier and Turner，2002：312）。显著性是识别人类量度原则的重要特征，显著（salience）是知觉心理学的一个基本概念，显著的事物是容易吸引人注意的事物，从而更容易识别、处理和记忆（沈家煊，1999：7）。同样，显著的框架更容易为人们熟悉，显著框架在认知中更突出，比不显著框架更容易建立心理联系，从而成为整合框架。"X 吃 Y"是"Y 供 X"的结果，动作性强，在日常生活中出现频率极高；"Y 供 X"是对"X 吃 Y"中"Y"的功能的抽象说明，在日常生活中出现频率较低。两个框架 A 和 B 同处于一个整合框架网络中，如果 A 比 B 更显著，那么 A 能激活 B。如容器、整体和恒久性比内容、部分和临时性更显著，所以"他喝了三瓶"可以指瓶里的"水"，"手里拿着锤子"实际上拿的只是"锤柄"，但可以指代整个"锤子"，"铁的"可以指"架子"而不能指"纪律"（沈家煊，1999）。关系框架同样如此，"Y 供 X"相比较"X 吃 Y"而言，前者是前提和事件起点，后者是结果和事件终点，后者比前者更显著，因此后者能激活前者。例如下列例子中有 A、B 两个事件（A 事件为前提和起点，B 事件为结果和终点），B 事件能同时表达 A 和 B 事件意义，而 A 事件不能。

（4）A：上床　B：睡觉

　　——你干什么去了？　　——我上床了。

　　——你干什么去了？　　——我睡觉了。

（5）A：上街　B：买菜

　　——你干什么去了？　　——我上街了。

　　——你干什么去了？　　——我买菜了。

"睡觉"和"买菜"分别可以表达"上床睡觉"和"上街买菜"的意思。而"上床"和"上街"则受到限制，除非有较多语境支持①。"X吃Y"之所以能激活"Y供X"，除了使用频率不同之外，还同二者的逻辑关系有关，事件之间存在原因和结果、起点和终点的逻辑语义和时间关系，人们很容易能够根据事件的结果推知事件的原因，根据终点推知起点，但是由原因推知结果、由起点推知终点却存在较大的不确定性，因为事件的结果和终点是已知事件，人们可以由已知推知已经发生的已然事件，而事件的起因和起点作为已知事件，要推知还未发生的事件终点和结果就不太容易了。因此，"数量Y吃数量X"能表达"X吃Y"和"Y供X"的意义，这正体现了整合概念与输入空间概念之间的合并压缩关系。整合空间的概念框架要表达两个输入空间投射的概念，所选择的框架必须能同时表达两个输入空间的投射概念，而选择显著性概念可以同时激活两个空间的概念。因此，整合框架选择"X吃Y"关系作为整合关系框架。

第三节　句式的整合特征

概念整合是输入空间选择性投射的结果，由于整合概念来源于输入空间的选择性投射，并经历了组合、完善和扩展，形成了不同于输入空间的整合概念。因此，整合产生的浮现意义（emergent meaning）不是输入空间概念的简单相加，但整合特征是浮现意义的外在表现，所以浮现意义能够通过整合特征进行推测。整合经历了提取、选择、压缩和新建的过程，在此过程中，两个事件要压缩成一个事件，必然会放弃一些自身固有的语法特征，而某些特征又会被保存或改变，放弃的特征我们称为"受抑制特征"，被保存的特征称为"保存特征"。任鹰（1999）、张旺熹（1999：63—74）和丁加勇（2006）做过一些分析，但并不全面。下面根据"数量NP$_1$""动词"和"数量NP$_2$"三个部分详细分析

---

① 在一定语境下"上床"也可以表达"睡觉"的意思，"上街"也可以表达"买菜"的意思。这说明事件前提和起点作为整合框架需要额外的信息支持，不符合概念整合的网络原则，网络原则规定整合空间和输入空间应保持紧密联系，作为一个单位运作的整合空间必须与输入空间能很容易连接而不需要多余的推导。

供用句的整合特征。

一 数量 NP_1 的整合特征

数量短语一般认为是以名词为核心的指称性的名词短语，数量词修饰限制后面的名词或名词短语。在供用句中"数量 NP_1"位于主语位置，表示供用一定数量的物质，一般为表物的名词短语。下面通过变换、添加和删除等方法来看"数量 NP_1"的整合特征。

> 多数量、约数量、序数量：两锅饭丨三四锅饭丨第一锅饭吃十个人
>
> 主观量：刚丨只一锅饭吃十个人、好几丨一大锅饭吃十个人
>
> 周遍量：每一锅饭吃十个人
>
> 定指：这丨那丨哪一锅饭吃十个人
>
> 动作量：*一顿饭丨一次饭吃十个人
>
> 数量短语重叠：锅锅饭都吃十个人；*一锅一锅丨一锅锅（的饭）吃十个人
>
> 省略数量词：*饭吃十个人
>
> 省略数量词添加其他修饰语：*厨房的丨昨天的大米饭吃十个人 *香喷喷的饭吃十个人
>
> 省略名词：一锅丨两锅丨这一锅吃十个人

上述整合特征显示，处在主语位置的"数量 NP_1"在表达数量上比较自由，无论是单数、多数、约数、序数，还是主观量、周遍量和定指量都可以自由进入句式；从数量短语重叠来看，"数量 NP_1"能表周遍量（锅锅饭都吃十个人），但不能对"数量 NP_1"进行状态描写（*一锅一锅丨一锅锅的饭吃十个人）；同样从它省略数量词添加其他修饰语的特征来看，在添加表时间、地点和属性的修饰语时，"数量 NP_1"具有一定的可接受性，因为这些修饰语主要起区别作用，而数量也是区别类型中的一种。但是当添加描写性修饰语（香喷喷的饭吃十个人）时，句式完全不能成立，这说明"数量 NP_1"完全排斥对具体物质的说明，而只是侧重于对数量关系的表达；从它可以省略名词但不能省略数量词

的特征也可以看出，"数量NP₁"侧重表达物质的数量关系而非物质本身。总体来看，"数量NP₁"主要侧重表达事物数量，而在表达动作量、物体及物体具体情态方面受到限制。

二　动词的整合特征

由于供用句具有可逆性，主宾颠倒后句子仍然成立，所以供用句的动词一般为及物动词。但由于NP₁也可以是非受事成分（如处所），所以动词也可能是不及物动词。如"一张床睡两个人""一张沙发坐六个人"。动词的整合特征如下：

自主动词：一锅饭吃十个人；一个房间住两个人

非自主动词：*一部电影笑六个学生；*一场地震塌五间房子

给予类动词：一筐苹果卖三个人；六本书借给两个人

取得类动词：*一筐苹果买三个人；*六本书借来两个人

动词为NP₁的常规功能：一张沙发坐三个人；一桶水洗两件衣服

动词为NP₁的非常规功能：*一张沙发抬三个人；*一桶水倒两个人

动词重叠：一锅饭*吃一吃｜*吃了吃｜*吃不吃十个人

后附体助词：一锅饭吃了｜过｜*着十个人

后附补语：一锅饭吃得了｜不了｜？饱了｜*光了｜*了三次｜十个人

前加可能状语：一锅饭能｜可能｜必须吃十个人

前加意愿动词：一锅饭*想｜*愿意｜*希望吃十个人

前加范围状语：一锅饭只｜*全｜*都吃十个人

前加否定状语：一锅饭*不｜*没｜*别吃十个人

前加频率状语：一锅饭又｜再｜经常吃十个人

前加时间状语：一锅饭今天｜*马上吃了十个人

前加地点状语：一锅饭*在食堂｜*在酒店吃了十个人

前加描写性状语：一锅饭*狼吞虎咽地｜*一口一口地吃了十个人

上述整合特征显示，供用句的动词主要是供 NP₂ 使用的自主、给予类并能体现 NP₁ 常规功能的功能动词，后附体助词和补语受到一定限制，能受频率、可能状语修饰，范围、时间状语受到一定限制，不能受意愿、否定、地点和描写性状语修饰。因此，供用句的动词只是表达抽象的供用关系，不能表达具体情状和意愿。

三　数量 NP₂ 的整合特征

"数量 NP₂"位于宾语位置，表示一定数量的物质的使用者，大部分为表人的名词短语。其整合特征表现如下：

> 单数、约数量、序数量：一锅饭吃一个｜八九个｜*第十个人
> 主观量：一锅饭吃好几个｜? 好多｜*很少的人
> 周遍量：*一锅饭吃每一个｜个个人
> 定指：*一锅饭吃这｜那｜哪个人
> 数量短语重叠：*一锅饭吃一个一个的人
> 省略数量词：*一锅饭吃人
> 省略数量词添加其他修饰语：*一锅饭吃脸胖胖的人｜在客厅的人｜大人
> 省略名词：一锅饭吃十个

上述整合特征显示，"数量 NP₂"主要表单数、多数和约数，表主观量受到限制，不能表序数、周遍量、定指，数量短语不能重叠，能省略名词不能省略数量词。"数量 NP₂"与"数量 NP₁"存在相似之处，能表一般数量关系（如单数、多数和约数），侧重表达数量关系而不注重物质及物质的状态（如能省略名词不能省略数量词，名词前不能添加其他修饰语）。与"数量 NP₁"不同的是，"数量 NP₂"只能表达纯粹的数量，对于带有描写和叙述性质的序数量、主观量、周遍量都有限制[①]。

---

① 任鹰（2005：25）还注意到了句式前后名词的数量成分都去掉之后有些句式仍然能成立，如"五个人坐一张沙发→人坐沙发"，"两个孩子睡一张床→孩子睡床"，但去掉数量词后，整个结构再也无法表示原有的供用义了。

第四节　句式的浮现意义

浮现意义指输入空间的概念投射到整合空间后，经过大脑的组合、完善和扩展认知操作之后形成的整合意义，浮现意义并非输入空间意义的简单相加，经过组合、完善和扩展操作之后的浮现意义具有输入空间中不具备的创新意义。但语言对概念整合起提示作用，整合意义由输入空间提供，可以由整合过程进行推导，另外，整合特征是浮现意义的外在表现，浮现意义也可以由整合特征进行推知。因此，从整合过程及整合特征的意义和句法表现是可以推知浮现意义的。下面据此分析供用句的浮现意义。

供用句的浮现意义是由输入概念"一定数量的 NP_1 使用一定数量的 NP_2"和"一定数量的 NP_2 供一定数量的 NP_1"投射到整合空间之后形成的整合意义，句式意义常常是浮现意义的外在表现，不过浮现意义范围比句式意义更大，经过组合、完善和扩展之后的浮现意义除了抽象的句式意义之外，还包括某些抽象句式意义没有考虑到的细节意义。由于篇幅限制，本书只考虑抽象句式意义，暂不涉及细节意义。人们注意到句式意义往往能决定句法表现，因此从李临定、范方莲（1960）开始就注意到供用句表分配意义了，此后句式意义一直是供用句研究的重点。但学术界提出的句式意义并不相同，综合来看主要有三种。

（一）表示供用关系，某些存在物（ NP_1 ）以某种方式（V）供给某些人或物（ NP_2 ）使用（范晓，1989：24；李敏，1998：54；任鹰，1999、2005：21；鹿荣、齐沪扬，2010：460）；

（二）表示数量分配关系，句式是说明某物、食品、材料可以供消费、使用、占有的数量的句子，所以供用句实际上主要表示一种数量关系（李临定、范方莲，1960；张旺熹，1999：72；陈昌来，2000：194）；

（三）表示容纳关系，句式表示容纳性的数量结构对应式（陆俭明，2004：414）。

另外，丁加勇（2006）将本书讨论的供用句称为"容纳句"，并细分为分配、容纳和供用三种关系，讨论了三者不同的句法语义表现，但实际上供用关系是这三种关系的共同点，三种关系仍然表示某物供某人或物使用的意思。

那么供用句的浮现意义是表示供用、分配还是容纳关系呢？首先，根据供用句的整合特征来分析。供用句格式为"数量 NP_1 + V + 数量 NP_2"，从数量短语的整合特征来看，"数量 NP_1"和"数量 NP_2"侧重表达数量关系，供用物质本身省略后句子仍然能够成立，以"一条被子盖三个人"为例，省掉名词后"一条盖三个人"和"一条盖三个"都能成立，句子意思基本不变，但省掉数量短语之后句子很难成立。另外，数量短语的各种描写和情态关系很难入句，如同样是数量关系，在数量"NP_2"的表现上就不相同：单数、多数和约数可以入句，而序数、周遍量和部分主观量不能入句，原因就在于前者能表达数量关系，而后者带上了描写性和叙述性等具体情状。因此句式的主宾语侧重于表达数量对应关系，而数量的具体情况和具体物质不是句式要表达的内容。从句式动词的整合特征来看，动词主要表明一定数量的物质与一定数量的人或物之间的抽象供用关系，动词在表达具体情态方面（如带体助词、重叠、受各种类型状语修饰等方面）受到很大限制，如同样是带体助词，"了"和"过"可以入句（一条被盖了｜过三个人），而"着"不能（*一条被盖着三个人），就是因为"着"表达的是一种存在样态，与动词表抽象关系的整合特征产生了矛盾。张旺熹（1999：63）提出句式动词具有"非动态性"特征（指句式着重于描写事物的相对静止的配置关系和对应关系），丁加勇（2006：71）也注意到动词具有方式化特征（指动词是表达数量关系的一种方式），这些观点正是句式动词表抽象供用关系的整合特征的表现。

其次，根据句式的整合过程来分析。供用句概念来源于"一定数量的 NP_2 使用一定数量的 NP_1"和"一定数量的 NP_1 供一定数量的 NP_2"，在整合空间中选取前者的关系框架和后者的成分顺序整合而成，当"数量 NP_1 使用数量 NP_2"组合以后，人们根据日常生活经验进行概念完善，判断出"NP_2"与"NP_1"之间的数量供用关系，并在细节上加以扩展，从而完成整合。如"一条被子盖三个人"，人们能根据大脑储存的背景知识判断出句式来源于"三人盖一条被子"和"一条被子供三人"，"被子"和"人"之间有"三人盖一条被子"的数量使用关系。

这一整合离不开人们长期积累的生活经验的参与。如很多人注意到供用句的动词可以由抽象动词代替或者干脆省略掉都不影响句子意思的表达（李临定，1960；任鹰，1999；鹿荣、齐沪扬，2010），例如：

（6）一桶水洗三件衣服→　一桶水供三件衣服　→　一桶水三件衣服

（7）一匹马骑两个人→　一匹马供两个人　　　→　一匹马两个人

（8）一张床睡三个人→　一张床供三个人　　　→　一张床三个人

之所以用抽象动词"供"甚至省掉动词之后句子意思基本不变，是因为人们根据经验已经形成了物质和物质功能的对应关系，人类在长期的历史进化中学会了制作和使用工具，这也是人类社会进步的源泉，任何物体最重要的价值首先是其能否被人类使用，否则这些东西便没有价值，不会引起人们注意。而这些物质的典型功能也会形成概念储存在人的记忆中，如 Pustejovsky 的生成词库理论认为词库具有物性结构（qualia structure），物性结构规定了物质与事件的关系（Pustejovsky，1995：85—182），对和事件有关的论元的性质进行了规约，物性结构由成分、形式、目的和动因四个角色组成，其中目的角色将名词代表的事物与事件联系起来，如说到土豆人们会与"吃土豆"事件联系起来。这表明事物与事件之间的连接经过了大脑中的认知操作将二者联系起来。词汇作为语言符号能提示人们进行意义构建，当一定数量的事物与一定数量的人之间组合时，在完形心理支配下，人们能据此与日常生活中的常规事件进行对比，确定事物与人之间的功能和数量对应关系，从而整合出供用句句式意义。

因此，从句式的整合特征和整合过程来看，句式浮现意义主要表达的是"一定数量的物质供一定数量的人或物使用"，句式主要强调物质和物质使用者之间在使用时的数量对应关系，不关注物质和动作的具体情状。所以单强调供用、分配或容纳关系都是片面的，句式表达的是事物供用关系之下的数量分配问题。

第五节　句式义产生机制与句法实现

一　句式义产生机制

供用句能否产生主要在于能否建立整合框架网络顺利整合出浮现意义。即供用句能否建立"一定数量的 NP_2 使用一定数量的 NP_1"和"一定数量的 NP_1 提供给一定数量的 NP_2"的输入空间，这些概念选择性投射到整合空间，选择合适的整合关系整合出浮现意义。以"一锅饭吃十个人"为例，整合出句式意义有三个步骤。

1. 由于"吃"的主语是"一锅饭"，宾语是"十个人"，这与人们熟悉的常规事件关系不一致，人们根据自己的经验判断"吃"的施受关系，得出"吃"的对象不是"十个人"，而是"一锅饭"，"一锅饭"是"十个人"的受事，建立起"十个人吃一锅饭"的输入概念；

2. 由于"一锅饭吃十个人"的受事前置序列，人们会思考"一锅饭"与"十个人"被陈述与陈述关系的可能情况，得出"一锅饭"与"十个人"之间的数量分配供用关系，建立起"一锅饭供十个人"的输入概念；

3. 输入空间 1"十个人吃一锅饭"和输入空间 2"一锅饭供十个人"概念投射到整合空间，人们将二者组合到一起，根据背景知识进行完善得出"一锅饭供十个人吃"的浮现意义。

语言表达式体现了人类的经验和认知，语法结构具有内在象征性，从而具有解释性（Langacker，1987：56）。对世界的经验使人们能够根据具有完形特性的基本事件推知事件的基本面貌和事件之间的关系，所以人们能够根据语言的提示通过建立心理空间和心理空间之间的映射和投射，整合出需要的意义。供用句的概念整合需要大量的百科知识和心理认知操作参与，才能整合出浮现意义。因此，句式能否建立取决于人们能否根据语言提示整合出浮现意义。供用句的整合必须满足如下条件。

1. 根据动词建立" NP_2 "和" NP_1 "的施受关系；

2. 根据"数量 NP_1 （供用物）+V+数量 NP_2 （供用对象）"句法

形式建立数量分配和供用关系；

3. 根据前两个条件整合出"一定数量的物质供一定数量的人或物使用"的浮现意义。

首先，条件 1 要求供用句的供用物和供用对象必须具有典型消费、使用或占有等功能，非典型功能不能建立"NP$_2$"和"NP$_1$"的施受关系，例如：

(9) a. 一匹马骑两个人　　　b. *一匹马喂丨赶丨吃两个人

(10) a. 一条绳子捆五个人　　b. *一条绳子编丨剪丨运五个人

(11) a. 一台电扇吹三个人　　b. *一台电扇擦丨洗丨装三个人

"骑"是"马"的典型功能，所以"一匹马骑两个人"成立，但"喂""赶""吃"不是"马"的典型功能，所以"一匹马喂丨赶丨吃两个人"都不能成立。同样类推，"捆"和"吹"是"绳子"和"电扇"的典型功能，所以句式能成立，而"编丨剪丨运"和"擦丨洗丨装"不能成立。

其次，条件 2 要求建立数量分配供用关系。有了典型功能不一定能建立供用句，句式成立还必须构建供用关系，例如：

(12) a. 一个桶装两个人　　b. 一支箭射三个人　　c. 一个玻璃罩罩两个人

"桶"的典型功能是"装（东西）"，"箭"的典型功能是用来"射"的，而"玻璃罩"的典型功能是"罩（东西）"，但这些东西典型功能的受事除了物体之外，还包括人，所以人们根据正常语序容易建立以人为受事的事件，不能构建供用关系。

供用关系除了通过事物的典型功能和名词前面的数量提示建立之外，还可以通过具有方向性的典型供用动词建立关系，如"卖、奖、喂"等动词是典型提供型动词，能够建立供用型数量分配关系：

(13) a. 一筐鸡蛋卖两个人　　b. 五百块钱奖三个学生　　c. 一

瓶奶喂两个孩子

　　虽然"鸡蛋、钱、奶"的典型功能不是"卖、奖、喂"，但动词的典型供用性质能够不通过典型使用功能直接建立供用关系。不过由供用动词建立的句式不如典型功能动词建立的句式典型，大部分典型功能动词建立的句式能省略掉动词句式仍能成立，而供用动词受到限制，例如：

　　（14）a. *一筐鸡蛋两个人　　b. *五百块钱两个学生　　c. *一瓶奶两个孩子

　　这种句式由于供用物和供用对象之间没有典型的施受和供用关系，如果没有供用动词的提示则难以建立数量分配和供用关系。
　　供用型的数量分配关系的建立对动词语义具有方向性的要求，要建立某物"提供"或"分配"给某人或物的关系，动作必须是由起点到终点始发型的动词，如果动作方向是由终点向起始点运行则不能建立供用型的数量分配关系，任鹰（2005：18—19）已经注意到这种现象，例如：

　　（15）a. 两个孩子借一张床　　　b. *一张床借两个孩子
　　（16）a. 三四个人拿一条被子　　b. *一条被子拿三四个人
　　（17）a. 两个人偷来一盆水　　　b. *一盆水偷来两个人

　　在事物的典型功能或典型供用动词提示之下，人们能够整合出"一定数量的物质供一定数量的人或物使用"的浮现意义，最终构建出句式意义。

二　句式的句法实现

　　语法整合是概念整合的一种类型，与构建意义的概念整合不同，语法整合主要研究句子的生成过程。语法整合通过想象事件和语法构式的相似性合并到整合空间中，再通过句法句式体现出来，想象事件和语法构式之间存在的相似性是进行语法整合的前提。想象事件和构式为句法句式提供了具体角色和关系框架,而句法句式则为想象事件和构式提供了句法体现。下面具体分析。

　　想象事件是人脑中想象的离散的概念,构式则是根据语言提示构建的形式和意义的结合的事件结构。人们想象中的供用概念应该由消费、使用或占有事件"数量 NP_2 使用数量 NP_1"和提供事件"数量 NP_1 供数量 NP_2"构成,这一事件与复杂事件结构"X 供 Y 使用"之间形成映射关系,二者作为输入空间投射到整合空间形成句法句式,如图 7-2 所示。

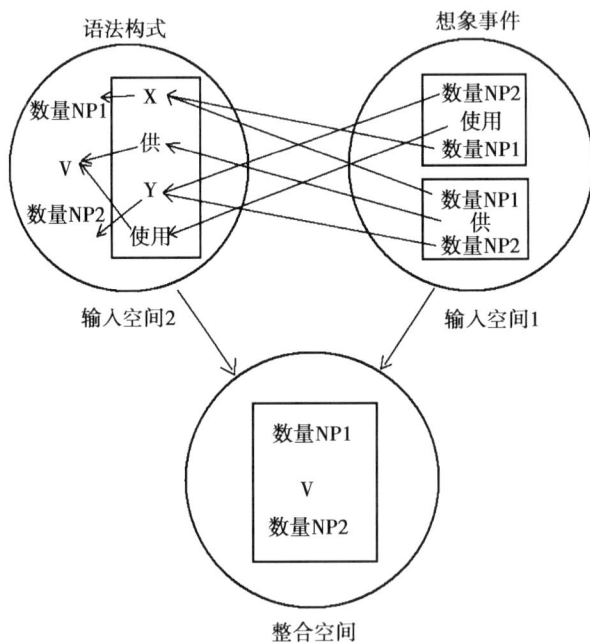

图 7-2　供用句的句法实现

　　以"一锅饭吃十个人"为例,其句法实现过程如下(见图 7-3):

　　想象事件由"十个人吃一锅饭"和"一锅饭供十个人"构成,语法构式由"X 供 Y 使用"构成,由于想象事件和语法构式之间存在事件结构和成分的相似性,使得两个空间之间形成成分和关系的映射关系,想象事件中的"一锅饭"和"十个人"分别与语法构式的"X"和"Y"之间产生映射关系,而具体动作"吃"和"供"分别与语法

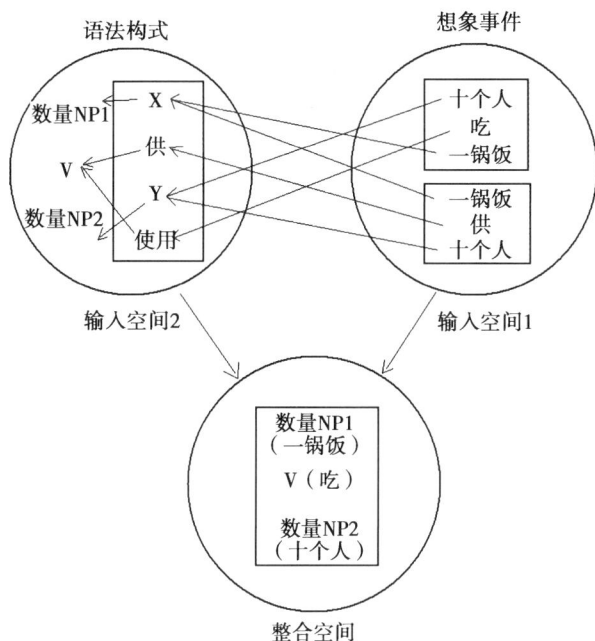

图7-3 "一锅饭吃十个人"的句法实现

构式的"使用"和"供"产生映射关系，最后，想象事件中的"一锅饭"和语法构式"X"投射到句法句式中的"数量NP₁"上，想象事件中的"十个人"和语法构式中的"Y"投射到句法句式中的"数量NP₂"上，而想象事件中的"吃""供"和语法构式中的"使用""供"投射到句法句式中的动词"V"上，形成"一锅饭吃十个人"的句法形式。

第六节　小结

本章讨论供用句的句法语义实现过程，供用句的来源概念，一方面与常规事件"数量NP₂+V+数量NP₁"有关，即"数量NP₂+V+数量NP₁"构成了供用句的一个来源概念，供用句意义的形成离不开对于常规事件的加工；另一方面，供用句具有独特的句式意义，这种句式意义完全靠常规事件是难以表达出来的，所以供用句的另一个来源空间与其自身具有的意义"数量NP₁供数量NP₂"有关。"数量NP₁供数量NP₂"

相比较"数量 NP_2+V+数量 NP_1"而言，前者是前提和事件起点，后者是结果和事件终点，后者比前者更显著，因此后者能激活前者。整合空间的概念框架要表达两个输入空间投射的概念，所选择的框架必须能同时表达两个输入空间的投射概念，而选择显著性概念可以同时激活两个空间的概念。因此，整合框架选择"数量 NP_2+V+数量 NP_1"关系作为整合关系框架。从整合特征上来看，"数量 NP_1"主要侧重表达事物数量，而在表达动作量、物体及物体具体情态方面受到限制；供用句的动词只是表达抽象的供用关系，不能表达具体情状和意愿；与"数量 NP_1"不同的是，"数量 NP_2"只能表达纯粹的数量，对于带有描写和叙述性质的序数量、主观量、周遍量都有限制。

那么供用句的浮现意义是表示供用、分配还是容纳关系呢？根据供用句的整合特征来看，句式的主宾语侧重于表达数量对应关系，而数量的具体情况和具体物质不是句式要表达的内容，而句式动词主要表明一定数量的物质与一定数量的人或物之间的抽象供用关系；根据句式的整合过程来分析，供用句概念来源于"一定数量的 NP_2 使用一定数量的 NP_1"和"一定数量的 NP_1 供一定数量的 NP_2"，在整合空间中选取前者的关系框架和后者的成分顺序整合而成，当"数量 NP_1 使用数量 NP_2"组合以后，人们根据日常生活经验进行概念完善，判断出"NP_2"与"NP_1"之间的数量供用关系，并在细节上加以扩展，从而完成整合。综合来看，句式浮现意义主要表达的是"一定数量的物质供一定数量的人或物使用"，句式主要强调物质和物质使用者之间在使用时的数量对应关系，不关注物质和动作的具体情状。

句式意义的建立有三个步骤：首先，根据动词建立"NP_2"和"NP_1"的施受关系；其次，根据"数量 NP_1（供用物）+V+数量 NP_2（供用对象）"句法形式建立数量分配和供用关系；最后，根据前两个条件整合出"一定数量的物质供一定数量的人或物使用"的浮现意义。句式的句法实现过程是：人们想象中的供用概念由"数量 NP_2 使用数量 NP_1"和提供事件"数量 NP_1 供数量 NP_2"构成，这一事件与复杂事件结构"X 供 Y 使用"之间形成映射关系，二者作为输入空间投射到整合空间形成句法句式。

第八章

存现句的构建与整合

第一节　存现句研究概述

存现句是结构形式为"NP$_{处所}$+V+NP$_{存现物}$",表示某处或某时存在、出现或消失某人或物的一类句式。例如:

（1）床上躺着一个人。　　　　（2）屋外竖着一根旗杆。

（3）马路上跑着一辆汽车。　　（4）墙上贴着一幅画。

（5）额头上滚动着一颗汗珠。　（6）水波上闪耀着金光。

（7）家里来了一位客人。　　　（8）村里丢了一头牛。

其中（1）—（6）为存在句,（7）—（8）为隐现句。早期存现句研究主要集中于句式的性质、范围、类型和句法语义特征,如陈庭珍（1957）分析了句首处所词的特点,认为存现句是主谓句;范方莲（1963）将"处所+动词+存现物"分为 A、B、C 三段,分析了这三段的特点和关系,认为 C 段比 B 段更重要,是句子的真正谓语,存在句主要表某一事物存在的姿态,不表主体的动作行为。

20 世纪 80 年代开始存现句研究在广度和深度上都有新拓展,宋玉柱（1982a、1982b、1989、1991）的一系列研究发现了新的存现句类型,他先后发现了由动态动词组成的动态存现句（如"他额头上滚动着一颗颗汗珠"）,由定语及其中心语组成的偏正词组充当谓语的定心谓语句（如"屋外一片月光"）,表示动作处于完成状态的动态存现句（如"台上已经站了几排人"）,B 段由"动词+过"组成的静态经历体存现句（如"窗子上曾经贴过两张剪纸"）。至此,存现句大致可以分为如下一些类型（宋玉柱，1991：6）。

　　1. 静态存现句：

　　a. "有" 字句（教室里有两个学生）

　　b. "是" 字句（桌子上是苹果）

　　c. "着" 字句（台上坐着主席团）

　　d. 经历体存在句（窗子上曾经贴过两张剪纸）

　　e. 定心谓语句（屋外一片月光）

　　f. 名词谓语句（满脸青春痘）

　　2. 动态存现句：

　　g. 进行体动态存在句（天上闪着两颗星星）

　　h. 完成体动态存在句（地上落了一层黄叶）

　　此外，聂文龙（1989）根据动词的语义特征和变换方式的不同肯定了动态存在句不同于静态存在句，并将动态存现句分为位移和非位移两类；雷涛（1993）根据存现句三段配置把存在句分成了 A+B+C、A+C、B+C 和 C 四种构成类型；齐沪扬（1996）探讨了没有中段动词的零动词静态存现句。

　　人们发现很多动词进入存现句后语义特征发生变化，开始把目光转向探讨存现句产生动因，研究方法主要包括动词语义特征分析、后缀"着"功能分析、非宾格假说和构式语法分析四种方法[1]。

　　（一）动词语义特征分析。这种分析方法主要关注存现句动词对句法格式起制约作用的句法语义特征，朱德熙（1981）在讨论 "在黑板上写字" 的相关句式时，发现静态存现句动词具有 ［+状态］［+附着］特征，而动态存现句动词则具有 ［+状态］［－附着］特征，这导致两者句法表现不一，如下列句式中 A 类句式能变换成 "把" 字句而 B 类不能（例子选自朱德熙，1981：6）。

A

　　　　在黑板上写字——把字写在黑板上

　　　　在池子里养鱼——把鱼养在池塘里

---

① 田臻（2009）对此进行了详细介绍。

在墙上贴标语——把标语贴在墙上

B

在食堂里吃饭——＊把饭吃在食堂里

在汽车上看书——＊把书看在汽车里

在屋里开会——＊把会开在屋里

在此基础上，陆俭明（1991）同样用［±附着］特征区分了动态与静态存现句，齐沪扬（1994）在区分静态"着"字存现句和一般受事宾语句时使用了四个语义特征进行了区分，认为"着"字存现句具有［+完成］［+持续］［-移动］和［+状态］特征。不过语义特征分析法存在分类标准不一的问题，而且语义特征具有静态性，实际上在具体的句法环境中与其他词组合时动词的语义特征往往会发生变化。

（二）后缀"着"功能分析法。该方法将存现句中动词语义特征的变化归结于后缀"着"的功能，陈庭珍（1957）、范方莲（1963）和胡裕树、范晓（1995）均认为存现句的动词带上"着"之后表示动作的状态而非动作的进行。这种分析方法存在的问题是句子其他成分与动词搭配时也会对动词所表示的状态意义产生影响，而且后缀"着"本身并不单表状态，它还可以表动作进行，不适用于动态存现句。其他体助词和动词结合也可以表达静态存现意义，如任鹰（2000）从动词内部的时间性出发论证了"V了"也可以产生"V着"的意义，如"椅子上坐着一个人"和"门口停着一辆车"可以变换为"椅子上坐了一个人"和"门口停了一辆车"，句子意思基本不变，通过语义特征分析，任鹰先生认为"V了"之所以等于"V着"，是因为句中动词既有动态义又有静态义，既能表动作，又能表动作完成后的状态。

（三）非宾格假说。形式语法理论主要通过存在动词的非宾格假设解释句式的生成问题，非宾格假说将传统的不及物动词分为非宾格动词和非作格动词两类，不及物动词的唯一论元出现在主语位置，其中非宾格动词的论元为域内论元，而非作格动词为域外论元（Perlmutter 1978），出现在汉语存现句中的动词都为非宾格动词，其主语为域内论元（Huang，1987；顾阳，1997；杨素英，1999）。非宾格假说使存现动词的类型得以统一，确定了句首方位词的性质，但非宾格动词的判断标准并不一致，具体到汉语存现句还存在存现动词不仅包括某些非作格动词，而且还包括部分及物动词的问题。

（四）构式语法分析。前三种方法主要考虑动词及其体助词对句式的作用，而构式语法则从整体角度自上而下分析存现句的产生动因，认为句子的论元结构由构式提供，动词意义与构式互动产生存现意义（陆俭明，2004；任鹰，2005）。构式语法理论将句式中动词类型的多样化以及语义特征变化归结为构式作用的结果，相对于其他理论具有更多优越性。但是对于构式意义的构建过程该方法并没有给出明确解释。而且该理论没有充分考虑到动词词汇意义的作用，对于词汇与构式之间的相互作用还有待于进一步研究。

上述研究厘清了存现句的定义、性质、范围及句法语义特征，既注意到了动词及其组成成分的特征、功能和论元性质对句式的作用，也考虑到了构式整体对句式意义的贡献，为研究存现句的产生动因提供了研究基础。但是，上述研究并没有考虑到句式动态的、在线的意义构建过程，即使解释力较强的构式语法理论也不能充分说明构式意义是如何产生的，构式意义只是人脑构建句式意义的一个结果，对于其具体构建机制和过程仍需进一步研究。而概念整合理论可以解释人们如何通过心理空间网络构建存现句意义，下面具体论述这种意义构建过程。[①]

第二节　句式的意义构建

从概念整合类型来看，存现句的整合网络可以分为两类，第一类是双侧网络存现句，包括"着"字句、经历体存在句、进行体动态存现句和完成体动态存现句；第二类是单一网络存现句，包括"有"字句、"是"字句、定心谓语句和名词谓语句。下面分别论述其意义构建过程。

一　双侧网络存现句

输入空间是概念整合意义的来源空间，要构建概念整合意义首先必

---

① 存现句包括存在句和隐现句，受篇幅限制，这里重点讨论存在句。

须建立输入空间。那么存现句意义的来源概念是什么呢？一般来说，非常规句式意义的建立都离不开常规句式表达的常规事件，常规事件是日常生活中依靠一般时间顺序和因果关系构建的事件。常规事件为建立更为复杂的非常规事件提供了概念来源。而存现句的句法形式为"NP$_{处所}$+V+NP$_{存现物}$"，处所意义比较抽象，通常是一种外围格，它充当主语是一种非常规句式，由具体的存在物充当主语可能更常见。语言形式是现实世界认知反映的结果，现实世界中我们的认知常常首先集中于存在物本身的状态，由存在物的状态再推知其存在处所。基本的认知常识也告诉我们首先感知某物存在（出现或消失）某种状态，然后才能知道其存在处所。也就是说，"存在对象存在（出现或消失）"的概念是"存在对象存在（出现或消失）于某处"的前提，如果人们没有感觉到某物存在（出现或消失），那么就没有产生某物存在（出现或消失）于某处的概念。如要表达"树下躺着一个人"的意义，我们首先感知到的应该是"一个人躺着"，然后才考虑这个人所处的位置是"树下"，建立"树下"存在"某物"的概念，最后才能产生"树下躺着一个人"的概念。如果我们没有感知到"一个人躺着"，那么就不会建立"树下躺着一个人"的概念。因此存现句要表达"某处存在（出现或消失）某物"这个概念首先必须建立"某物存在（或处于某种状态）"的概念，然后建立"某处存在某物"的概念，最后才能建立"某处存在处于某种状态的某物"的存现意义。所以，存现句意义的概念整合网络由如下空间组成：

> 输入空间 1：存在对象存在（或处于某种状态）
> 输入空间 2：某处存在某物
> 整合空间：某处存在处于某种状态的存在对象

其中输入空间 1 中的存在物处于某种状态是存在对象存在的具体形式，当人们知道某物处于何种状态时（如站、坐、贴、游等），就可以推知这种存在物的存在，这时输入空间可以用具体的存在状态（存在对象处于某种状态）来表示；有时人们并不知道存在对象的具体存在状态，只知道其存在，输入空间就可以用"存在物存在"的抽象形式表

达。能表达具体存现状态的包括所有动态存现句及静态存现句中的
"着"字句和经历体存在句，而静态存现句中的"有"字句、"是"字
句、定心谓语句和名词谓语句没有表达具体存现状态，所以前者的输入
空间 1 为"存在物处于某种状态"，而后者的输入空间 1 为"存在物存
在"。以"台上坐着主席团"为例，其概念整合网络为：

输入空间 1：主席团坐着

输入空间 2：台上存在主席团

整合空间：台上坐着主席团

该句概念整合网络如图 8-1 所示。

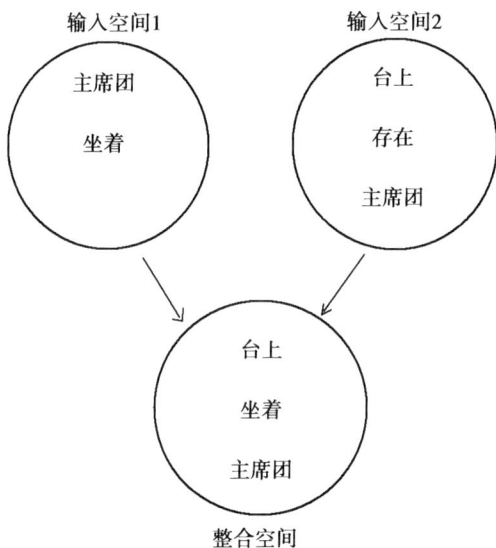

图 8-1 "台上坐着主席团"的概念整合网络

图 8-1 显示，输入空间 1 和输入空间 2 之间存在事件的相关性，输
入空间 1 为状态事件，而输入空间 2 为存现事件，状态事件的主体和存
现事件的存现物之间存在映射关系，二者投射到整合空间中形成整合事
件。整合事件的结构关系"坐着"来源于状态事件，同样，事件框架
关系的选择受到人类量度原则的支配，只有与人类生活密切相关的显著
度更高的事件才能作为整合事件的框架关系。整合事件是输入空间概念

投射的结果，包含两个输入空间的部分概念，所以整合事件的结构关系必须选择显著度高的事件以激活显著度低的事件，这样才能将两个概念整合为一个概念。一般来说，具体比抽象显著、动态比静态显著。状态关系相对于存现关系来说，状态关系是具体关系，存现关系是抽象关系，如"坐着"相对于"存在"来说，前者是具体姿态，后者是抽象存现关系，显然前者更容易感知；状态关系具有一定的动态性，存现句虽然有静态存现句和动态存现句的区别，但凡是有状态关系的存现句都具有一定的动态性，如"坐"既可以表动态动作也可以表静态状态，在存现句中"坐着"虽然是一种非移动的状态，具有附着特征，但这种状态是移动动作之后的静止状态，与移动密不可分，所以表存现意义的"台上坐着主席团"和"台上坐了主席团"意思差不多（任鹰，2000），动态存现句的动态性则更强，因此状态关系相对于抽象的存现关系来说具有更多的动态性。因此，状态关系比存现关系更显著，更适合作整合空间的事件框架。所以"台上坐着主席团"能表达"主席团以坐的方式存在于台上"的意义，而"台上存在主席团"却不能表达这一意义。就是因为前者用显著关系激活了非显著关系，从而整合了输入空间，而后者却不能激活相关关系，使得整合失败。

可以看到上述框架网络类型是双侧网络（Double-Scope Networks），双侧网络的输入空间具有不同的组织框架，这两个输入空间的框架的一部分都可以投射到整合空间形成整合空间独有的创新框架。在双侧网络中，两个输入空间的框架都对整合框架起着重要作用。

二　单一网络存现句

"是"字句、"有"字句、定心谓语句和名词谓语句的意义构建方式略有不同，这些句式的整合网络类型是单一网络（Simplex Networks），单一网络是最简单的一种框架网络，该网络主要是将由人类文化或生物历史形成的某些框架应用于某些具体成分类型中，在单一网络框架中抽象的框架组成一个输入空间，某些具体框架填充成分组成另一个输入空间，整合框架则用最简单的方式合并输入空间的框架和具体的值。所以这一类存现句直接通过结构关系输入空间1"某处存在、出现或消失存在对象"与具体值空间2对应整合。如"山下有房子"

是通过"某处存在存在对象"与"山下有房子"形成对应关系，二者在整合空间中建立"山下"即"某处""有"即"存在"和"房子"即"存在对象"的映射组合关系。定心谓语句和名称谓语句虽然缺少谓语动词，但同样是通过框架关系空间的结构关系建立成分之间的关系，如"满脸青春痘"的整合是通过将"满脸青春痘"的值填充到"某处存在存在对象"中从而建立存现意义的。

第三节　句式的整合特征

一　A 段成分

存现句结构形式"NP$_{处所}$+V+NP$_{存现物}$"一般按照范方莲（1963）分为 A、B、C 三段。A 段为处所成分，一般由表处所的名词或名词加上方位词组成的方所结构组成，有些名词既有事物性又有方所性，只有方所性成分才能构成存现句。[①] 有时候 A 段由介宾短语充当，如：

　　　（9）a. 在桌子上有一本书　　　b. 从前面闯过来一个人

上述介宾短语去掉介词之后句子仍然成立。甚至 A 段成分有时候由时间成分充当，如"昨天来了一位客人"。存现句的 A 段成分比较自由，和一般处所名词比较起来它的功能很自由，既可以是定指也可以受数量词修饰变成不定指，还可以自由受其他名词或形容词修饰。

二　B 段成分

B 段成分为存在动词，包括两种成分：一种是表抽象存现的非动作动词，如"有"和"是"；另一种是表动作状态或方式的动作动词，如"站、躺、贴、飞"等。对于存在动词已经有很多人从语义特征和句式变换入手取得了丰硕成果（朱德熙，1981；陆俭明，1991；齐沪扬，1994、1998），但是对其组合功能的研究尚不全面，这里主要从动词的

---

　　① 如任鹰（2005：82）认为"他戴着帽子"中的"他"有歧义，既可能是方所也可能是施动者。

性质和组合功能来显示存现动词整合特征，可以看到存现句的 B 段成分
则受到较多限制，例如：

　　非自主动词：衣服上有个破洞；框里是苹果；床上病了六个
学生

　　自主动词：地上扔着几个烟头；田里种着白菜

　　动词重叠：＊村里走了走几个小孩；＊门口站一站三个老人

　　后附体助词：窗户上贴着｜了｜过一个喜字

　　后附补语：椅子上坐满了｜得了｜不了｜＊习惯了｜＊歪了｜
＊了三个人

　　前加可能状语：桌上可能｜大概｜＊必须放着一本书

　　前加意愿动词：地上＊想｜＊愿意｜＊希望摆了三个酒瓶

　　前加范围状语：车里只｜都坐了五个人

　　前加否定状语：水池里没｜＊不｜＊别养着鱼

　　前加频率状语：手上又｜经常｜＊再扎了针；桌上又｜经常｜
＊再有一本书

　　前加时间状语：火车上前天｜已经｜正｜＊马上｜＊将要写了
标语

　　前加描写性成分：台上＊端端正正地｜＊表情严肃地坐着主
席团

　　存现句的动作动词只是表抽象的存现状态或方式，与一般表施受关
系的动作不同。虽然存现动词也有自主动词，但自主动词的自主性受到
抑制，它只能表示存现状态，如"地上扔了一个烟头"和"他扔了一
个烟头"意思明显不同，前者是一种存现状态，后者是主动发出的动
作。存现动词不具备主动性，所以动词不能重叠，因为重叠表主动尝试
态；动词主要表存现意义，动词后附补语时，不能带后指主体的补语，
也不能带动量词；前加可能状语时，带有主观意愿色彩的"必须"不
能入句，而其他词可以；意愿动词带上了主观意愿，与客观存现义冲
突，所以不能入句；前加否定状语时表客观否定的"没"可以成立，
而带上主观意愿的"不"和"别"不能入句；前加频率状语时，"经

常"和"又"能入句，而"再"不能，这与三者的情态有关，因为
"经常"为惯常性动作，"又"表已经实现的动作，"再"表未实现的动
作（吕叔湘，1999：644），而存现句只能表客观的已然或进行的存现
义，不能表未然动作，因此"再"不能入句；同样，前加时间状语时，
表进行和完成的时间成分能顺利入句，而表将来的"马上、将要"不
能；前加描写性成分时分两种情况，如果表示客观存现状态可以入句，
如果表示主观呈现的状态则受到限制。因为主观描写性成分与客观、抽
象的存现义不相容。总之，B 段动词只能表达抽象、客观的已然、进行
的存现意义，凡是主观的、描摹性的及未然动作意义均不能进入句式。

三　C 段成分

C 段成分为存现对象，可以是事物，也可以是人，抽象事物和无生
物质都可以成为存现对象，如"心里有个愿望""脑海一片空白"。C
段成分为句式宾语，一般来说宾语所指事物趋向于无定，但 C 段成分可
以为有定，甚至是专有名词，如"操场上站着那个穿红衣服的学生"
"人群中出现了张校长一行人"。存现对象受数量词修饰也比较自由，
如"床上躺着一个病人""床上躺着病人"都能成立。C 段成分形式十
分自由，还可以受描摹性定语、时间定语和领属定语修饰。

第四节　句式的浮现意义

浮现意义是输入空间概念投射到整合空间形成的不同于输入空间的
整合概念，浮现意义是通过投射概念组合、完善和扩展得出的整合意
义，既包括组合和完善得出的抽象意义，也包括扩展得出的细节意义，
这里只讨论抽象意义。浮现意义并非显性的能直接感知的意义，有两种
方法可以推知浮现意义，一是通过整合特征推导，因为整合特征是浮现
意义的外在表现；二是通过整合过程推导，因为整合过程能分析出意义
的构建过程。下面分别用整合特征和整合过程来推测句式的浮现意义。

一　整合特征分析

存现句的 A 段和 C 段成分与一般名词性成分没有明显差异，入句十

分自由；而 B 段成分受到较多限制，具有明显的整合特征。存现动词的整合特征显示，存现动词只能表达已然或进行的抽象、客观的存现事实，不能表达未然、描摹性及意愿性的主观动作。这些整合特征实际上是句式浮现意义的强制性使然，其表现如下。

（一）客观性。从主客观上来看，存现句要求表达客观存现事实，"NP$_{处所}$+V+NP$_{存现物}$" 形式是以处所为话题展开，以存现某物为传递信息。不是以存在对象为话题、以对象的主观动作为传递信息。它要表述的意思是某处存在、出现或消失某物，只能是客观事实。如 "桌上放着电脑" 这句话，只是说明 "桌上" 存在 "电脑" 这一事实，不能将 "放着" 理解为人们有意为之的事情，如果将这句话理解为 "桌上故意放着电脑" 或 "桌上想放电脑" 这样的意思，那么这样的句子就不可能称为存现句了，这种句子只能称为有意为之的一般动作句。

（二）非意愿性。存现句表达的是客观事实状态，不带有存现对象的主观情感。因此，意愿性动词、带有主观意愿的否定副词和动词重叠式都不能入句。例如 "操场上站着两个人" 只是客观描述 "操场上" 的场景，并非这 "两个人" 有意识地 "站在操场上"，如我们不能说 "＊操场上不站着两个人" "＊操场上站一站两个人" 和 "操场上必须站着两个人" 这样的句子，前两句根本不合语法，最后一句成了祈使句，已经不能表达存现的事实了。

（三）非未然性。从时间上来看，存现句表达的大多是已然或进行的存现事实，不能表未然动作。因为存现动词有很多是自主动词，自主动词带上未然时态容易形成主观意愿性动作，这与存现句表客观存现事实冲突，例如：

（10）a. 床上躺了三个人　　　b. ＊床上马上躺了三个人
c. ＊床上将要躺三个人　　d. ＊床上明天躺三个人

b 句表主观意愿性动作，句式的合法性值得怀疑，c 句和 d 句根本不能成立。

（四）非动作情态性。从动作具体情态上来看，存现句一般不表达存现动作的具体样态，但可以表达存现对象的具体情态，例如：

（11）墙上工工整整丨歪歪斜斜地写着几个大字。

（12）＊墙上马马虎虎丨认认真真丨执着丨努力地写着几个大字。

"工工整整"和"歪歪斜斜"是后指"几个大字"的，表达存现对象的情态，句式可以成立。而"马马虎虎、认认真真、执着、努力"是修饰动作"写"的，句式不能成立。所以"台上端端正正丨表情严肃地坐着主席团"是一个歧义句式，修饰语"端端正正、表情严肃"如果是客观存现状态，则句式成立，如果是主观发出的动作，则句式不能成立。任鹰（2005：29）也注意到这种现象，但只考虑到了主观呈现状态。

实际上上述四个特征在事理关系上是一致和相关联的。主观、意愿性、未然、动作情态是互相关联的统一体，主观视角当然带有意愿性，而主观的意愿性情感则可以表达未然的情感状态，同样主观意愿性事件大多可以从主观动作情态上进行修饰；反之，客观、非意愿性、已然和进行、非动作情态也是相互关联的统一体，从客观视角出发必然不会带有意愿性，而客观的非意愿性事件往往由已然或进行事件体现，客观非意愿性事件也只能表达客观动作情态。根据上述整合特征分析，可以归纳出句式主要表述某处存在、出现或消失（呈现某种状态的）某人或物的客观事实。

二　整合过程分析

存现句的概念来源于"存在对象存在（或处于某种状态）"和"某处存在存在对象"，在整合中选取前者的关系框架和后者的成分顺序整合而成。整合过程是通过组合、完善和扩展机制完成的，当两个输入空间概念组合时，由于两个空间中的"存在对象"存在同一性，产生映射关系，人们通过组合能够建立"某处存在存在对象"中的"存在对象处于某种状态"的联系，从而生成"某处存在处于某种状态的存在对象"的整合意义。但是要建立两个整合空间之间的映射关系需要激活背景知识中对于存在对象的记忆，只有想象的"存在对象"与人们背景知识中熟知的"存在对象"一致的时候才能建立两个输入空间的同一性。如任鹰（2005：36）注意到存现对象能够决定存现句的合法度：

（13）a. ＊院子里跳着一个人　　b. 院子里跳着一只猴子
（14）a. ＊田埂上蹦着一个人　　b. 田埂上蹦着一只蚂蚱
（15）a. ＊水里游着一个人　　　b. 水里游着一条鱼

任鹰认为存现句的动词所实现的是抽象的"存现义"而非具体的"动作义"，所以单独进入存现句的动词必须是所表示的动作可以作为存现者的存现方式的动词。"跳、蹦、游"不是人常规动作和正常存现方式，但是是某些动物的常规动作和正常存现方式，所以导致上述句子存在成立与否的差异。任鹰的观点能够说明句式是否成立的原因，但不能解释为什么存现者的常规动作和正常存现方式能成立，反之则不能成立。若从整合过程的认知机制来考虑则可以给出问题的答案，存在对象的常规动作和正常存现方式，能够激活两个不同输入空间的大脑中长时记忆的存在对象的同一性，从而产生"某处存在存在对象"和"存在对象处于某种状态"中的"存在对象"是同一事物的映射关系，正是通过这种常规动作和正常存现方式的完形心理作用，整合意义才得以建立。以"院子里跳着一个人"和"院子里跳着一只猴子"为例，前者的输入空间为"院子里存在人"和"人跳着"，由于"跳"不是人的常规状态，人们很难将"院子里存在人"中的"人"和"人跳着"中的"人"看成同一个"人"，也就难以建立"院子里存在跳着的人"的整合意义。但是如果换成"猴子"，由于"跳"是猴子的常态，很容易将两个输入空间的存在对象统一起来看成一个对象，因此能建立"院子里存在跳着的猴子"的整合意义。

很多研究者注意到存现句的中段动词在一定条件下可以省略（范方莲，1963；宋玉柱，1982a；聂文龙，1989；雷涛，1993；齐沪扬，1996），这种中段动词省略的存现句宋玉柱（1982a）和齐沪扬（1996）分别称之为"定心谓语存在句"和"零动词存现句"，即由定语和中心语组成的偏正结构充当谓语的句子，例如"屋里孤零零的一条狗""山上郁郁葱葱的树木"和"天空皎洁的月光"。宋玉柱（1982a）发现这类句子不同于"有"字句和"是"字句，二者不能自由变换。如"脸上一团和气"加上存现动词后变成"脸上＊有｜＊是一团和气"，句子要么不成立，要么意思变化。即使能变为"有"字句或"是"字句的句子，变换后其描写功能消失了，只能表客观存现的句子。如"客厅里一张沙发、两把木雕椅子，墙上一串火红的辣椒"，变成"客厅里有一张沙发、两把木雕椅子，墙上还有一串火红的辣椒"，其描写性荡然无存。

　　从概念整合观点出发，零动词存现句的整合网络是由输入空间 1 "某处某物"的值直接填充到输入空间 2 "某处存在某存现对象"关系框架中形成的，要成功整合出存现意义，同样需要建立两个输入空间之间的联系从而产生映射关系。但是输入空间 1 没有存现动词，输入空间 2 有存现动词，二者难以建立匹配关系，这就需要人们通过背景知识将输入空间 1 中的"某处"与"某物"建立起存现关系。处所与存现对象之间不通过存现动词直接建立存现关系，要求它与人们长时记忆中的典型存现场景匹配才能建立，因此，处所和存现对象之间必须在语义上是比较典型的容易理解的搭配关系，例如：

（16）a. 广场上一群学生　　　　b. ＊广场上一根针
（17）a. 墙上一幅山水画　　　　b. ＊墙上一斤鱼
（18）a. 客厅里一套红木家具　　b. ＊客厅里一场比赛

　　"学生""山水画"和"红木家具"与处所"广场上""墙上"和"客厅里"能构成典型存现关系，因此句式能够成立；而"针""鱼"和"比赛"与处所不能构成典型存现关系，所以句式不能成立。零动词存现句除了需要处所和存现对象之间的典型性帮助建立之外，还需要数量关系帮助建立存现关系。宋玉柱（1982a）和齐沪扬（1996）注意到这种零动词存现句的存现对象前的数量词必须强制性出现，例如：

（19）a. 山顶上一块不大的平地　　b. ＊山顶上不大的平地
（20）a. 地板上一片血迹　　　　　b. ＊地板上血迹
（21）a. 小镇上一片繁荣　　　　　b. ＊小镇上繁荣

为什么存现对象前去掉数量词之后句式都难以成立呢？这是因为数量能缩小存现范围帮助建立存现关系。存现句主要是建立处所与存现对象之间的一种空间存现事实，而存现对象带上数量修饰之后能缩小空间范围，使得存现对象更容易确认，从而更容易建立存现关系。所以很多情况下，零动词存现句的存现对象前除了数量词修饰之外，往往还有其他修饰或限定性成分帮助缩小存现范围，增强存现对象的有定性以建立存现关系[①]，例如：

（22）a. 桌上一本翻开了的旧书　　b. 墙外一朵大红玫瑰
　　　　c. 村西头一座破败的祠堂　　d. 海面上一片蒸腾的雾气

在处所和存现对象之间的典型存现场景以及数量和其他修饰限定成分缩小空间范围的帮助之下，输入空间 1 中的具体处所和存现对象与输入空间 2 "某处存在某存现对象"之间能够建立映射关系，从而使得输入空间 1 中的值能填充到输入空间 2 中建立具有具体值的存现关系，完成整合过程。同样，名词谓语句存现句与定心谓语存现句的整合过程一致，只不过名词谓语句需要建立输入空间之间的映射关系的条件与定心谓语存现句略有不同，限于篇幅，这里不再赘述。

第五节　句式义产生机制与句法实现

一　句式义产生机制

句式意义的构建是通过建立概念整合框架整合出浮现意义实现的，即语言形式"NP$_{处所}$+V+NP$_{存现物}$"激活人脑建立"存在对象存在（或处于某种状态）"和"某处存在存在对象"概念，二者建立映射关系并投射到整合空间中，形成"某处存在、出现或消失（呈现某种状态的）某人或物"的浮现意义。以"台上坐着主席团"为例，浮现意义的产生经历了如下几个步骤。

1. 由于"台上坐着主席团"是处所成分作主语、动作及动作对象

---

① 齐沪扬（1996）也注意到了这种现象，认为句式中存现对象存在有定性的倾向。

作宾语的非常规句式，与人们熟悉的常规事件不一致，会激活大脑重新构建概念网络。因为"坐"是人的惯常性动作，人们会根据词义和自身经验推断出"坐着"是"主席团"的状态而不是"台上"发出的动作，从而建立输入空间1"主席团坐着"的概念；人们根据"台上"的词义和"主席团"习惯出现的地方，推断出"台上"是存在对象"主席团"存在的处所，从而建立输入空间2"台上存在主席团"的概念。

2. "主席团坐着"和"台上存在主席团"之间会进行结构和关系映射，两个空间中的"主席团"通过背景知识可以确认同一关系，从而建立两个输入空间之间的联系。

3. "主席团坐着"和"台上存在主席团"在整合空间中组合在一起，人们根据背景知识结构和完形心理，将两个概念的成分和关系合并整合，形成"台上存在坐着的主席团"的整合意义。

二　句式的句法实现

句式的句法实现是由意义到句法的实现过程，语法整合是存现句句法实现的手段。语法整合通过想象事件和语法构式的相似性合并到整合空间中，再通过句法句式体现出来，由于想象事件和语法构式之间存在相似或相关性，使得二者能建立映射关系，想象事件和句法构式投射到整合空间中形成了存现句句法。

根据上文意义的概念整合及整合形成的浮现意义，想象事件是人们想象的和句式意义相关的概念，一般来说，想象事件与意义构建的输入空间的概念是对应的，所以存现句的想象事件为"存在对象存在（或处于某种状态）"和"某处存在存在对象"两个概念；语法构式则往往与浮现意义相关，存现句的语法构式为"某处存在、出现或消失（呈现某种状态的）某人或物"，可以形式化为"X存在（出现或消失）（某种状态的）Y"，其句法实现过程如图8-2所示。

以"台上坐着主席团"为例，其句法实现过程如图8-3所示。

由图8-3可以看到，想象事件为"主席团坐着"和"台上存在主席团"，语法构式为"X存在（某种状态的）Y"，想象事件和语法构式之间通过认知操作在相似性和相关性基础上建立映射关系，其中想象事件的"主席团"映射到语法构式的"Y"，"坐着"映射到"处于某种

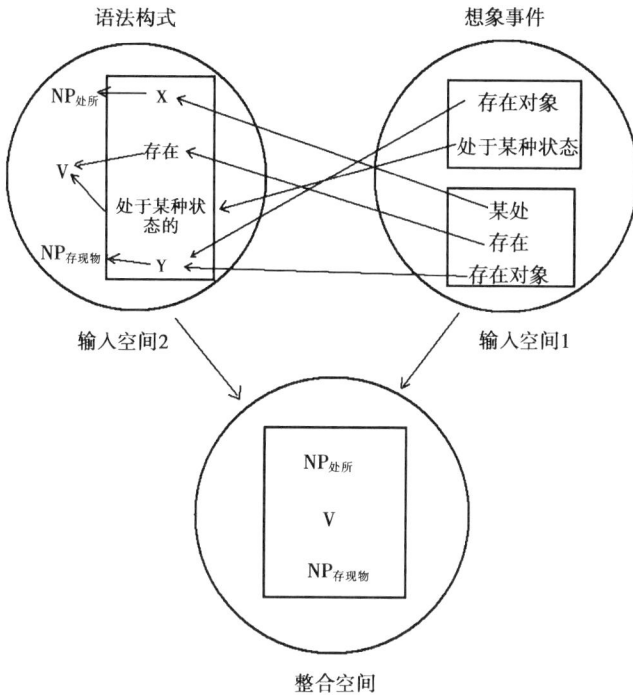

图 8-2 存现句的句法实现

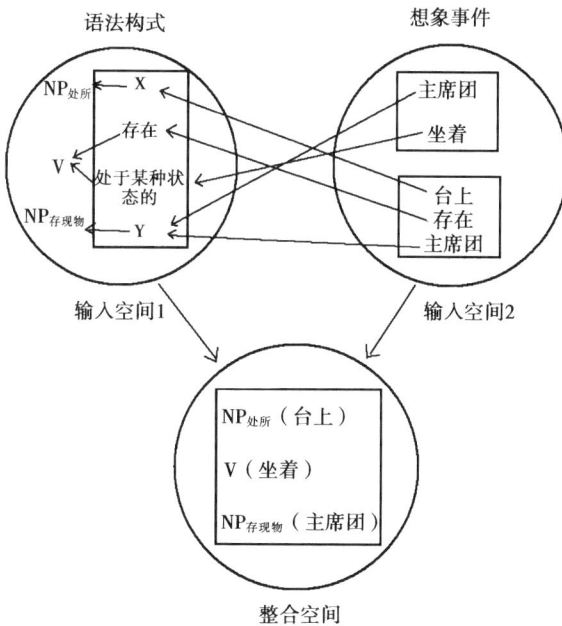

图 8-3 "台上坐着主席团"的句法实现

状态"，"台上"映射到"X"，"存在"映射到"存在"。想象事件和语法构式再投射到句法形式中，其中语法构式的"X"投射到句法形式中的"NP$_{处所}$"，"存在"和"处于某种状态"投射到"V"，"Y"投射到"NP$_{存现物}$"；而想象事件则投射具体成分，其中"台上"投射到"NP$_{处所}$"，"坐着"投射到"V"，"主席团"投射到"NP$_{存现物}$"。最终，形成"台上坐着主席团"的句法形式。

第六节　小结

本章讨论了存现句的句法语义实现过程。从概念整合类型来看，存现句的整合网络可以分为两类：一是双侧网络存现句，包括"着"字句、经历体存在句、进行体动态存现句和完成体动态存现句；二是单一网络存现句，包括"有"字句、"是"字句、定心谓语句和名词谓语句。双侧网络存现句句式意义的构建如下：存现句要表达"某处存在（出现或消失）某物"这个概念首先必须建立"某物存在（或处于某种状态）"的概念，然后建立"某处存在某物"的概念，最后才能建立"某处存在处于某种状态的某物"的存现意义。存现句意义的概念整合网络空间由"存在对象存在（或处于某种状态）"和"某处存在某物"组成。由于状态关系比存现关系更显著，更适合作整合空间的事件框架，所以句式选择前者作为整合框架整合出句式意义。单一网络将由人类文化或生物历史形成的某些框架应用于某些具体成分类型中，在单一网络框架中抽象的框架组成一个输入空间，某些具体框架填充成分组成另一个输入空间，整合框架则用最简单的方式合并输入空间的框架和具体的值。这一类存现句直接通过结构关系输入空间1"某处存在、出现或消失存在对象"与具体值空间2对应整合。

本章还讨论了存现句的整合特征：存现句的A段成分比较自由，和一般处所名词比较起来它的功能很自由，既可以是定指也可以受数量词修饰变成不定指，还可以自由受其他名词或形容词修饰；B段动词只能表达抽象客观的已然、进行的存现意义，凡是主观的、描摹性的及未然动作意义均不能进入句式；C段成分形式十分自由，还可以受描摹性定语、时间定语和领属定语修饰。

存现句的浮现意义可以由整合特征和整合过程推知。从整合特征来看，存现动词的整合特征显示，存现动词只能表达已然或进行的抽象客观的存现事实，不能表达未然、描摹性及意愿性的主观动作，句式具有客观性、非意愿性、非未然性和非动作情态性，根据上述整合特征分析，可以归纳出句式主要表述某处存在、出现或消失（呈现某种状态的）某人或物的客观事实；从整合过程来看，存现句是通过组合、完善和扩展机制完成的，当两个输入空间概念组合时，由于两个空间中的"存在对象"存在同一性，产生映射关系，人们通过组合能够建立"某处存在存在对象"中的"存在对象处于某种状态"的联系，从而生成"某处存在处于某种状态的存在对象"的整合意义。

句式意义的构建是通过建立概念整合框架整合出浮现意义实现的，语言形式"NP$_{处所}$+V+NP$_{存现物}$"激活了人脑建立"存在对象存在（或处于某种状态）"和"某处存在存在对象"概念，二者建立映射关系并投射到整合空间中，形成"某处存在、出现或消失（呈现某种状态的）某人或物"的浮现意义。存现句的句法实现是由想象事件"存在对象存在（或处于某种状态）"和"某处存在存在对象"两个概念，与语法构式"某处存在、出现或消失（呈现某种状态的）某人或物"投射到句法中实现的。

第九章

工具宾语句的构建与整合

第一节 工具宾语句研究概述

本章讨论"我吃大碗""他写毛笔"之类工具宾语句。

关于工具宾语句，20世纪八九十年代主要有如下研究成果：确立了工具宾语及其范围，以及与材料宾语、受事宾语的区别；考察了其用法特征，如数量有限、使用频率低、口语化强，可用"用"字将宾语提前，宾语不受数量修饰；动词有自主可控义，名词表一般、常用工具，而非特殊、偶选工具（朱德熙，1982；李临定，1983；徐杰，1986；马庆株，1987；孟琮等，1987；邢福义，1991；朱景松，1992；谭景春，1995）。

21世纪以后学术界主要从认知和形式语法上揭示工具宾语句的语义、句法特征和产生过程。从认知方面来看，工具宾语具有受动性，由受事宾语转喻而来，基于人类完形认知能力，受经济原则驱动（王占华，2000；陈昌来，2001；徐默凡，2004：231—244；张云秋，2004：76—87；任鹰，2005：90—115），王占华（2000）将如下两类工具宾语均归结于转喻形成的结果，一是用容器带内容，如"烧水壶"是用"水壶"指"水壶里的水"；二是用工具带事物，如"写毛笔"是用"毛笔"指"毛笔字"。从核心语移位和事件结构理论来看，工具宾语句中低位的补述动词经历了提升移位过程，与高位核心动词合并（冯胜利，2000；Lin Tzong - Hong，2001：202—229；熊仲儒，2004：97—104）。但是人们在思维与说话时如何动态构建工具宾语概念？这一概念有何独特的语义语法特征？这些特征受哪些因素制约？这些问题还有进一步研究的余地。本章运用概念整合理论，探讨工具宾语句的概念整合过程、特征及其浮现意义以回答上述问题。

第二节　工具事件的整合过程

工具是动作事件中主体实施动作时使用的器具，朱德熙（1982：110）和李临定（1983：32）指出工具宾语是动作凭借的工具，工具宾语涉及"动作"和"凭借"两个概念。工具事件是一个复杂事件，包含动作事件和工具使用事件，其建立经历了心理空间的建立、事件框架的选择及压缩过程。

一　工具事件空间的建立

当动词与工具名词组合之后，人们会将这种组合概念与日常按时间和因果关系联系起来的标准化和理想化的常规事件进行比较，若符合常规事件，则该事件具有优先选择权；若不符合常规事件，则需要重新输入概念进行整合。工具宾语句心理空间的建立有一个和受事宾语句心理空间比较选择的过程，邢福义（1991：81）提出"代体宾语在语义关系上绝对不能被认为是对象宾语。比如'吃大碗'，不会被认为把大碗吃到肚里去；'抽烟斗'不会被认为把烟斗抽到肺里去"。施受关系事件属于常规事件关系，相对于工具关系来说具有优先选择权，动词与工具名词组合之后会首先按照施受关系框架构建输入空间并进行整合，若整合成功则形成受事宾语句①。如"钉钉子、支柱子"仍然具有较强的受动性，属于受事宾语句。要形成工具关系，只有当施受关系信息与认知常识发生背离导致整合失败，才能重构工具关系。所以工具事件需要取消施受概念输入空间，建立动作和工具使用的概念，这一过程建立在施受概念难以建立基础之上②。

二　事件对工具宾语句的制约

语言是客观世界在人的头脑中的反映，客观世界通过人脑的认知加

---

① 徐默凡（2004：238）也提出了工具宾语的出现规律之一是不能被顺利理解为受事。

② "钉钉子""支柱子"的受动性可以通过能否变换为"把"字句和"被"字句进行判断，二者都能顺利将宾语提前变换为"把"字句和"被"字句，说明它们具有较强的支配性和受动性，仍属于受事宾语。

工表征为语言。所以客观世界的事物往往会在语言中有所反映，工具范畴便是如此。《现代汉语词典》对工具的解释是："①进行生产劳动时所使用的器具，如锯、刨、犁、锄；②比喻用以达到目的的事物。"这只是对客观世界工具范畴的解释，客观世界的工具有些能实现为语言世界的工具，有些则不能实现。下面三组例子的动词论元在客观世界中都是工具，但是在语言中并不都是工具。（1）吃大碗、听耳机、写毛笔、抽烟斗、烤炉子、照手电筒、看显微镜；（2）扎针、钉钉子、扇扇子、爬梯子、挑大桶、照镜子、说英语；（3）穿鞋、写字、开拖拉机、打电话、拉窗帘、乘飞机、戴眼镜。（1）组是典型的工具宾语；（2）组是一组歧义宾语，宾语可能是工具，也可能是受事，理解为受事的概率更高一些；（3）组则是典型的受事宾语。语言范畴的工具与施事、受事一样都是语义范畴成员，这些范畴的确定都不是孤立的，而是针对特定事件的关系范畴，如施事是动作事件中的动作发出者，受事是动作事件中动作的承受者，工具则是动作事件中施事实施动作时使用的器具。因此，可以从事件角度看事件如何对工具宾语进行规约。

（一）工具宾语句必须是工具事件

朱德熙和李临定认为工具宾语是动作凭借的工具，从此定义中可以推断出工具宾语涉及"动作"和"凭借"两个事件，因此工具事件是一个复杂事件，它包含两个次事件，一是一般动作事件，二是工具使用事件。只有出现在工具事件中的工具成分才能成为工具宾语，如果只是涉及其中一个事件，那么工具宾语便失去了存在的基础。如上文例（3）在客观世界中都是工具，但是在语言世界中只涉及对工具的使用而没涉及一般动作事件，它们只能是受事。徐默凡认为工具宾语成立的条件之一就是宾语不能顺利理解为受事，这种看法无疑是正确的，其原因可以归结为受事宾语为一般动作事件，工具宾语为工具事件。另外，任鹰注意到"动力型工具"不能进入工具宾语句中。如（例子来自任鹰，2005）：

（1）他用水泵抽水。　　→　　＊他抽水泵。

（2）他用卡车运粮食。　　→　　＊他运卡车。

（3）他用推土机推土。　　→　　＊他推推土机。

"动力型工具"不能进入宾语位置也是因为它不能表达工具事件，工具动词一般都具有典型的动作性和自主性以帮助实现工具关系。但当工具施动性和自主性过强时，使得工具动词代表的动作不能支配工具时，工具事件便无法实现。

（二）工具宾语句必须是典型工具事件

能进入工具宾语句的工具成分受到很大限制。陈昌来将工具分为：固有工具、制造工具；常选工具和偶选工具；一般工具和特殊工具；直接关系工具和隐喻关系工具。在工具宾语构式里，偶选、特殊、隐喻工具不能进入构式，只有常选、一般和直接能进入工具宾语。为什么出现这种规律？

Pustejovsky 的物性结构理论（qualia structure）规定了事件与对象的关系，对和事件有关的论元的性质进行了规约，物性结构由成分、形式、目的和动因四个角色组成。可以为工具宾语句的工具成分的隐现规律提供解释。一般名词代表的事物都有目的和功能，目的角色将名词代表的事物与事件联系起来，能解释很多语言现象。物性结构规定了名词所代表的事物的功能，"大碗"的典型目的角色是用在"吃"的动作事件中。在工具宾语中，只有当工具的目的角色出现在动作事件中时工具宾语才能合格。现实生活中工具的目的可能有很多种，但并非都能转换为工具宾语，如：

> （4）用大碗吃面 → 吃大碗
> （5）用大碗给盛饭 → ＊盛大碗
> （6）用大碗喝酒 → ＊喝大碗
> （7）用大碗舀水 → ＊舀大碗
> （8）用大碗腌菜 → ＊腌大碗

"用大碗吃（面）"是大碗最典型、最常用的目的，"吃大碗"可以成立；"用大碗盛（饭）""用大碗喝（酒）"是次典型、次常用目的，"盛大碗"和"喝大碗"受到一定限制；而"用大碗舀""用大碗腌（菜）"则是非典型、临时的目的，所以"舀大碗""腌大碗"除非有特定语境支持，否则不成立。出现在工具宾语中的工具成分必须和典型工具使用目的事件的动作共现，否则难以成立。工具宾语句由于工具居于非常规句法位置——宾语位置，工具与受事常常产生混淆或矛盾，如果没有明确的语义蕴含关系很难成立。所以工具格的赋予需要语义上的帮助，而只有典型功能形成的目的角色才能在语义上赋予宾语工具格。

总之，出现在工具宾语句的动作和工具必须符合两个条件：一是工具动词代表的事件必须是工具事件，语义上能蕴含一般动作事件和工具使用事件这两个次事件；二是工具宾语句必须是典型工具使用事件，即工具动词代表的动作所使用的工具是典型工具。

三 事件框架的选择

如果将动作事件的事件结构表示为"A 做 P"，将工具使用事件的事件结构表示为"A 用 I"（A：施事，P：受事，I：工具)①，那么工具宾语句则是动作事件和工具使用事件整合的结果，我们称为工具事件，其事件结构为"A 做 I"。显然，工具事件是动作事件和工具使用事件压缩的结果。整合事件框架选择了动作事件而没有选择工具使用事件，也就是说，选择了"A 做 I"结构而不用"A 用 I"结构，即用"吃大碗"表达"用大碗吃饭"事件，而不用"用碗"表达"用碗吃饭"事件。这是为什么呢？

事件框架的选择受到人类量度原则支配，人们在语言理解和交谈中经常使用一些自己熟知的、能够直接感知和理解的框架来表达其他概念。日常生活中，动作与工具使用相比动作更显著，而且工具使用的目的最终也是为动作服务，人们在观察他人的行为时更关注动作。试比较：

（9）a. 他吃了饭，而且用的是大碗。b. 他一吃饭就用大碗。

（10）a. 他会写字，而且会用毛笔。b. 他一写字就用毛笔。

如果颠倒顺序，则上例或者不成立或者会降低句子的可接受

----

① 事件结构已经蕴含了语义角色，一般不需要用语义角色表示事件结构式，这里只是为了论述的方便采用语义角色表达式。

性，如：

（11）a. ? 他用的是大碗，而且吃了饭。b. *他一用大碗就吃饭。

（12）a. ? 他会用毛笔，而且会写字。b. *他一用毛笔就写字。

从时间上来看，"用大碗"在前"吃饭"在后，"用毛笔"在前，"写字"在后；从逻辑关系上来看，"用大碗"是"吃饭"的条件，"用毛笔"是"写字"的条件；从动作重要性来看，"吃饭"和"写字"是主体"用大碗"和"用毛笔"的目的所在，而且前者动作比后者更具体，所以更受关注。综合来看，动作事件比工具事件更显著，而显著框架更容易建立心理联系，从而激活不显著事件，选择动作框架可以同时激活动作事件和工具使用事件。

四　事件压缩

动作事件空间和工具使用空间建立之后需要压缩合并，将两个输入空间的概念域及其关联性有选择地压缩到一个整合域中。概念整合分为"糅合"和"截搭"两类（沈家煊，2006a）。工具宾语句是由动作事件和工具使用事件压缩而成，这两种事件具有"工具—动作"关系，属于相关关系，所以是两个概念的截搭。截搭时取动作事件的关系框架，取工具使用事件的成分框架整合而成。压缩是一个概念及关系的选择性合并过程，工具宾语句中的选择性表现在两方面：

1. 只有典型工具才能与动作事件合并。例如：

（13）a. 用大碗吃饭→　吃大碗　　　b. 用毛笔写字→写毛笔

（14）a. 用盘子吃饭→　*吃盘子　　b. 用树枝写字→*写树枝

"大碗"是"吃饭"时使用的常规工具，"毛笔"是"写字"的常规工具，而"盘子"和"树枝"则是"吃饭"和"写字"的非常用工具，因此前者能成立而后者不能成立。

2. 只有典型动作才能与工具合并。例如：

（15）a. 用大碗吃（饭）→ 吃大碗　　b. 用鞭子抽（孩子）→ 抽鞭子

（16）a. 用大碗喝（水）→ ＊喝大碗　　b. 用鞭子打（孩子）→ ＊打鞭子

（17）a. 用大碗舀（水）→ ＊舀大碗　　b. 用鞭子教育（孩子）→ ＊教育鞭子

对于"大碗"来说，"吃饭"是其最典型功能，"喝水"和"舀水"则是其非常用、非典型功能，对于"鞭子"来说，"抽"是其典型功能，而"打"和"教育"则是其非常用和非典型功能。故前者能变换成工具宾语而后者不能。因为整合需要大量背景概念结构和知识参与其中，这些背景知识储存于我们的长时记忆中，整合时这些概念结构和知识被激活，而只有典型动作与典型工具的组合，才能唤起人们长时记忆中动作和工具的关系。

因此，工具宾语句"A 做 P"和"A 用 I"提供输入概念，选择前者的框架关系压缩而成，如图 9-1 所示（以"我吃大碗"为例）。

第三节　句式的整合特征

工具宾语句的形成是一个整合过程，输入空间事件通过跨空间的映射，整合压缩为一个事件，投射到句法格式中，形成工具宾语句。整合经历了提取、选择、压缩和新建的过程，必然会放弃、保存或改变一些自身固有的语法特征，这些特征就是整合特征。通过比较整合之前的特征，可以发现整合之后句式的特征，有研究者（如任鹰，2005：96—97；张云秋，2004：81—82）做过分析，但尚不全面。

工具宾语句的动词一般为动作性较强的单音节高频动词，此类动词具有动词诸多典型语法特征，但在工具宾语句中，某些特征受到抑制，某些特征得以保留，例如：

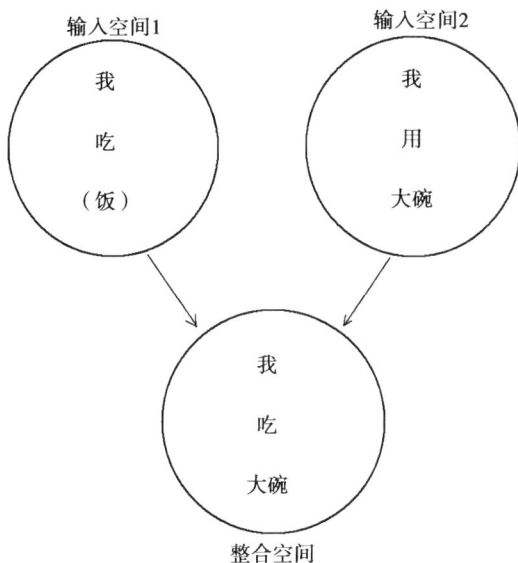

图 9-1　"我吃大碗"的概念整合网络

首先，动词前能不能使用对动作样态进行描写的描摹性状语。

（18）a. *他狼吞虎咽地吃大碗。　　b. *他熟练地写毛笔。

（19）a. *他狼吞虎咽地吃饭用大碗。　b. *他熟练地写字用毛笔。

（20）a. 他用大碗狼吞虎咽地吃饭。　b. 他用毛笔熟练地写字。

（21）a. 他狼吞虎咽地吃大碗的饭。　b. 他熟练地写毛笔字。

其次，动词的时体适应情况，动词能否加"着、了、过"，能否重叠。

（22）a. 他吃着/*了/过大碗。　　b. *他吃了/一吃大碗。

（23）a. *他吃着/了/过饭用大碗。　b. *他吃了/一吃饭用大碗。

（24）a. 他用大碗吃着/了/过饭。　　b. 他用大碗吃了/一吃饭。

（25）a. 他吃着/了/过大碗的饭。　　　　b. 他吃了吃大碗的饭。

从上例可以看到两个事实：一是"吃大碗"里的工具动词"吃"与典型的动作动词相比受到极大限制，二是"吃"的具体动作性受到抑制，只能表示抽象动作，这表明"吃大碗"并不是一般动作事件，而是工具使用事件。关于句式动词的整合特征列表如下（见表9-1）。

表9-1 工具宾语句动词的整合特征

	受抑制特征	保存特征
动词重叠	吃了吃大碗；吃一吃大碗（短时态）	吃不吃大碗；吃一吃大碗（尝试态）
带体助词	吃了大碗；吃着大碗	吃过大碗；吃起大碗来
后附补语	吃完 | 光 | 坏了大碗	吃不惯大碗；吃了三次 | 两天大碗
范围状语		全 | 都 | 只 | 一律 | 一齐吃大碗
否定状语		不 | 没 | 别吃大碗
频率状语		一直 | 偶尔吃大碗；又 | 再吃大碗
时地状语	马上 | 下午 | 在食堂 | 在三楼吃大碗	
描写性状语	飞快地 | 狼吞虎咽地吃大碗	

工具宾语属于典型的具体事物名词，此类名词空间性较强，一般能受数量词、限定性或描写性定语修饰，但在工具宾语句中，这些特征有些受到抑制，具体表现如下（见表9-2）。

表9-2 工具宾语的整合特征

	受抑制特征	保存特征
领属定语		吃我哥哥的 | 他的 | 自己的大碗
指别定语	吃这些 | 那两个大碗	吃这个 | 那种大碗
性状定语	吃雪白的 | 脏兮兮的大碗	吃新 | 圆 | 白大碗
数量定语	吃两个大碗	
时地定语	吃今天的 | 厨房的 | 这里的大碗	

为什么有的特征完全保留，有的特征完全受抑制，而有的特征却部分保留、部分受抑制呢？这不仅和事件整合过程（如空间建立时的空间重构，概念的选择性提取和投射，事件压缩时对概念和关系的选择性压缩等）有关，也和整合后产生的浮现意义有关。

第四节 句式的浮现意义

概念整合产生的浮现意义不是输入域意义的简单相加，而是输入域进入整合空间整合产生的创新意义。浮现意义不能完全从输入域得出，但可以由整合特征中推导出来。浮现意义是句子要表达的核心意义，而整合特征则是其外在表现，其中保存特征是浮现意义的直接体现，受抑制特征与浮现意义冲突而被消除。

一 句式的整合特征

从动词的受抑制特征来看，动作不能受时间、地点和描写性状语修饰（如"马上｜正在｜下午｜在食堂｜在三楼吃大碗"，"飞快地｜狼吞虎咽地吃大碗"），只能是抽象动作；动词不能带"了、着"（如"吃了大碗""吃着大碗"），表明动作不能表时间的完成和持续，动作不能表短时态（如"吃了吃大碗""吃一吃大碗"）进一步说明动作不能在时间上延续[1]；从动词后附补语来看，"吃完｜光｜坏了大碗"都受到抑制，这些补语的语义指向工具宾语，是动作对工具造成的影响，这类意义不能成立表明整合过程中宾语是作为工具而非受事进入输入空间的，工具成分只强调工具的选择，而受事则可以关注动作对受事的影响。

从动词的保存特征来看，工具动词受范围、否定、频率副词修饰时基本自由（如"全｜都｜只｜一律｜一齐吃大碗"，"不｜没｜别吃大碗"，"一直｜经常｜偶尔吃大碗"，"又｜再｜吃大碗"），说明动作时可以保留对主体范围的选择及动作频率的描述；这种动作实施可以选择、尝试，可以有经历态和开始态（如"吃不吃大碗"，"吃一吃大碗，

---

[1] "吃一吃大碗"在表短时态时不能成立，而在表尝试态时能够成立，这种鲜明对比进一步说明了动作在表时间持续上受到限制。

吃过大碗"，"吃起大碗来"），可以说明其频率和持续时间；结构可以表达主体是否有能力实施该动作及是否习惯该动作。

从宾语的受抑制特征来看，实施动作时，不能选择工具数量，即使在区别工具类型时也不能选择其数量（如"吃两个大碗"）；也不关注工具所处的地点和时间及工具的具体状态（如"吃厨房的｜这里的｜今天的大碗"，"吃雪白的｜脏兮兮的大碗"）。

从宾语的保存特征来看，实施动作时，可以选择工具的所有者、类别及属性（如"吃我哥哥的｜他的｜自己的大碗"，"吃这个｜那种大碗"，"吃新｜圆｜白大碗"）。

二　整合产生的浮现意义

综合上述分析，可以归纳出工具宾语句的浮现意义：工具宾语句主要表述主体实施动作时对工具的选择。句式关注所选择工具的类别、属性及所有者，关注动作的频率、实施主体的范围及主体是否实施这种选择；而不表述动作的完成、持续、具体情状、对工具的影响以及工具数量等情况。以"抽烟斗"为例来比较它与"抽烟""抽烟斗的烟"及"用烟斗抽烟"有什么不同（例子来自 CCL）。

（26）他不抽纸烟，抽烟斗，正如华氏漫画上的那位先生。

（27）最近几年，她迷上抽烟斗，烟丝就摆在自己西装口袋里，犹如老一辈绅士，喜欢一边做事谈天，一边装烟斗。

（28）所以我爱抽烟斗，因为烟斗的火是比纸烟头一点儿的火有味得多。

（29）他也抽烟斗，据他说是受过牛津或剑桥教育的特色。

上例都包含"抽烟""抽烟斗的烟"及"用烟斗抽烟"的意思，但是句子的表达重心是"烟斗"与"纸烟"的区别，使用烟斗的特殊文化内涵等，着重于烟斗的使用产生的特殊效果，而不是简单表示"抽烟""抽烟斗的烟"或"用烟斗抽烟"。例（26）表示"抽烟斗"和"抽纸烟"的区别，例（27）表示"抽烟斗"是"老一辈绅士"的生活习惯，例（28）强调"抽烟斗"比"抽纸烟"有味，而例（29）则将"抽烟斗"看成"牛津或剑桥教育的特色"。因此，"抽烟斗"的浮现意义是表达主体抽烟时使用了工具"烟斗"，强调工具"烟斗"与一般工具的差异。

句式浮现意义蕴含着施事对不同工具的挑选或对工具使用与否的选择，其实施动作时有三种可选项：工具下位类型、同位类型及对工具使用与否。下位类型选择：从一系列下位类型工具中挑选一种工具，如"喝小杯｜中杯｜大杯""写毛笔｜钢笔｜圆珠笔"；同位类型选择：从同类型工具中挑选一种工具，如"抽鞭子｜皮带｜藤条""捆绳子｜铁丝"，这种选择往往需要一定的语境支持，即在上下文交代其他工具类型；工具使用与否的选择，如"抽烟斗、照手电筒、听耳机"，这类选择一般没有别的可选项，句式要表达的是使用了工具，而不是从一系列工具中选择工具。一定条件下这三种选择可以转化，比如工具成分加上领属、指别或性状定语，对工具使用与否的选择会变成对工具下位类型的选择，如"抽别人的｜他爸爸的｜这根｜那根｜旱｜水｜新｜旧烟斗"，同样"炖砂锅"在一定语境下也可以表示对工具使用与否的选择而非对工具下位类型的选择。徐默凡（2004）也注意到工具宾语背后存在一个可选择的聚合类型，如洗冷水｜热水｜温水｜凉水，写毛笔｜钢笔｜铅笔｜粉笔，抽烟斗｜水烟斗｜旱烟，看显微镜｜放大镜｜老花镜，听耳机｜收音机｜录音机｜CD 机。

浮现意义要求工具具有选择性，所以像"吃碗、写笔、切刀"等难以成立，这些工具不具备选择性和对比性，动词"吃、写、切"已经蕴含工具成分信息，使得工具成分成为冗余信息。而"抽烟斗、照手电筒、听耳机"的工具动词没有蕴含工具信息，工具属于新信息，所以格式能够成立。当然，如果在冗余信息的工具宾语上添加上新信息，增加选择性和对比性，格式同样能够成立，例如"切大｜小｜这把｜那把刀"。正如邢福义先生在《宾语代入现象之观察》（1991）中观察到的一样，"代体宾语要在常规宾语的基础之上向人们提供一个新的信息"，"如果不能提供新的信息，代体宾语不能成立，宾语的代入现象显得滑稽可笑。比如用耳机听音乐可以说成'听耳机'，用耳朵听音乐却不能说成'听耳朵'。这是因为'耳机'的信息是新的，可以识别人在听什么的基础上多了解点什么，而'耳朵'本来的作用就是听声音的"。

三　浮现意义的验证

王占华（2000：58—64）和陈昌来（1998：53—56）根据转喻理论，认为工具宾语经历了从工具到受事的转喻过程，如"吃大碗""洗冷水"，"大碗"和"冷水"分别是"大碗饭"和"冷水澡"的转喻形式。根据转喻理论，句式意义似乎应该是通过主体使用的工具来表达施行了某一动作，其构建意义的核心是施行动作，这与本文得出的句式浮现意义"主要表述主体实施动作时对工具的选择"并不一致。根据句式整合特征来看，句式主要表对工具的选择，其动作行为具有抽象性，显然与一般动作行为句不同；除此以外，还有两种方式验证句式的浮现意义。

（一）可以通过平行结构来验证工具宾语句的浮现意义。试比较：

　　（30）a. 我吃大碗，不用小碗。　　　＊b. 我吃大碗，不吃零食。

　　（31）a. 我写过毛笔，没用过钢笔。　　　＊b. 我写过毛笔，没写过字。

两个平行结构为肯定、否定对立，意义相对的两个句子组成，其动词与宾语的结构和意义必须一致才能形成平行结构。a式能成立，表明"吃""写"与"用"的意义一致；b式不能成立，表明这里的"吃""写"不是一般动作动词，而是工具"使用"动词。

（二）句式表达了工具使用意义，一般不能再带工具成分，如：

　　（32）a. ＊用筷子吃大碗　　　b. ＊用宣纸写毛笔

　　　　　c. ＊用锅铲盛大碗　　　d. ＊用肥皂洗冷水

有些能带工具成分的例子，带上工具之后句子的语义结构关系发生了变化，如：

　　（33）a. 用眼睛看显微镜　　　b. 用大火烤炉子

c. 用耳朵听耳机　　　　d. 用手打电脑

其中的"眼睛""大火""耳朵""手"不仅是工具，而且是执行动作的器具，具有施动性，而"显微镜""炉子""耳机""电脑"则变成了受事，已经不是工具成分了。当然，（33）c 和 d 有时也能表示工具，但现实情况往往不这样说，因为"听耳机""打电脑"当然得用"耳朵""手"，没有必要阐明使用的工具。

第五节　句式义产生机制与句法实现

一　句式义产生机制

句式意义的构建是通过句法形式提供的信息构建出输入空间，该信息投射到整合空间，再通过组合、完善和扩展形成浮现意义的。这一意义构建过程如下：

1. 构建输入空间。工具宾语句句法形式为"A+V+I"，由于"I"不是"V"的常规支配对象，根据句法形式提示和自身知识结构推断，"V"的支配对象应该是"P"，而"I"的支配动作应该是"用"，据此可以构建出"A 做 P"和"A 用 I"事件作为句式的概念来源；

2. 建立映射关系。通过"A 做 P"的动作的典型性和"A 用 I"中工具的典型性，可以建立两个事件之间的相关关系。

3. 整合事件。"A 做 P"和"A 用 I"组合以后，人们根据背景知识进行完善和扩展，动作事件和工具使用事件整合成主体实施动作时对工具的选择的浮现意义。

以"我吃大碗"为例，句中"大碗"不是"吃"的常规支配对象，但是"大碗"却是"吃"的宾语，根据这一句法提示，同时结合人们的背景常识，"吃"的对象应该是"饭一类的食物"，而"大碗"只是"吃"的工具，据此，人们可以判断该句涉及"我吃饭"和"我用大碗"两个事件；通过"我吃饭"和"我用大碗"这样的典型事件和典型工具之间的常识，人们会建立"我吃饭"和"我用大碗"之间的工具关系；最后，在"我吃饭"和"我使用大碗"组合以后，人们会根据背景知识进行联想扩展，构建"我吃饭时使用大碗"的具体细节，从而整合出"我"在"吃饭"这一动作实施时选择"大碗"这一工具的浮现意义。

二　句式的句法实现

工具宾语句同样由想象事件和语法构式整合成句法形式，想象事件为"某人做某事"和"某人使用某工具"，语法构式为"［A做P］用I"，其句法实现如图9-2所示。

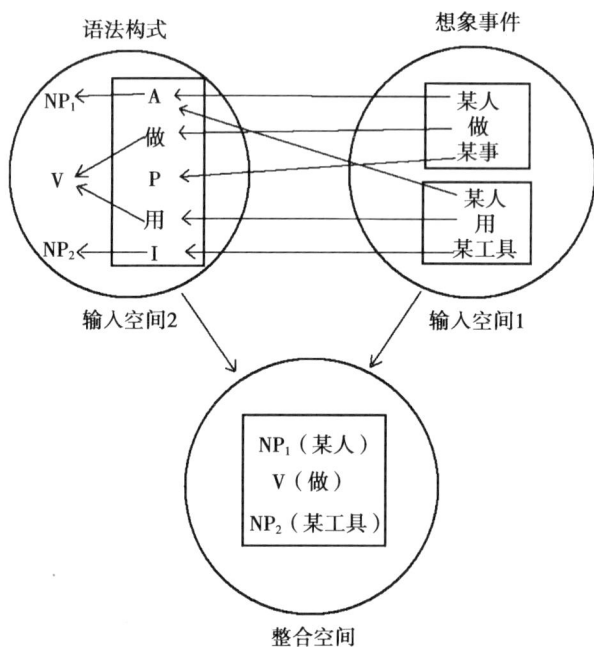

图9-2　工具宾语句句法实现

以"我吃大碗"为例，其句法实现过程为如图9-3所示。

人们构建意义时首先会在想象中形成"我吃（饭）"动作事件和"我用大碗"工具事件，想象事件与人们日常生活中形成的语法构式"［A做P］用I"之间形成映射关系，想象事件中的"我""吃""（饭）""用""大碗"分别映射到语法构式中的"A""做""P""用"和"I"上，语法构式和想象事件投射到句法形式中进行整合，其中语法构式投射抽象形式和意义，想象事件投射具体成分，经过成分

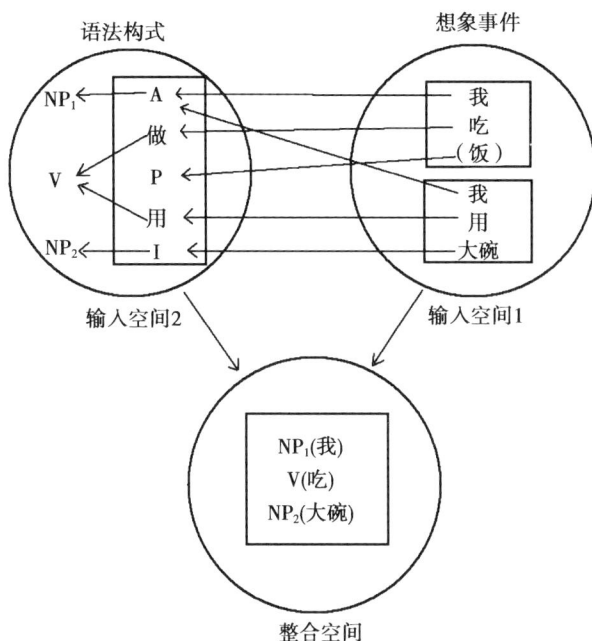

图 9-3　"我吃大碗"句法实现

和意义压缩合并后形成"我吃大碗"的句法形式。

第六节　小结

　　本章讨论了工具宾语句的整合过程、整合特征、浮现意义及其句法语义实现过程。工具事件是一个复杂事件，包含动作事件和工具使用事件，其建立经历了心理空间的建立、事件框架的选择及压缩过程。工具宾语句心理空间的建立有一个和受事宾语句心理空间比较选择的过程，要形成工具关系，只有当施受关系信息与认知常识发生背离导致整合失败，才能重构工具关系。事件能制约工具宾语句，工具宾语句必须是工具事件，而且必须是典型工具事件，出现在工具宾语句的动作和工具必须符合两个条件：一是工具动词代表的事件必须是工具事件，语义上能蕴含一般动作事件和工具使用事件这两个次事件；二是工具宾语句必须是典型工具使用事件，即工具动词代表的动作所使用的工具是典型工具。工具事件是动作事件和工具使用事件压缩的结果，由于动作框架比工具使用框架更显著，而显著框架更容易建立心理联系，从而激活不显著事件，所以整合事件框架选择了动作事件而没有选择工具使用事件。

　　工具宾语句的整合特征如下：工具动词前能不能使用对动作样态进行描写的描摹性状语，具体动作性受到抑制，只能表示抽象动作；工具宾语属于典型的具体事物名词，此类名词空间性较强，一般能受数量词、限定性或描写性定语修饰，但在工具宾语句中，这些特征有些受到抑制。句式的浮现意义可以由整合特征推知，根据整合特征可以归纳出工具宾语句的浮现意义：工具宾语句主要表述主体实施动作时对工具的选择。句式关注所选择工具的类别、属性及所有者，关注动作的频率、实施主体的范围及主体是否实施这种选择；而不表述动作的完成、持续、具体情状、对工具的影响以及工具数量等情况。句式浮现意义蕴含着施事对不同工具的挑选或对工具使用与否的选择，其实施动作时有工具下位类型、同位类型及对工具使用与否三种可选项。句式意义的产生经历了构建输入空间、建立映射关系和整合事件三个过程，工具宾语句同样由想象事件和语法构式整合成句法形式，想象事件为"某人做某事"和"某人使用某工具"，语法构式为"［A 做 P］用 I"，二者投射到整合空间形成句法句式。

第十章

处所宾语句的构建与整合

第一节　处所宾语句研究概述

动词后的处所成分比较复杂，朱德熙（1982：110）认为广义处所宾语指所有由处所词和词组充任的宾语，狭义处所宾语专指表示趋向或位置的动词性成分后面所带的处所成分充任的宾语；孟庆海（1986）认为处所宾语可以表示动作的原点、起点、经过点和终点；孟琮等（1987）的处所宾语主要有如下一些类型：

> （1）剔牙、裹腿、包伤口、布置教室、利用山头（作屏障）
> （2）来北京、到南京、回上海、出大门口、进学校
> （3）倒碗里、藏屋里、带身上、放野地里、糊桌子上
> （4）飞上海、走大路、闯关东、跑印刷局、挤公共汽车
> （5）吃食堂、吃馆子、教大学、订大华电影院

（1）类动词是行为及物动词，宾语是动作逻辑或事理意义上的受事或对象，表现的主要是其事物性，归入受事宾语可能更合适一些；（2）类动词属于位移动词，宾语是位移动词直接涉及的处所，是典型的处所宾语；（3）类动词是行为动词，宾语由名词加方位词组成，名词本身不能单独充当处所角色，必须加上属性标记"方位词"一起充当处所宾语（储泽祥，2006：89），这类宾语补上"在""到"等介词之后意义并没有明显变化，任鹰（2000）认为是补语和宾语之间的一种过渡类型；（4）类动词是位移不及物动词，处所宾语不是动词逻辑或事理意义上的对象，宾语成分不能大量类推，如没有"飞头顶、走客

厅、闯屋子、跑院子、挤教室"的说法；（5）类动词是行为及物动词，有未显现的逻辑宾语，处所宾语不是动词逻辑或事理意义上的对象，也不能大量类推，如没有"吃厨房、教学校"的说法。（4）（5）类处所宾语句句法语义关系较为特殊，也是本章的研究对象。

以往的研究认为处所宾语具有如下特征：与及物动词和常规宾语存在直接联系，不及物动词带处所宾语有一个在句法平面上没有得到表现的事理关系意义（邢福义，1991；郭继懋，1999），郭继懋（1999）还认为处所宾语句并非基本句，如要理解"睡窑洞"需要先理解"在窑洞里睡觉"。基本句是非歧义的，而处所宾语句具有歧义，如"睡窑洞"是"在窑洞里睡"，而"睡大床"是在"大床上"睡。基本句对语境依赖小，而处所宾语句语境依赖性比较大，离开具体语境很多句子根本不能成立。郭继懋先生认为这类句式的成因是说话者追求经济性的结果，这种经济性在语义上表现为：一方面，交际双方必须具备必要的背景知识，不需要特别说明就可以理解句式中动作与事物的事理关系；另一方面，许多"不及物动词+宾语"往往只在一定范围内使用。还有学者（王占华，2000；陶红印，2000；任鹰，2000；张云秋，2004）认为与受事宾语的比较显示，其具有"受动性"和"事物性"，"吃食堂"类宾语则是受事宾语的转喻形式，如任鹰（2000）认为处所的指称对象已经发生了变化，"吃食堂"和"吃馆子"中"食堂"是指"食堂的饭"，"馆子"是指"馆子的饭"，"吃食堂""吃馆子"与"吃食堂的饭""吃馆子的饭"基本同义，而与"在食堂吃饭""在馆子里吃饭"并不是一个意思。此外，还有人认为处所宾语表示事类，对应的介词结构表示事例，句式具有主观性，处所成分不表具体空间处所，具有类指意义，是话语表达要突出的对比焦点部分（史有为，1997；卢福波，2005）；徐靖（2008）认为处所宾语和对应的介词结构在句法语义上表现不一致是人类对移动的认知模式的不同，即总括扫描和次第扫描造成的，处所宾语结构由总括扫描形成，处所宾语的事物性得以实现，而其场所特性则受到了抑制。而对应的介词结构由次第扫描形成，介词后的名词的场所性得以实现，而其事物性却受到了抑制。谢晓明（2004）则认为所有宾语代入现象都可以用认知语言学的"图形｜背景"知识来解释，前景和背景凸显程度不同，说话者的认知程度及其对前景、背景和图形的选择差异导致了宾语代入现象的产生。

上述研究揭示了处所宾语句不同于介词结构的某些独特的句法语义特征，看到了它与受事宾语之间的联系，并从转喻理论和认知模式上进行了解释，为进一步研究处所宾语句打下了基础。但是人们是如何动态构建处所宾语句意义的？处所宾语与介词结构相比在句法语义表现上究竟有哪些差异？从意义动态构建来看造成这些差异的根本动因是什么？以往的研究大多着眼于静态研究，并没有对此专文探讨。这里同样应用概念整合理论，根据句式的概念整合过程、整合特征及整合产生的浮现意义来回答上述问题。

第二节　句式的概念整合过程

一　心理空间的建立

处所宾语句并非简单事件，它是由两个事件整合而成，研究者已经注意到该句式隐含的事件联系，例如非常规宾语同及物动词及常规宾语必须分别存在联系；处所宾语句由受事宾语转喻而来；不及物动词带处所宾语有一个在句法平面上没有得到表现的语义成分，其作用是说明动词与名词之间的事理关系，如"飞上海"的事理意义是"飞+（往+上海）"（邢福义，1991；郭继懋，1999；王占华，2000）。从事件结构角度来看，邢福义的"及物动词及常规宾语"和郭继懋的"事理意义"分别指的是动作事件和处所事件，如果将动作事件表示为"A 做（P）"（当动词为及物动词时则存在逻辑宾语 P），处所事件表示为"A 位于 L"，则处所宾语句可表示为"A 做 L"（A：施事或主事；P：受事或客事；L：处所）。概念整合理论从先分析后综合的视角出发[①]，在分别建立动作事件和处所事件心理空间之后，将两个事件通过一定的方式合并到合成空间。

---

① 沈家煊（2006c）认为概念整合的主旨是"整体大于部分之和"，这是针对输入空间合并为整合空间，整合能产生输入空间中没有的新的意义来说的。实际上从意义构建和事件结构角度考虑，构建输入空间需要将意义先分解为输入概念再进行合并整合，所以也可以说概念整合是先分解再合并。

　　处所宾语句中的处所成分具有"事物性"和"处所性"双重属性，如"吃食堂"里的"食堂"既是吃饭的地方，也是一座建筑或一个机构，所以句式心理空间的建立有一个和受事宾语句竞争选择的过程。邢福义（1991）提出"代体宾语所提供的新信息必须是不存在歧解的"，陶红印（2000：25）也认为论元结构由典型向非典型论元的扩大应以不妨碍交际为前提。当动词与处所组合之后，人们会将这种组合概念与日常活动时依循的按时间和因果关系联系起来的标准化和理想化的常规事件比较，如果符合常规事件，则心理空间建立成功，如果不符合常规事件，则需要重新输入概念进行整合。在处所宾语句中，当动词后的处所成分理解为受事或处所两可时，受事成分具有优先选择权，例如"吃全聚德烤鸭"中的"全聚德烤鸭"一般会理解为受事而非"全聚德烤鸭店"，"包伤口"一般也会理解为对象而非处所。[①] 如果施受关系空间信息与人们对动词的认知信息发生背离，会导致整合失败，如"吃食堂"中"食堂"不能理解为吃的对象，这时人们会重构输入空间，根据动词和宾语自身的语义性质重新构建为处所事件空间。

二　事件框架的选择

　　处所宾语句虽然由动作事件和处所事件整合而成，但最终整合的事件框架却采用了动作事件框架，即人们用"A 做 P"而不是"A 位于L"来表达处所宾语句，比如"他吃食堂"可以表达"他吃饭"和"他在食堂"的整合意义，"他走大路"可以表达"他走"和"他在大路上"的整合意义，而"他在饭"和"他在大路"却没有这种功能，这是为什么呢？根据事件框架选择的人类量度原则，人们在语言理解和交谈中经常使用与人类活动密切相关的熟悉的事件框架来表达那些不熟悉的事件。动作事件和处所事件比较起来，前者更容易受到关注，人们对它也更熟悉。日常生活中动作往往是人们达到目的的核心部分，更易成为关注焦点，因此也更显著，试比较：

　　　　（6）a. 他在床上，而且睡觉了。　　　b. *他睡觉了，而且在

---

　　① 判断"吃全聚德烤鸭"和"包伤口"是受事还是处所宾语，同样可以用"把"字句和"被"字句变换进行界定，二者可以变换说明它们是受事宾语。

床上。

（7）a. 他在食堂，而且吃了饭。   b. ＊他吃了饭，而且在食堂。

同样上述例子中两个动作在时间和逻辑关系上也存在差异，"在床上"和"在食堂"与"睡觉"和"吃饭"比较起来，前者事件发生时间在前，逻辑上为先发事件，后者时间在后，逻辑上为结果事件，后者能蕴含前者。在动作显著性上，前者为静态的存现事件，而后者为动态的动作事件，一般来说动态比静态显著，显著事件能激活不显著事件，选择动作事件能激活处所事件。所以，"睡觉"和"吃饭"能激活"在床上"和"在食堂"，一般不必再在后面补充说明背景知识结构能够提供的处所成分。语言事件也是现实事件的词汇化，现实事件会经过认知加工反映到语言上（Levin and Rappaport Hovav，2005：19），语言中动词往往是句子的核心成分，而时间、处所等成分往往是外围成分，这也是动作事件更具显著性的最好体现，所以动作事件而非处所事件框架被选择作为处所宾语句的框架。

三 事件压缩

概念整合是将两个概念域的事件合并为一个事件，事件压缩涉及关系和组成成分的合并，句式采用动作事件框架作为整合框架，将动作和处所关系压缩为动作关系，将动词后的受事（如果有受事的话）和处所合并为处所，其合并过程为"A 做（P）：A 位于 L→A 做 L"，如"他睡客厅"和"我吃食堂"的合并过程为：

（8）a. 他睡：他在客厅→他睡客厅   b. 我吃饭：我在食堂→我吃食堂

但是并非所有输入域中的概念都能成功压缩到整合域中，压缩是一个概念及关系的选择性合并过程，这种选择需要大量背景概念结构和知识参与其中。词汇本身并不直接反映现实世界的事情，但是词汇能作为符号提示意义，人类思维按照词汇的提示通过储存于长时记忆中的背景知识整合这些概念，从而创造性地产生新的意义（Fauconnier and Turner，2002：146—147）。某些处所对人类生活具有重要影响，人们在施行动作时往往面临对处所类型的选择，随着时间积累，动作和处所会产生直接心理联系。某些处所和动作具有较强的规约性，在人们的日常生活中经常联系在一起，如果人们在说话或思考时能激活日常生活中动作与处所的联系，整合出"主体实施动作时对处所类型的选择"意义，事件就能成功压缩。所以事件能否整合成功取决于能否完成整合过程并整合出浮现意义。

　　句式的概念整合过程包括了构建动作事件"A做（P）"和处所事件"A位于L"，建立两个事件之间的映射关系，选择整合框架和压缩合并事件等过程，如图10-1所示（以"我吃食堂"为例）。

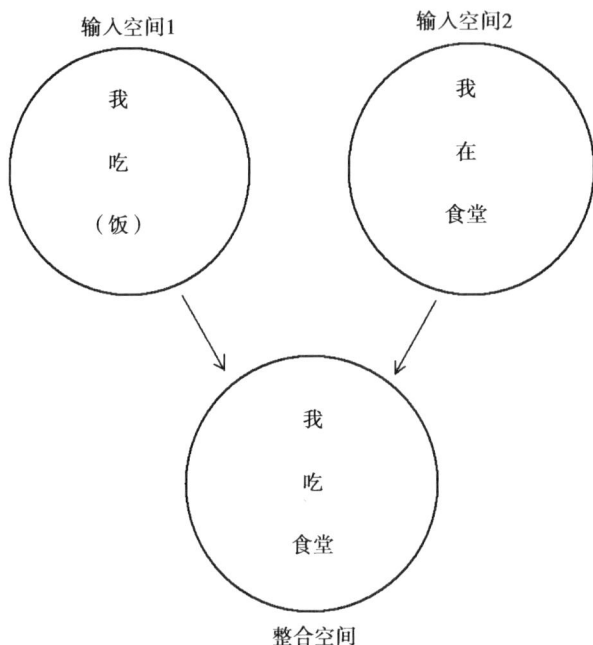

图 10-1　"我吃食堂" 的概念整合网络

第三节　句式构件的整合特征

　　概念整合是通过建立输入空间、选择事件框架，然后将输入空间中

的成分及关系选择性地投射到整合空间中，再通过概念的组合、完善和
扩展形成整合概念，因此形成整合特征。通过与整合之前的特征比较，
可以发现整合之后的特征变化。

一　处所动词的整合特征

处所宾语句动词为单音节高频动词，此类动词为典型的动作动词，
具有动词的诸多典型特征，能自由重叠、后附体助词和补语、受各类状
语修饰等，但在处所宾语句中这些特征并没有完全得以保存，如表 10-
1 所示（以"走大路"为例）。

表 10-1　　　　　　　　　　处所动词整合特征

	受抑制特征	保存特征
动词重叠	走了走大路	走不走大路；走一走大路（尝试态）
后附体助词	走了大路、走着大路	走过大路、走起大路来
后附补语	走脏/坏了大路	走不惯/大路；走了三次/两天大路；走得了/不了大路
范围状语		全/都/只/一齐走大路
否定状语		不/没/别走大路
频率状语		经常/偶尔/又/再走大路
时间状语	刚/才/正在/已经走大路	今天/下午/马上走大路
地点状语		在外面/平地上走大路
描写性状语	飞快地/一步一步地走大路	

表 10-1 显示，处所宾语句的动词完全保留了受范围、否定、频率
和地点状语修饰特征，部分保留了动词重叠、受时间状语修饰及后附补
语和体助词的功能，而受描写性状语修饰的特征则完全受到抑制。

二　处所宾语的整合特征

处所宾语为典型的处所名词，此类名词空间性强，能受各类定语修
饰，但在句中很多特征受到抑制，如表 10-2 所示。

表 10-2 处所宾语整合特征

	受抑制特征	保存特征
领属定语	走我们村的大路	
指别定语		走这条/那种大路
性状定语	走泥泞的/弯弯曲曲的大路	走大路/水路
数量定语	走两条/几条大路	
时地定语	走池塘边的/午后的大路	

表 10-2 显示，处所宾语保存了受指别定语修饰的特征，部分保存了受性状定语修饰的特征，受领属、数量和时地定语修饰的特征受到抑制。

整合特征与整合过程和整合产生的浮现意义有关。首先，人们在说话和思维时，会构建动作事件和处所事件心理空间，运用背景知识选择事件框架并整合事件，整合事件时会提取和保留需要的事件关系和成分，去掉不需要的部分，形成创新结构（emergent structure）来表达浮现意义，这些操作必然会使句式的句法语义特征发生变化；其次，处所宾语句是说话者用来表达浮现意义的，句式的句法语义特征必然与浮现意义表现一致，受浮现意义制约。因此如果能够找出句式的浮现意义，就会发现上述特征去留与否的动因，下面分析句式的浮现意义。

第四节 句式的浮现意义

浮现意义由输入空间的概念整合而来，该意义不是输入空间概念的简单相加，因为整合会产生一些输入空间没有的创新意义。虽然浮现意义不能完全从输入空间推导出来，但可以从句子的整合特征中推导出来。浮现意义是句子要表达的核心意义，而整合特征则是浮现意义的外在表现，整合特征中的保存特征是浮现意义的直接体现，受抑制特征因为与浮现意义冲突而被消除。

一 句式的整合特征

从动词的受抑制特征来看，处所宾语句主要表达的意义是主体在实施动作时对处所位置的选择，这种动作不能完成和进行，动作补语语义不能指向宾语（＊走脏/坏了大路），动作不能受表完成和进行的时间状语修饰（＊刚/才/正在/已经走大路），动作只能是抽象动作，不能受具体描写性状语修饰。从动词的保存特征来看，这种动作能表尝试、经验和开始；动词后附补语语义可以指向动作和主体，补充说明主体是否习惯或有能力完成这种动作（走得习惯/不习惯/得了/不了大路）及完成动作的次数和时间（走了三次/两天大路）等；动词能受范围、否定、频率和地点状语修饰，说明主体实施该动作时能对上述限制进行选择；动词能受表将来时间的状语修饰（今天/下午/五点/马上走大路）。

从处所宾语的受抑制特征来看，主体选择的处所是抽象类型，不能受领属、时间和地点定语修饰，特别是表具体状态的状态形容词完全不能进入句式，同时主体不能选择处所的数量。从处所的保存特征来看，处所能受指别和性质定语修饰，这些定语具有区别处所类型的功能。总体来看，处所宾语一般能受黏合式定语修饰，不能受组合式定语修饰，名词、区别词和性质形容词可以修饰处所宾语，而数量词、表领属关系和带"的"的定语不能修饰处所宾语。例如：

（9）a. 走大路/小路/旱路/水路/弯路/直路/柏油路/石子路/这条路

　　　b. ＊走大的路/弯的路/平坦的路/干干净净的路/他家的路/两条路

（10）a. 吃大食堂/小食堂/学校食堂/学生食堂/职工食堂/集体食堂/这个食堂

　　　b. ＊吃大的食堂/干净的食堂/学校的食堂/职工的食堂/两个食堂

黏合式定语和中心语结合紧密，在意念上是一个整体，组合式定语和中心语在意念上具有较大的独立性，是一种临时组合（朱德熙，1982：148）。黏合式定语与中心语结合紧密，往往是对中心语属性、特征的限制，它使得中心语带上了更多的区别特征，能表达事物的类别；而组合式定语具有较大的独立性，它往往是对中心语性状的一种描写。

处所宾语对黏合式定语的选择，表明处所宾语句中主体选择的是抽象的处所类型，不是处所的具体样态。

二　整合产生的浮现意义

句式主要表述主体选择处所的类别，主体是否开始、尝试或经历过这种选择。至于主体实施的动作是否完成、持续或进行等具体情状，以及所选择处所的具体形态和数量等并不属于句式要表达的意义。由此可以归纳出处所宾语句的浮现意义是"主体在实施动作时对处所类型的选择"。

句式要表述主体实施动作时对处所类型的选择，前提是这些处所类型都有一个可选集合，主体是从此集合中进行的选择。事实上处所宾语句使用时确实隐含着对比项，有些对比项可能不限于"动词+处所"格式，如：

（11）a. 睡床——睡沙发/地板　　b. 睡卧室——睡客厅/过道
　　　c. 睡旅馆——在家睡　　　　d. 坐椅子——坐沙发/凳子/床
　　　e. 坐办公室——其他不需要长期坐在办公室的工作
　　　f. 挤公共汽车——打的/开汽车 g. 吃食堂——在家吃/吃馆子

处所是人类活动的场所，处所的位置与形态的差异会对人类活动产生诸多影响，主体对处所的选择一般是预计到处所会对动作产生何种影响，从而采取的针对性选择，如"大路"与"小路"相比看似只是路的宽窄不同，实际上它影响到出行的方方面面，例如（例子来自北京大学汉语言学研究中心现代汉语语料库）：

（12）此时蒙古军已退至离城百余里外。杨过不走大路，纵马尽往荒僻之处行去。

（13）你们出城以后，不要走大路，要往山上去，你们要在山上躲三天，等搜捕你们的命令取消以后才可以走大路回去。

（14）走路你走大路，千万不要走小路；大路上人马稠，小路上有贼寇。

　　（15）为了争取时间，他们不走大路走小路。一路上，穿过一个隧道、一个阴洞，阴洞里的水没到大腿根。

　　（16）从王官庄去赶最远的冯家集，如果推车子走大路，足有三十多里地，就是走山道，也有二十几里。

根据上例可以归纳出"走大路"是针对"走小路""走山道"而言，其对比隐含意义是：

　　（17）走大路：大路人多；大路容易引人注意；大路平坦、宽敞、安全；大路绕远，不如小路快捷。

同样语料显示，人们在使用"吃食堂、挤公共汽车、坐办公室"时，主要表达主体在实施动作时选择这些处所，是因为与其他处所类型相比它们具有如下一些对比特征。

　　（18）吃食堂：节省时间；不用亲自做饭，适合单身人士；食堂饭菜简陋，没有营养；食堂饭菜便宜，花费较低；是人民公社时期吃大锅饭的特殊标志；是集体生活的一部分；不利于家庭成员交流沟通感情。

卢福波（2005）也提到"吃食堂"代指中国人的一种生活方式，在中国"食堂"一般情况下是单位为了解决本单位职员的吃饭问题而开设的既廉价又方便的吃饭场所，因此二者能够搭配使用。

　　（19）挤公共汽车：消费成本较低；没有打的或开小汽车快捷；比较拥挤，不太舒适；容易耗费体力，使人疲劳；是没钱买车的普通人的主要出行手段。

　　（20）坐办公室：工作清闲；是知识分子和白领的工作，收入较高；主要从事行政工作；工作内容比较枯燥无聊；由于在室内久坐，缺少锻炼，容易产生各种疾病；以室内工作为主，与社会缺少交流。

　　上述隐含意义也验证了处所宾语句具有浮现意义，即主体实施动作时对处所类型的选择。之前研究者归纳出的不同的句式隐含特征，都可以通过浮现意义获得统一的解释。例如动词对处所成分的支配作用主要是凭借动词在句式中所附有的"征服"或"占有"义实现的，处所是在动作完成中被"征服"或"占有"的对象（任鹰，2005：204；张云秋，2004：105），从浮现意义来看，这是因为句式要表达主体对处所的选择，当然是预计到了处所对动作的影响而做出的一种主动行为，从而派生出"征服"或"占有"处所义，这些特点在句式的整合特征中表现得很明显，如处所宾语句动词部分保留了动词重叠、受时间状语修饰及后附补语和体助词的功能，而受描写性状语修饰的特征则完全受到抑制；处所宾语和对应的介词结构分别表示事类和事例，处所成分不表具体空间处所，具有类指意义（史有为，1997；卢福波，2005），这是因为浮现意义主要表现主体对处所"类型"的选择，不关注主体所在位置的具体情态，这也是为什么处所宾语句具有抽象事理意义的原因；处所宾语句具有主观性，多用于祈使性或意愿性语境（卢福波，2005），这是因为浮现意义的核心是主体对处所的"选择"，主体能根据处所类型预计到处所会对动作产生何种影响而进行选择，当然具有极强的主观性，如主体选择"走大路"时，往往预计到了"走大路"会有诸如"大路人多，大路容易引人注意，大路平坦、宽敞、安全；大路绕远，不如小路快捷"这样一些特点，所以句式表现出主观意愿性，多用于祈使性或意愿性语境中；处所宾语与及物动词和常规宾语存在直接联系，不及物动词带处所宾语有一个在句法平面上没有得到表现的事理关系意义（邢福义，1991；郭继懋，1999），因为主体是在"施行动作"时对处所的选择，这种动作和处所之间存在惯常性联系，存在于人们的长时记忆中，这也是人们认为"吃食堂"类宾语是由受事宾语转喻而来的原因。也就是说，这种"事理意义"是人们进行概念整合时参与到整合中的背景知识，主体在选择处所时并非毫无目的的选择，这种选择是人们在一般常识基础上的选择，"吃食堂"是人们根据"食堂是吃饭的场所"这一常识所做出的判断，如果离开这一常识进行处所选择是不可想象的。由上述分析可以看到，处所宾语句的浮现意义能概括所有这些研究者观察到的语义事实，这些事实都可以从句式的浮现意义上找到解释的答案。所以说，浮现意义是句式要表述的核心意义，句式的很多语义特征都可以从这一意义中找到根据。

第五节　句式义产生机制与句法实现

一　句式义产生机制

句式意义的构建是人们根据句法形式的提示结合自身知识结构分解出动作事件和处所事件，通过两个事件之间的映射关系固化事件之间的联系，这些事件再投射到整合空间中形成了句式意义。其产生过程如下。

1. 构建输入空间：句式形式为 "NP_1+V+NP_2"（NP_1：施事或主体；NP_2：处所），NP_2由于并非动作 "V" 的常规支配对象，人们根据动作与处所词的提示会构建出动作事件 "A 做（P）" 和处所事件 "A 位于 L"；

2. 建立映射关系：通过动作与处所的惯常性联系建立动作事件和处所事件之间的映射关系；

3. 事件整合：动作事件与处所事件组合，通过背景知识进行完善和扩展，合并整合出 "主体在实施动作时对处所类型的选择" 的浮现意义。

处所宾语句在意义构建上经历了事件整合过程，这些过程需要人脑中长期积累的百科知识的参与才能完成。如郭继懋（1999）注意到不及物动词带宾语的语义条件是交际双方具备所需的背景知识，不需要特意说明双方就可以理解句式中动作和事物之间的相互关系。句式通过整合产生出浮现意义，处所宾语句的各种隐含特征都可以通过浮现意义获得统一的解释。

处所宾语句产生的动因也取决于整合过程和整合意义，即动作事件和处所事件能否在百科知识的参与下完成整合过程，整合出浮现意义。"飞头顶、走客厅、闯屋子、跑院子、挤教室、吃厨房、教学校" 的说法之所以难以成立，正是受到整合过程和整合意义的制约。首先，从整合过程来看，上述例子不能激活人们背景知识中动作事件和处所事件之间的惯常性联系，因为这种惯常性联系是日常生活中积累的经验，只有当处所类型能经常性地对主体产生影响，人们在做动作时就会习惯性地将动作和处所联系起来，动作事件和处所事件才能在人脑中压缩成一个复杂事件，完成概念的整合。以"走客厅"和"走大路"为例，"在客厅走路"不会对主体产生什么影响，而"在大路走路"会对主体在安全、快捷、舒适诸多方面产生影响，因此人们走路时会面临"在大路走"还是"在小路走"这样的处所类型选择问题，久而久之，"走路"和"在大路"会在心理上建立一种必然联系，通过建立心理空间和事件框架选择之后压缩成一个复杂事件。而"在客厅走路"对主体没有影响，在背景知识中动作事件和处所事件不能建立联系而无法压缩成功。其次，从浮现意义的角度来看，上述不能成立的例子不能整合出"主体施行动作时对处所类型的选择"这一浮现意义，"飞头顶、走客厅、闯屋子、跑院子、挤教室、吃厨房、教学校"没有对应的处所对比选项，也就是说，根据"飞头顶、走客厅、闯屋子、跑院子、挤教室、吃厨房、教学校"，人们的相关背景知识中没有主体选择"在头顶飞、在客厅走、向屋子闯、在院子跑、在教室挤、在厨房吃、在学校教"的背景知识，主体选择这一处所的原因没有相关依据，他选择这一处所和其他处所相比有何不同，对主体有何影响也无从得知，所以这些处所成分的选择显得很突兀。相反，"飞上海、走大路、跑印刷局、吃食堂、挤公共汽车"会激活"飞广州、走小路、跑出版社、在家吃、开私家车"等显性或隐含对比选项，这些处所选择能表现主体选择的依据，能整合出浮现意义。①

二 句式的句法实现

句式的句法实现由想象事件和语法构式投射到句法形式上实现，其中想象事件为"某人做某事"和"某人位于某位置"，语法构式为"［A 做（P）］位于 L"，句法形式为"NP$_1$+V+NP$_2$"，其实现过程如图 10-2 所示。

以"我吃食堂"为例，其句法实现过程如图 10-3 所示。

---

① 这种对比选项一般是人们长期生活实践中积累的经验，储存于大脑中形成的。

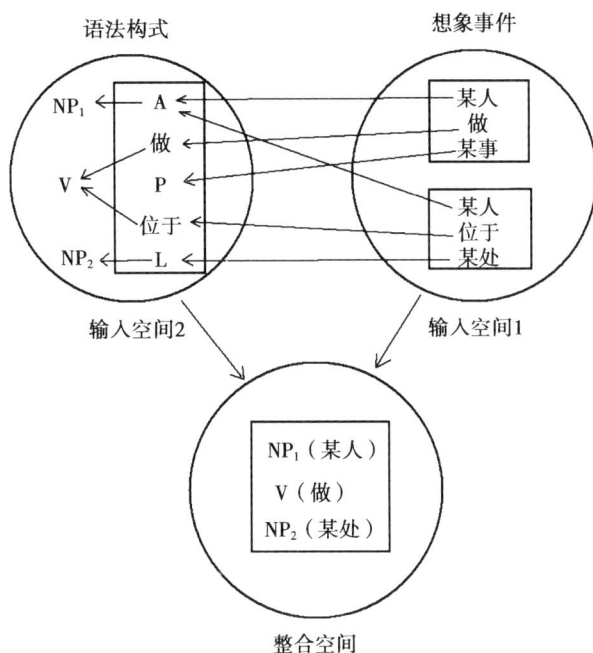

图 10-2　处所宾语句的句法实现

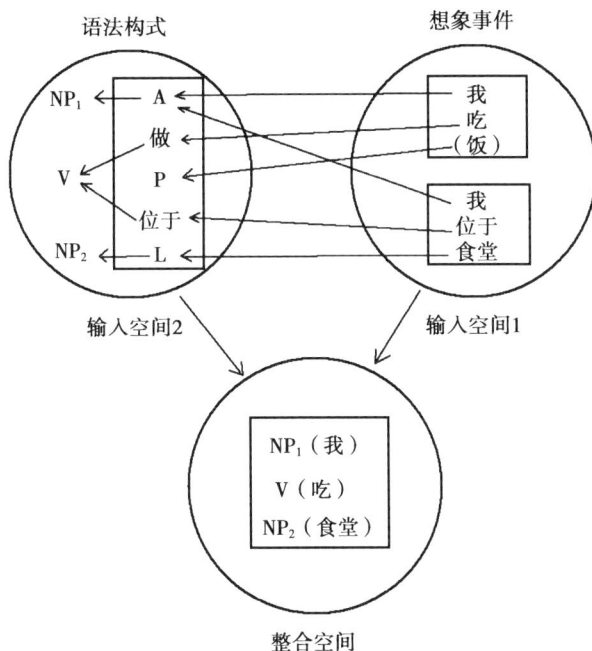

图 10-3　"我吃食堂"的句法实现

在"我吃食堂"的句法构建过程中，人们首先会想象"我吃饭"和"我位于食堂"两个事件，这两个事件会与人们长期语言实践活动中形成的语法构式"［A 做（P）］位于 L"形成映射关系，由于语法构式、想象事件与句法成分之间的对应关系产生投射，其中语法构式投射抽象语法形式和意义，想象事件投射具体成分，从而产生"我吃食堂"的句法形式。

第六节 小结

本章讨论了处所宾语句的概念整合过程、整合特征及句法语义实现过程。处所宾语句由"A 做（P）"和"A 位于 L"事件整合而成，由于动作事件和处所事件比较起来，前者更容易受到关注，人们对它也更熟悉，所以动作事件而非处所事件框架被选择作为处所宾语句的框架。句式采用动作事件框架作为整合框架，将动作和处所关系压缩为动作关系，将动词后的受事和处所合并为处所，其合并过程为"A 做（P）：A 位于 L→A 做 L"。句式的整合特征如下：处所宾语句的动词完全保留了受范围、否定、频率和地点状语修饰特征，部分保留了动词重叠、受时间状语修饰及后附补语和体助词的功能，而受描写性状语修饰的特征则完全受到抑制；处所宾语保存了受指别定语修饰的特征，部分保存了受性状定语修饰的特征，受领属、数量和时地定语修饰的特征受到抑制。句式的浮现意义可以由整合特征推知，句式主要表述主体选择处所的类别，主体是否开始、尝试或经历过这种选择。至于主体实施的动作是否完成、持续或进行等具体情状，以及所选择处所的具体形态和数量等并不属于句式要表达的意义。由此可以归纳出处所宾语句的浮现意义是"主体在实施动作时对处所类型的选择"。前人归纳出的不同的句式隐含特征，都可以通过这一浮现意义获得统一的解释。

句式意义的产生过程如下：句式形式为"NP_1+V+NP_2"（NP_1：施事或主体；NP_2：处所），NP_2由于并非动作"V"的常规支配对象，人们根据动作与处所词的提示会构建出动作事件"A 做（P）"和处所事件"A 位于 L"；通过动作与处所的惯常性联系建立动作事件和处所事件之间的映射关系；动作事件与处所事件组合，通过背景知识进行完善和扩展，合并整合出"主体在实施动作时对处所类型的选择"的浮现意义。处所宾语句产生的动因也取决于整合过程和整合意义，即动作事件和处所事件能否在百科知识的参与下完成整合过程，整合出浮现意义。句式的句法实现是由想象事件和语法构式投射到句法形式上实现，想象事件"某人做某事"和"某人位于某位置"，语法构式"〔A做（P）〕位于 L"，二者投射到整合空间形成句法形式"NP_1+V+NP_2"。

第十一章

材料宾语句的构建与整合

第一节 材料宾语句研究概述

材料宾语句是指材料成分作宾语的句子，如"他们在喷农药""他嘴唇上点了一些口红""这面墙刷白灰"。《现代汉语动词大词典》认为材料指"事件中所用的材料或耗费的物资"。孟琮等（1987）《动词用法词典》将材料宾语放到了工具宾语中，并没有将材料宾语单独列出来。谭景春（1995）根据材料与工具在语义、句式变换及类推能力上的不同，将材料宾语和工具宾语区分开来，他从五个方面区分了材料宾语和工具宾语：第一，二者语义不同，材料宾语表示的是一种材料，它往往随动词表示的动作附加在别的物体上，而工具宾语只是表示凭借的工具，不会随动词表示的动作附加在别的物体上；第二，材料宾语前可以加上"用"移到动词的前边，能够带材料宾语的动词前如果有用"用"表示材料的名词也都可能去掉动词"用"移到动词的后边，而工具宾语则不一定都可以去掉"用"移到动词的后边；第三，材料宾语可以用"把"移到动词的前边而工具宾语不能；第四，材料宾语可以受数量词修饰，而工具宾语一般没有数量上的要求，所以不能受数量词修饰；第五，动词带材料宾语有很强的规律性，可以类推，语义上能够搭配就能够组合到一起，而工具宾语具有熟语性，往往很难类推。

任鹰（2005）界定了三类材料宾语，一是在语句表述的事件中，材料所代表的事物要发生从原料到成品的变化，也就是说，随着动作的完成，材料从一种状态转变到另一种状态，从一种事物转化为另一种事物，而句式的动词具有"制造"义，如"这顿饺子包了五斤面""这种棒针可以织粗毛线"；二是语句所表示的事件中，材料所代表的事物会发生位置上的移动，随着动作的完成移动到一个新处所，并附着其中，句中动词具有"添加"义，而材料宾语有"位移"和"附着"义，例如"他们在那儿砌石头呢""药里碾进了两百克甘草"；三是在事件中材料要产生从有到无、从多到少的变化，随着动作的完成，材料物品被消耗或花费，例如"他一顿吃掉了50块钱""弟弟写了好几本稿纸"。该文还从动词词义和动词用法的复杂性与可变性出发，分析了材料宾语的受事性，认为材料宾语是材料性和受事性的统一体。上述研究注意到了材料宾语与工具宾语的差异，通过分析材料宾语的句法语义特征，看到了材料宾语的受事性特征，为研究材料宾语打下了基础。参考任鹰（2005）的分类，我们根据宾语的语义特征，将材料宾语分成三类：

（1）擦香粉、缠绷带、补花布、绑绳子、包牛皮纸、顶柱子
（2）编柳条、打毛线、腌黄瓜、叠彩纸、砌砖、缝红线
（3）催化肥、搓酒、和香油、补点儿人参、洗凉水、冲开水

（1）属于附着、填充类宾语，宾语代表的事物发生了处所位移，是动作附着的对象，附着物一般不会生成新的事物；（2）属于制作类宾语，宾语代表的事物是动作的原料，这些原料会发生性状的变化，进而生成另一事物；（3）属于消耗类宾语，宾语代表的事物被消耗，但是这些原料是否生成新事物并不是关注的对象。

谭景春（1995）认为材料宾语不同于工具宾语，其中一个特征是能够带材料宾语的动词前如果有用"用"表示材料的名词也都可能去掉"用"移到动词的后边。例如"用麻衬（砖头/木板/炉灰/沙子）垫"都能变换成"垫麻衬（砖头/木板/炉灰/沙子）"。很多材料宾语的确具有这一特征，但是并非所有材料宾语都能进行变换，例如：

（4）用沙子擦手→＊擦沙子　用尾巴缠住树枝→＊缠尾巴　用石头补天→＊补石头
　　　用领带绑住手脚→＊绑领带　用衣服包孩子→＊包衣服
用桌子顶住门→＊顶桌子
（5）用铁丝编筐→＊编铁丝　用纱线打衣服→＊打纱线　用酱

油腌咸菜→＊腌酱油

　　用酒杯叠金字塔→＊叠酒杯　用黄泥砌墙→＊砌黄泥　用砖盖房子→＊盖砖

　　（6）用粪催肥→＊催粪　用盐搓手→＊搓盐　用鸡肉补充营养→＊补点儿鸡肉

　　用花瓣洗澡→＊洗花瓣　用红糖冲鸡蛋→＊冲红糖　用肥皂洗澡→＊洗肥皂

　　为什么有的材料成分能作宾语有的不能作宾语？材料宾语究竟有什么不同于其他宾语的语法意义？这些意义是如何形成的，受到什么规则的制约？本章应用概念整合理论，通过分析材料宾语句的概念整合过程、整合特征及整合产生的浮现意义来回答上述问题。

第二节　事件空间的建立

　　根据材料的定义"事件中所用的材料或耗费的物资"，材料宾语语义格的建立必须满足两个条件：第一，存在一个动作事件；第二，动作事件中使用了材料或耗费了物资。前者可以称为动作事件，表示为"A做P"，后者可以称为材料使用事件，表示为"A使用M"（A：施事；P：受事；M：材料）。材料宾语句是一个复杂事件合并的结果，人们能根据材料宾语句中动词的提示建立动作事件，根据名词的提示建立材料使用事件。材料宾语句的动词往往是典型的材料使用动词，和材料有密切关系，这种直接联系有时在词典的义项中会直接体现出来，例如材料使用动词"包（牛皮纸）""补（花布）""砌（砖）""编（柳条）""和（香油）"是典型的和材料有关的动作，这些动作和材料使用事件具有密切的联系，《现代汉语词典》（2007：42，108，1081，80，617）的解释如下。

　　　包：用纸、布或其他薄片把东西包裹起来。

　　　补：添上材料，修理破损的东西；修补。

　　　砌：用和好的灰泥把砖、石等一层层地垒起。

编：把细长条状的东西交叉组织起来。

和：在粉状物中加液体搅拌或揉弄使有黏性。

　　上面义项中的"纸、布或其他薄片""材料""砖、石""细长条状的东西""液体"正是这些动作使用的材料，可见从典型材料动词代表的动作出发，人们往往能够建立一个和材料使用有关的动作事件。

　　与材料使用相关联的典型动词不同，材料名词由于只能确切显示动作成分，很难明确显示材料使用关系，导致语义关系具有不确定性。动宾结构中宾语是动作涉及的对象，但是动词和宾语组合之后，动宾结构的语义关系并不固定。任鹰（2007）认为"在进入具体的语言结构之前，很多词语都处于语义未完全指定状态，在具体的语言结构中，与相关成分的互动中，词语所代表的对象才得以明确并固定下来，语义才得以实现"。当动词和材料成分的名词组合时，名词的材料意义并不一定能实现。例如"洗毛线、染毛线、称毛线"，毛线是动作的对象并非材料，所以只存在动作事件，不存在材料使用事件。虽然材料名词语义关系不太明确，但和材料使用动词结合以后，人们也能够根据生活经验建立材料使用事件。以"打毛线"为例，之所以"打毛线"中的"毛线"能成为材料宾语，是因为当人们提到"打毛线"时，人类会根据日常生活经验构建"打毛衣"概念和"使用毛线"两个概念，存在一个制作毛线衣的动作，同时这个制作动作事件中使用了毛线。例如：

　　（7）A：你打毛线了吗？B：我已经用毛线打了两件毛衣了。
　　　　　A：你打毛线了吗？B：我都打了好几斤毛线了。

　　"染毛线、洗毛线、称毛线"只存在动作事件，不存在材料使用事件。例如：

　　（8）A：你染毛线了吗？B：＊我已经用毛线染了两件毛衣了。
　　　　　A：你染毛线了吗？B：＊我都染了好几斤毛线了。

　　所以，"打毛线"是动作事件和材料使用事件构成的复杂事件，而

"洗毛线、染毛线、称毛线"只是由动作事件构成的简单事件。同样，附着类和消耗类材料都存在动作事件和材料使用事件。例如：

　　（9）A：你填沙子了吗？　　　B：我用沙子填了两个大坑了。
　　　　　A：你填沙子了吗？　　　B：我填了一吨沙子了。
　　（10）A：你和香油了吗？　　　B：我用香油和了一盆面了。
　　　　　A：你和香油了吗？　　　B：我都和了半瓶香油了。

附着、制作和消耗类宾语都存在动作事件和材料使用事件，三类宾语的材料使用事件与动作事件的语义关系不同，附着类宾语是通过使用材料事件附着于某物，制作类宾语是使用材料制成某物，消耗类宾语是消耗材料达到某种动作目的。

第三节　动作事件与材料使用事件的整合

材料宾语句是由动作事件和材料使用事件整合而成，概念整合是由输入域的概念合并压缩而成，即动作事件和材料使用事件合并而成。但是并非所有的动作事件都能和材料使用事件合并。二者合并整合成功必须满足如下条件：首先，能够进行整合的动作事件必须是具体可见的动作，材料使用事件中的材料也必须是具体材料，抽象的动作和材料都不能进行整合。例如：

　　（11）a. 用有限的资源培养几个运动员→＊培养资源
　　　　　b. 用酒消磨时光→＊消磨酒

其次，能够合并的事件必须是出现频率较高的常态性事件，出现频率较低的偶发性事件一般不能整合成功。例如上例（4）（5）（6）都不能形成材料宾语句，与例（1）（2）（3）相比，不能形成材料宾语句的例子的动作与材料的组合一般都是偶发事件，在日常生活中不具备常态性。例如"用沙子擦手""用花瓣洗澡""用石头补天"与"用香粉擦脸""用热水洗澡""用花布补衣服"相比，前者出现的频率显然不如后者。

最后，动作事件和材料使用事件能否合并整合的关键因素是二者能否通过人的心智体验固化到人的长时记忆中，成为一种百科知识。动作具体、材料具体并且出现频率高的事件更容易在人的记忆中留下印象，因此也更容易整合为材料宾语。但是并非所有满足这些条件的事件都能整合为材料宾语，如果这些经验没有固化到长时记忆中，事件整合也不会成功。如"用纸擦手""用砖盖房子""用水和面"一般不会说成"擦纸""盖砖""和水"。人类认知结构来自人的经验，通过人的感知、动觉和社会经验组织和构建概念。同时这些概念具有结构性，人类对事物的知觉并非源于各个分离的片断，而是以一个有意义的整体为单位。具体到材料宾语句，人们通过语言符号系统的提示进行概念构建和整合，有些事件能通过语言提示顺利构建和整合，以"喷农药"与"喷油"为例，当"喷"的动作和"农药"这种物质组合在一起之后，人们根据自己储存在长时记忆中的生活常识会构建"喷农作物"和"使用农药"两个心理空间，同时这两个概念会通过人们经验的日常生活中的"使用农药喷农作物"的完形特性整合到一起。"喷油"则不会构建动作事件和材料使用事件，人们会产生疑问，"喷油"是用"油""喷"什么呢？是人喷油，还是外力导致的自然界的喷油现象（如油管破裂导致的喷油）？所以"喷油"不会构建材料使用事件，因为人类的长时记忆中并没有与之对应的概念结构。"我喷农药"的整合过程如图11-1所示。

词汇能作为符号提示意义，人类思维按照词汇的提示通过储存于长时记忆中的背景知识整合这些概念，从而创造性地产生新的意义。人类能根据语言符号提供的意义选择性地匹配、投射到经验的长时记忆的事件。材料宾语句中谓语动词提示动作事件，名词宾语提供材料事件，不过二者提供的事件是未完全事件，事件包括成分和关系，动词提供的动作事件只包括了关系，但动作涉及的对象并不确定。名词宾语提供的材料使用事件只包括了材料成分，但成分之间的关系并不确定。如果用事件结构关系表示材料宾语句的语义结构应该是"［A 做 B］通过［使用C］"，但语言符号提供的表层形式是"A 做 C"，人脑能通过语言符号提示的意义结合认知操作来完善动作事件和材料事件内部的事件成分和

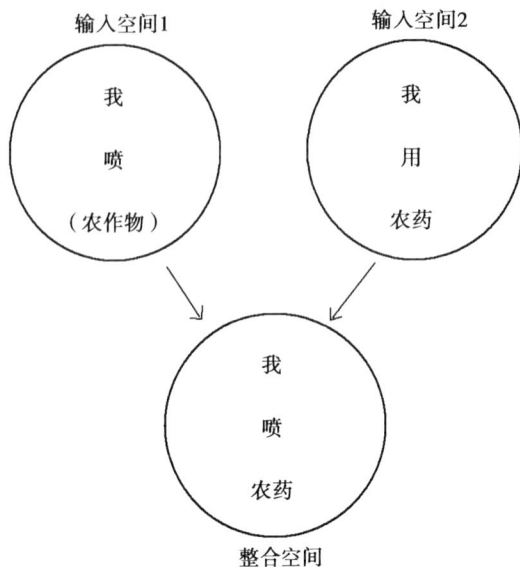

图11-1　"我喷农药"的概念整合网络

关系，同时根据社会生活中进行某种特定活动（如用毛线打毛衣、用沙子填坑）时所遵循的，按时间和因果关系建立起来的标准化、理想化的事件构建事件和事件之间的关系，如果人脑能建立动作事件和材料使用事件，并能建立事件之间的关系，能将成分和关系匹配并投射到整合空间并产生新创结构，那么整合就能成功。

第四节　句式的浮现意义

沈家煊（2006c）认为概念整合的要旨是整体大于部分之和，整合产生的整体意义就是浮现意义。输入域的概念组合以后会通过认知加工，如组合、完善和扩展形成新的概念，即创新结构，创新结构不是输入域的简单相加，它具有原来输入域中没有的意义，即浮现意义。材料宾语句也会产生浮现意义，下面分析这种意义。

任鹰（2000）认为材料宾语的词语所指称的事物相对于同一个动词所表示的动作而言，是集材料与受事身份于一身的，无论是从动作过程还是从动作结果来看，其受动性和变化性都是十分明显的。根据搜集到的语料来看，材料宾语句能够表达动作使用的材料和动作涉及的对象两种意义。首先，材料宾语句不同于一般的受事宾语句，句式能表示动作所使用的材料意义，强调该动作使用的材料不同于其他材料。例如：

（12）吃药的副作用使人嗜睡，［打青霉素］则必须作皮试以防止过敏，十分麻烦。

（13）因为食品均按重量出售，所以，他们往鸡素囊里［填石子］。

（14）这两车货经检验［掺沙子］达45.7%，根本不能用于饲料生产。

（15）小油灯放在靠墙的一堆土坯上，窗户没有［糊纸］，用破麻袋片挂起来挡着。

上例都是强调材料成分"青霉素、石子、沙子、纸"的特殊性质，如例（12）强调"打青霉素"必须做皮试，例（13）强调"石子"重量大，例（14）强调"沙子"不能做饲料，例（15）则强调"纸"比麻袋片好看等特点。上述例子都强调了宾语所代表事物作为材料与其他材料不同的特殊性质，而常规宾语很难表述这一语义。也就是说，材料宾语在常规宾语的基础上给人们提供了新信息，"打青霉素"是在"打针"基础上提供了"必须作皮试"这一新信息，"填石子"是在"填一般填充物"基础上增加了"重量大"这一新信息，"掺沙子"是在强调"沙子"不能作为饲料这一新信息，而"糊纸"则是在"用麻袋片挡着"基础上强调其美观性。材料宾语句中的材料成分往往位于句末，是句子的自然焦点，因此材料成分往往是句子的重心和意义的中心，施动者施行动作时使用的材料性质往往是说话者要表达的核心意义。

其次，材料宾语的使用具有类似于受事宾语的性质，材料成分受动作支配，是动作涉及的对象。陈昌来（2003）认为材料成分具有"被用性"，"材料不是动作的发出者、承受者，也不是评议、描写、说明的对象，只是施事的动作过程中被使用或耗费、花费的物质"。材料宾语具有受事宾语的很多特征，例如：

（16）A：你在编什么？　　　　　　　　　　　B：我在编柳条。

　　A：我问你编的是什么？　　　　　B：我编的是柳条。

　　A：我问的是你准备用柳条编什么？　B：我用柳条编筐。

　　上例的问话者想问的是制作成品，而答话者两次都回答的是材料成分，正是受到材料成分受事性的影响。而且材料宾语都可以变换成把字句和被字句，例如"把柳条编了筐""柳条被编了筐"，这也体现了材料宾语具有受事语义。因此，材料宾语句的浮现意义是强调动作使用的材料，同时这种材料受动作支配，是动作涉及的对象。前者是材料宾语的特性，后者则是材料宾语与一般受事宾语的共性。

第五节　小结

　　本章讨论了材料宾语句的概念整合过程、整合特征及句法语义实现过程。材料宾语句是一个复杂事件合并的结果，人们能根据材料宾语句中动词的提示建立动作事件，根据名词的提示建立材料使用事件。材料宾语句是由动作事件和材料使用事件整合而成，由于人们在施行某些动作时经常使用某种材料，久而久之这种动作和材料能够在人的心理上建立一种惯常性联系，这种联系能通过人的感觉、知觉、思维等储存到长时记忆中，成为一种百科知识，当该动作代表的动词和材料名词组合时，人类能将动作和材料与人的百科知识对应起来，建立动作事件和材料使用事件，并将二者整合到一起，从而形成"主体实施动作时使用某种材料"这种图式。材料宾语句能够表达动作使用的材料和动作涉及的对象两种意义。首先，材料宾语句不同于一般的受事宾语句，句式能表示动作所使用的材料意义，强调该动作使用的材料不同于其他材料。其次，材料宾语的使用具有类似于受事宾语的性质，材料成分受动作支配，是动作涉及的对象。材料宾语句的浮现意义是强调动作使用的材料，同时这种材料受动作支配，是动作涉及的对象。

　　框架语义学（Fillmore，1982）认为词语的意义依赖于说话者对场景和社会习俗的经验，如果没有这种背景信息词语将无法理解。概念整合理论将词语提供的信息通过认知加工，映现到不同的心理空间，通过不同心理空间之间的概念成分和关系的重新组合分析，形成新的整合空间。材料宾语句的浮现意义正是来源于动作事件与材料使用事件的重新整合，从而形成动作支配材料以及强调动作使用的具有独特性质的材料的浮现意义。

第十二章

非受事宾语句的应用研究

第一节　非受事宾语句的对外汉语教学

本章主要讨论现代汉语非受事宾语句的对外汉语教学和信息处理问题，首先来看对外汉语教学情况。现代汉语非受事宾语句教学是对外汉语语法教学中的一个难点，虽然现代汉语非受事宾语句是汉语中的常用句式，但这些句式在印欧语系中比较少见，而且其句法语义限制较多，对于什么情况下使用该句式以及哪些动词和宾语可以进入句式，留学生掌握起来比较困难。如陆俭明（1999：2）指出：从事对外汉语教学的老师在谈到"述宾结构"时，常常会说吃食堂＝在食堂吃饭；吃馆子＝在馆子里吃饭。外国学生往往就类推说出"吃勺园七号楼餐厅"这样的话。卢福波（2005：68）研究处所宾语时也提到留学生弄不清楚什么时候处所成分直接后附于动词、什么时候用介词引出以及什么时候不能连接处所性词语。陆文和卢文实际上提出了这类处所宾语句在对外汉语教学中的困难，当然这种不合理类推也完全可能出现在其他非受事宾语句中，如根据"走大路""包牛皮纸""一张床睡两个人"，类推出"走院子""包衣服""一张床抬两个人"，根据"吃大碗"，说出"吃着大碗""吃两个大碗""吃食堂的大碗""大口吃大碗"这些不合语法的句子。那么母语非汉语学生的非受事宾语句的使用情况如何？什么原因导致他们在学习中出现类推错误？采用哪些教学策略和方法以解决这些问题呢？下面分三部分逐一讨论。

一　使用情况调查

由于非受事宾语句留学生使用不多，这里只选取典型的、在现代汉语中出现频率较高的部分例句作为代表进行调查，从供用句、处所宾语句、存现句、工具宾语句和材料宾语句中选取下列例句进行考察。

（1）一张床睡 X 人、一锅饭吃 X 人、一间房住 X 人
（2）吃食堂、吃饭馆、走大路、挤公共汽车
（3）床上躺着 X 人、家里来了 X 客人、墙上贴着 X 画
（4）吃大碗、写毛笔、爬梯子
（5）绑绳子、打毛线、洗凉水、洗热水

本章调查语料来源均为暨南大学华文学院留学生书面语语料库和口语语料库，调查结果显示主要有三种情况：一是有对应的非受事宾语句的用例；二是没有对应用例，但有与该句式语义密切相关的变式句式，如"吃大碗"的密切相关句式"用大碗吃"；三是既没有该用例的非受事宾语句，也没有相关句式出现。

（一）供用句的使用情况

供用句的调查例句本来设定为"一张床睡两个人""一间房住两个人"和"一锅饭吃十个人"，但实际调查发现例句使用情况较少，而调查目的主要在于是否有该类型例句出现，所以在调查时放开调查范围，采用模糊搜索确定例句，如我们搜索"一张床睡"并且包含"人"，这样"一张床睡""一个人""两个人"或若干人都包含在检索范围内，同样后面两例分别搜索"一间房住"并且包含"人""一锅饭吃"并且包含"人"。

检索未发现"一锅饭吃 X 人"及"一张床睡 X 人"的供用句，发现 2 例"一间房住 X 人"的非受事宾语句，例如：

（6）一间房住三个人，我的同屋是来自老挝和印度尼西亚的，他们俩已经是念大三的师姐了。（越南）
（7）一间房住了四个人。（越南）

另外发现 1 例"一张床睡 X 人"和 1 例"一间房住 X 人"相关

句式：

（8）我的床比较大两个人可以睡。（越南）

（9）我们住在宿舍，一间房间有三个人。（印度尼西亚）

之所以没有检索到"一锅饭吃 X 人"及"一张床睡 X 人"的供用句，可能是因为国内给留学生提供的住宿条件较好，很少出现一张床睡多个人的情况，另外吃饭情况自然也不错，很少需要计算一锅饭吃几个人的供用情况。而一间房住多个人的情况较普遍，故出现一些相关例句。

供用句使用情况如表 12-1 所示。

表 12-1

	供用句	相关句式
一张床睡 X 人	0	1
一间房住 X 人	2	1
一锅饭吃 X 人	0	0

（二）处所宾语句的使用情况

检索未发现"走大路"和"挤公共汽车"及相关用例，也未发现"吃食堂"和"吃饭馆"的非受事宾语句用例，但后者有不少相关句式，如"去食堂/饭馆吃""在食堂/饭馆吃"等，例如：

（10）平常，我跟朋友去食堂吃饭。（法国）

（11）有时候我们在食堂吃晚饭，有时候在外边的学校吃晚饭。（法国）

（12）晚上我吃晚饭在食堂。（法国）

（13）我们每个月去饭馆吃午饭了四五次，一边喝酒一边谈话。（也门）

（14）我们去完（玩）到免（晚）上就去吃饭在一个中国的饭馆，在这里中国菜我自己感觉很有特色。（也门）

"吃食堂"和"吃饭馆"在日常生活中较为普遍，但留学生对处所宾语句显然还没有习得，出现大量相关句式表达这类语义，但未出现处所宾语句。至于"走大路"和"挤公共汽车"，也是出现频率较高的动作，但留学生也未习得该用法。

处所宾语句使用情况如表12-2所示。

表 12-2

	处所宾语句	相关句式
吃食堂	0	18
吃饭馆	0	21
走大路	0	0
挤公共汽车	0	0

（三）存现句使用情况

检索发现3例存现句用例，如：

（15）有一天，妈妈过生日，家里来了许多客人。（老挝）

（16）但是等了好久还是没有来，我发现墙上贴着简单的菜单，不得不看那个菜单点了几个菜。（日本）

（17）墙上贴了七八张曼联队和我所喜欢的足球员。（泰国）

另外，"床上躺着X人"有12例相关句式，"墙上贴着/挂着画"有2例相关句式，如：

（18）那时她的心马上紧张起来，然后镜头一转，一个病人躺在床上。（蒙古）

（19）所有人都在哭，惠却在床上躺着，就像是平常在睡的样子。（蒙古）

（20）墙上画着很多幅画，太美妙了！（柬埔寨）

（21）我做的手抄报还在墙上贴着，那些我做的大海报写了我的理想、我的目标。（印度尼西亚）

存现句使用情况相对较好，三种类型中有两种出现，使用情况如表12-3所示。

表 12-3

	存现句	相关句式
床上躺着 X 人	0	12
家里来了 X 客人	1	0
墙上贴着/挂着 X 画	2	2

（四）工具宾语句使用情况

未发现上述工具宾语句的用例，只发现少量"写毛笔"的相关句式，如：

（22）除了学习以外我要参加了一个书法和画画儿班，是用毛笔写字的，要画中国画儿。（缅甸）

（23）从以前，我好希望会学写毛笔字，可是在坤甸好像没有这样的教程，所以我就没有机会去学。（缅甸）

总体来看，留学生完全不会使用工具宾语句，一方面，可能是该句式较特殊，学生未掌握；另一方面，学生未注意到"吃大碗"情况，使用不多，而"爬梯子"的出现情况较少，因此也没有用例。

工具宾语句使用情况如表12-4所示。

表 12-4

	工具宾语句	相关句式
吃大碗	0	0
写毛笔	0	3
爬梯子	0	0

（五）材料宾语句使用情况

检索发现2例"绑绳子"和1例"洗热水"用例，如：

（24）吃好早餐后母亲给我绑上鞋子的绳子，然后送 wo 到 ThongNhat 学校（越南学校）那里去。（越南）

（25）然后姐姐在它的脖子上绑了一根绳子拉着它回来了。（老挝）

（26）然后我去洗热水，洗的时候，感觉很暖，感觉好舒服，就像在海滩晒太阳一样。（加拿大）

未发现"打毛线"和"洗凉水"材料宾语句及相关句式，发现 2 例"洗热水"相关句式，如：

（27）还有这里的天气好冷，所以一定要用热水洗澡。（加拿大）

（28）用热水洗好舒服！（加拿大）

材料宾语句用例总体较少，但四种类型中出现两种（"绑绳子"和"洗热水"），不过相关句式也不多见，"打毛线"在现代社会特别是留学生中实际发生情况较少，没有出现也是正常现象。其使用情况如表12-5 所示。

表 12-5

	材料宾语句	相关句式
绑绳子	2	0
打毛线	0	0
洗凉水	0	0
洗热水	1	2

总体来看，非受事宾语句出现次数不多，与之相关的常规宾语句出现频率较高，但五种非受事宾语句表现也各不相同。

二 使用情况分析

（一）使用情况分析

根据上文搜集到的语料来看，非受事宾语句出现频率不高，所选 5

种非受事宾语句 17 小类中只出现 3 种 5 小类，这三种分别是供用句、存现句和材料宾语句，共 8 个例句，具体列举如下。

供用句：一间房住 X 人

存现句：家里来了客人、墙上贴着菜单、墙上贴着足球员

材料宾语句：绑上鞋子的绳子、绑了一根绳子、洗热水

我们把这五种类型及其相关句式的总体使用情况如表 12-6 所示。

表 12-6

	非受事宾语句		相关句式	
	出现次数（次）	百分比（%）	出现次数（次）	百分比（%）
供用句	2	50	2	50
处所宾语句	0	0	39	100
存现句	3	17	14	83
工具宾语句	0	0	3	100
材料宾语句	3	60	2	40
合计	8	16	61	84

从表 12-6 可以看到，非受事宾语句总出现次数占比只有 16%，而相关句式则为 84%，二者存在巨大差距。另外五种非受事宾语句中供用句和材料宾语句出现次数较多，分别占比为 50% 和 60%，存现句占比只有 17%，处所宾语句和工具宾语句则都没有出现。

（二）原因分析

影响母语非汉语学习者学习和使用非受事宾语句的因素很多，如非受事宾语句的复杂认知过程、教师教学方法问题、学生受母语影响及学生的使用习惯问题等，我们主要从认知因素、语用因素、教学因素三方面进行分析。

1. 认知因素

影响非受事宾语句使用的主要原因是其复杂的认知过程和机制，很多学者都认识到这一问题。如邵琛欣（2015）认为汉语工具宾语的复杂性是由范畴斜坡、动词语义结构以及转喻等多重机制共同作用的结

果；胡勇（2016）认为"吃食堂"类动宾结构是"转喻突破原有语法规则的桎梏，开启了汉语旁格成分做宾语的先河，创造出新的规则"；卢英顺（2016）则将此类宾语的出现归结为相关词语激活的认知图景激活了一定的认知要素，在语用凸显或经济原则作用下产生此类宾语。

上述研究表明非受事宾语的产生的确经历了复杂的认知操作过程，从概念整合的角度来看，非受事宾语句的意义构建相对于常规事件来说更为复杂，它是建立在常规事件基础之上的整合过程，它经历了心理空间的建立、事件框架的选择及事件压缩等整合过程。相对于常规宾语句来说，非受事宾语句的复杂性体现在人们必须根据动作和对象的不匹配现象，推测出这种非常规事件是由常规事件和非常规事件整合而成。如要理解"吃大碗"必须理解"吃饭"和"用大碗"两个事件，以及"吃"和"饭""大碗"的关系。常规事件是由典型受事参与的动作事件，非常规事件由具体的非受事参与的事件组成。常规事件频率更高，为人们所熟悉，容易识别、处理和记忆，更容易建立心理联系，它符合人类量度原则，被选为整合事件的框架。常规事件与非常规事件的压缩受到组合、完善和扩展机制的支配，其中完善机制对压缩成功与否至关重要，压缩时受完形心理支配，动作事件和非受事参与事件必须与人们的背景知识、概念结构和语境契合，由常规动作事件激活非受事参与事件，形成一个完整的场景，整合出动作事件发生时非常规事件同时产生的浮现意义。所以，复杂认知操作不仅影响非受事宾语的理解，也妨碍了它的大量应用。

2. 语用因素

非受事宾语句的理解受到语言环境的影响，如谢晓明（2008）就提出储存在大脑中的信息必须被激活才能凸显，激活信息会影响相关信息，形成网状激活扩散过程，非受事宾语的语义激活和语义匹配也受到这一过程影响。任俊舒、吴炳章、吴明会（2014）将这种宾语的语用动因归结为对基础结构识解的细化导致的表达精细化，表达精细化提供的精确语义满足特定语境所需信息。

学术界早就认识到非受事宾语句的不可任意类推性，由于动词与宾语在语义搭配上与一般事实不符，动词在功能上不具备直接支配宾语的能力，往往要借助复杂的语用手段来实现这种非常规组合。这种语用手段首先是必须有大量的日常经验和体会，从上文非受事宾语句的使用情况调查来看，一般来说，生活中能反复出现的情况更容易学习和使用，如我们考察的三类供用句"一张床睡 X 人、一锅饭吃 X 人、一间房住 X 人"，前两个留学生在日常生活中很少用到，几乎不会出现，而"一间房住 X 人"则出现 2 次。材料宾语句出现了"绑上鞋子的绳子、绑了一根绳子、洗热水"，而"打毛线"没有出现，也是同样的道理。其次，非受事宾语句的使用往往要求宾语是话语表达突出的焦点部分，如说"走大路"时是暗含与"小路"对比，"吃食堂"暗含与其他吃饭方式对比，非受事宾语在句中往往是焦点所在。非受事宾语和动词组合往往产生新的浮现意义，要求在特殊语境下使用。如卢福波（2005：71）提到说话人使用"动＋处所"结构时，如果没有其他重音的提示，往往含有鲜明的对比意图，例如"走大路吧！"和"坐船上说吧"都是说话人考虑到听话人的实际情况提出的建议。

3. 教学因素

现在出版的对外汉语教材对非受事宾语句不够重视，尚未发现有教材专门针对非受事宾语句编写相关内容。造成这种现象的原因主要有三个：首先，非受事宾语句相对于受事宾语句出现频率低，未引起教材编写者的足够重视，常规受事宾语句按照习得顺序在先，更容易引起编写人员关注；其次，非受事宾语句都有常用的大致对应的受事宾语句，一些教师常使用该句式大致可以表达非受事宾语句的意思，如"吃大碗"和"用大碗吃"有部分意思相同，故有时可以用后者代替前者，使得人们误认为非受事宾语句的教学似乎不那么迫切；最后，非受事宾语句需要复杂的认知操作，有时需要一定的语境支撑，不具有普遍类推性，教材编写者和教师不知道如何安排教学内容。基于上述原因，使得非受事宾语句的教学表现出如下特点：首先，教材编写者不太重视该句式的教学，没有深入研究和探讨该句式的教学规律，留下教学空白；其次，教师在遇到类似问题时，往往容易根据自己的直观理解将非受事宾语句用常规的受事宾语句理解，并将二者等同，传授给学生；最后，由于教学安排问题，学生很少接触该句式，在实际生活中使用得不多。

三　教学策略

现代汉语非受事宾语句种类较多，使用较频繁，且具有一般受事宾语句没有的浮现意义，表意精练，在对外汉语教学中应当安排一定的篇幅进行专门教学，特别是中高级阶段的口语和综合课当中，应设置一定数量的非受事宾语句的语法知识点和会话能力的教学安排。教师在讲授非受事宾语句时也必须根据非受事宾语句的表意特点进行针对性讲解和练习。下面具体从教材和教学两方面说明。

1. 教学内容设置

根据非受事宾语句在现代汉语中的使用情况，教材中应当适当设置一定量的非受事宾语句的教学内容。首先来看设置时间。由于非受事宾语句具有复杂的认知操作过程，最好是在中高级阶段时设置，这时候学生有一定的汉语功底，基本掌握了一般受事宾语句的句法、语义功能，能够区分非受事宾语与一般受事宾语，避免前者对后者的学习造成干扰。

其次是设置内容。应根据非受事宾语句的使用频率设置相对应的教学内容，常见的非受事宾语句都应设置一定的教学量。我们研究的五种非受事宾语句中，存现句出现频率较高，处所宾语句、供用句次之，工具宾语句和材料宾语句最少，因此教学内容的多少也应与此相适应。在具体到每一种非受事宾语句的内容设置中，宜选用出现频率较高的例子进行教学，如我们上面调查的一些具体用例都是常用类型。

最后是设置形式。非受事宾语句语义丰富精练，是现代汉语比较有特色的句式，母语非汉语的学生掌握它可以使得自己的汉语表达更灵活地道。不过它毕竟使用频率不如常规受事宾语高，且使用起来相对来说有一定难度，不宜占用大量教学时间。其中存现句比较特殊，它虽然是非受事宾语句，但出现频率高、使用范围广泛，可以在综合课中单独设置课时或单元。其他几种非受事宾语句，使用频率不高，可以在综合课、会话或阅读课中插入专门知识点进行介绍，不用单独设置课时或单元进行讲解。

2. 教学方法

非受事宾语句与对应的受事宾语句在语法功能上存在差异，教学时是不能混为一谈的，但很多教师教学时仍然直接将后者解释为前者，如将"吃食堂"解释为"在食堂吃"，"走大路"解释为"在大路走"，造成学生理解和使用的错误。所以正确的教学方法应该是正确地解释非受事宾语句的句式意义，让学生理解它，并学会使用非受事宾语句进行对话。非受事宾语句的教学要点有三：一是准确归纳和讲授非受事宾语句的浮现意义；二是设置语境，归纳非受事宾语句的语用意义；三是适当与对应的受事宾语句对比。

首先来看非受事宾语句浮现意义的讲解。准确讲授非受事宾语句的浮现意义是进行非受事宾语句教学的基础，非受事宾语句的浮现意义主要表示实施动作事件时非受事参与事件发生，意义的焦点集中于非受事参与事件。应归纳每一种非受事宾语句的浮现意义，用尽量简明的语言准确地告知学生，我们研究归纳出来的五种非受事宾语句的浮现意义，都可以直接用于对外汉语教学中，这五种浮现意义分别是：

> 供用句：一定数量的物质供一定数量的人或物使用。
> 存现句：某处存在处于某种状态的存在对象。
> 工具宾语句：主体实施动作时对工具的选择。
> 处所宾语句：主体实施动作时对处所类型的选择。
> 材料宾语句：主体实施动作时使用某种材料。

准确讲解浮现意义有助于学生理解和掌握非受事宾语句的意义，为区分与之相关联的受事宾语句打好基础。当然，非受事宾语句浮现意义的讲解必须是在给予学生一定口语材料基础上归纳出来，老师再讲解表意要点。

其次是注意设置语境。非受事宾语句具有一定的习语性且不可类推，有些非受事宾语的出现往往受语境制约，非受事宾语句的这种特点具有一定的程度差异，以供用句"一张床睡 X 人、一锅饭吃 X 人、一间房住 X 人"为例，"一间房住 X 人"的语境制约性较弱，说话人和听话人都容易理解，"一张床睡 X 人"次之，而"一锅饭吃 X 人"的语境制约性最强。而且这种习语性与个人的主观语感有一定联系，即使是我们经常提到的"吃大碗"，也有人认为说起来别扭或者平时基本不说。由于非受事宾语句的这种特性，使得部分句式使用不太自由，要求不同句式设置不同的教学语境进行教学。对于习语性较强，不能自由类推，理解起来有困难的句式应该设置较多的语境，多讲解该句式出现的条件，结合浮现意义归纳可能出现的环境，如"一锅饭吃 X 人"的出现条件是：①几个人是吃一锅饭的对象；②一锅饭是提供的食物来源；③一锅饭供几个人使用。对于习语性较弱，可自由出现，理解起来也很方便的句式则简单讲解即可。

最后要注意与对应的受事宾语句进行比较。非受事宾语句与对应的受事宾语句有部分语义一致，如"吃大碗"与"用大碗吃"的动作和工具角色都一致，但二者的浮现意义截然不同，学生很容易混淆，教学时需要适当比较以区分二者。比较时应重点强调非受事宾语句与对应的受事宾语句的不同之处，可以比较二者的浮现意义、出现语境和表达侧重点，并适当归纳以便学生进行对比。

最后，非受事宾语句教学与一般对外汉语句式教学一样，需要老师精讲、学生多练。老师要简明扼要归纳非受事宾语句的特点和出现条件，同时需要课堂操练中提供大量的机会让学生多说。

四　小结

根据非受事宾语句的语料调查来看，非受事宾语句出现次数不多，与之相关的常规宾语句出现频率较高，但不同非受事宾语句表现也各不相同。产生这种情况的主要原因是受句式复杂的认知因素影响，非受事宾语的产生经历了复杂的认知操作过程，它是建立在常规事件基础之上的整合过程，经历了心理空间的建立、事件框架的选择及事件压缩等整合过程。另外，语用表达精细化的要求以及教材编写不足及教学方法错误等也在一定程度上影响非受事宾语句的使用。解决这一困境的教学策略主要是准确归纳和讲授非受事宾语句的浮现意义，设置语境，归纳非受事宾语句的语用意义，并适当与对应的受事宾语句对比。

第二节　非受事宾语句的信息处理

一　关于非受事宾语句的信息处理

常规受事宾语句的动词与论元之间的关系由于存在比较固定的规律性，在信息处理中相对容易处理，只要根据动词意义就基本可以确定论元的语义角色,例如"吃"关联两个常规语义角色"吃者"和"所吃",这样就可以在信息抽取和对话理解中确定场景要素的语义角色。但现代汉语中大量的非常规受事宾语给计算机理解自然语言、机器翻译等造成不小困难,国内一些高校如清华大学研制的现代汉语述语动词机器词典,比较详细地描写了论元角色和动词之间的配价关系和语义关系,但在实际信息处理中尚不能涵盖并处理部分非常规受事宾语的情况。有学者如陈群秀(2001:99)从动词和名词所起作用出发,认为西方语言以动词为中心,而汉语动词和名词都是中心,所以应该重视汉语名词的槽关系。也有学者如史瑞萍、白学军、李莉(2005:205)以大学生为被试发现,不仅动词信息影响语义角色指派,被试还可以结合语境信息对语义角色进行指派。这些学者的研究表明,现代汉语语义角色指派问题比较复杂,单纯依靠动词信息难以有效处理论元实现问题,必须结合其他信息进行综合处理。

非受事宾语句的产生涉及如何处理和动词相关联的语义角色,所以这里先谈谈语义角色的划分问题。语义角色是语言成分在语言表达事件中的参与者角色,由于切分角度不同,不同学者对语义角色的划分并不一致,袁毓林(2007)根据语义角色划分的粗细程度分为微观、中观和宏观三类,微观层级语义角色是根据特定动词(即直接根据动词意义所指,如上文提到的"吃"的语义角色)和特定领域确定的语义角色,后者指根据生活领域的特定场景确定语义角色,如机票订购包括出发城市、目的城市和起飞时间等。中观层级语义角色主要是根据 Fillmore 早期"格"语法将"格"分为施事、经事、工具、客体、源点、处所、时间、路径、与事等,这类语义角色的划分主要是基于具有句法、语义共性的一类动词。宏观层级语义角色将语义角色简单分为"原型角色"和"宏观角色"两种,代表人物是 Dowty(1991)和 Van Valin(1997、2005)。

二 基于不同语义角色切分的信息处理

当前对动词语义角色处理的语义资源有三种不同的处理方式(参见袁毓林,2007):第一种如加州大学伯克利分校基于框架网的语义角色处理,该框架网项目主要通过基于场景的语义框架界定语义角色,将框架中的框架角色设定为框架网中的角色，框架场景涉及各种参与者角色，如"会话"涉及说话者1、说话者2（或说话者们）、媒介和话题等。第二种如宾州大学命题库项目，该项目将语义角色放到树库句法树的相关节点上，不关注照应、同指、量化、体、模态等，例如"offer"的角色标注为"…［Arg0 the company］to…offer［Arg1 a 15% to 20% stake］［Arg2 to the public］"。第三种如北京大学中文网库，该库进行多层次的语义关系标注，标注内容包括篇章结构关系、论元结构关系、逻辑结构关系及论元成分之间的聚合关系，标注角色既包括必有论元（如施事、感事、经事、致事、受事、主事、与事、结果、对象、系事），也包括非必有论元（如工具、材料、方式、原因、目的、时间、处所、源点、终点、路径、范围等），如语义标注片段："［［她/ dei］i］A｛先｝TEM-i［自］#｛韩国/loc｝L（S）［进口/ pos］@ i［［现代323/ vec］j］P［到/ mov］@ j｛了香港/ loc｝L（G）。"

　　三种数据库对语义角色处理各有依据，同时处理效果也各有不同。加州大学框架网描述了词项的概念结构，从语料库中抽取句子并按义项选择句子，然后对句子进行框架元素标注，最后根据标注产生的结果显示词项组合的可能性。这种中观层面上定义的语义角色可以避免因为定义一小组宏观层面上普遍抽象的语义角色而产生的困难，而且因为它可以允许其他词类的角色概括，从而增添框架的某个侧面和某些意义。宾州大学命题库为每个动词都标注了底层语义角色，并在该文本出现时进行角色标注，该库覆盖面广，用手工标注语料库，对论元结构发生变异的原因和方式进行了计量，使得语言理解系统更加全面。北京大学中文网库采用多层次语义关系标注，其中论元结构关系处于核心地位，其他层次语义关系皆与之关联，将论元角色作为语义标注的重点，论元涵盖面广，角色标注具有前后一致性，较为成功地处理了计算机理解自然语言特别是现代汉语遇到的问题。

三　对非受事宾语句信息处理的建议

　　非受事宾语句的动词和论元之间的联系规律性不强，且论元位置与常规宾语句存在差异，这对计算机理解非受事宾语句造成了不小困难，如果使用一般语义角色标注往往不能涵盖非受事宾语的部分角色，对计算机理解自然语言恐怕不太奏效。综合来看，北京大学中文网库的多层次语义关系标注对非受事宾语句的信息处理具有较好的适应性。该库和其他数据库比较起来有如下优势：首先，该库建立了汉语谓词（包括动词、形容词和有价名词）的框架集合文件，该文件包括论旨角色和句法配置，如"切"的论旨角色有"施事（切东西的人）""受事（所切的东西）""结果（东西被切后形成的状态）""方式（东西被切成的样子）""工具（切东西所用的器具）""终点（东西被切后所放置的地方）"，"切"在句法配置后能够实现七种句式：① A+用 I+＿+P/R（如"他用小刀切黄瓜"）；② I+A+＿+P/R（如"这把刀我切黄瓜"）；③ P+A+＿M（如"这根黄瓜你切丝儿"）；④ A+把 P/R+＿+L（如"他把黄瓜切案板上了"）；⑤ R+A+＿+L（如"黄瓜片他切案板上了"）；⑥ L+＿着/了+R（案板上切了不少黄瓜片）；⑦ A+用 I+把 R+＿在 L（他用水果刀把黄瓜片切案板上了）。北大网库首先进行多层次语义标注，给汉语语义、逻辑和篇章结构等语义关系和句法实现建立了较详细的文件，为语义关系提供了可供选择的多层次关联数据，以论元结构为核心揭示中观层次的语义角色，而且兼顾微观逻辑语义关系和篇章关系。其次，该网库不仅包含动词框架网，还包含形容词和有价名词，使得该网库进行语义标注和句法配置的能力更强。

总之，非受事宾语的计算语言处理相对来说难度较大，虽然利用上述方式能部分解决计算机理解非受事宾语的问题，但还是不够。北大中文网库通过设置多层次框架集合，对于和动词语义联系性较强的语义角色能够进行较好处理。但有些和动词语义没有必然联系，需要通过语境识别的语义角色和句法联系尚难处理，由于非受事宾语句中动宾联系有的较为松散，需要结合动词语义和上下文语境处理，我们可以首先为经常出现的有一定规律性的半自由动词和非受事宾语搭配建立框架网文件，然后对比较自由的动词与非受事宾语组合情况进行多层次语义标注和句式进行配置。总之，关于非受事宾语的信息处理还需要搜集大量例句，再确定组合的自由度，根据不同自由度进行不同的信息处理。

第十三章

结　论

第一节　总结

一　理论部分

概念整合是在概念隐喻、框架转换和心理空间理论基础上发展起来的意义构建理论，它对上述理论的借鉴和发展使之具有了完备的操作系统和较强解释力，它的继承和发展表现如下。

（一）概念隐喻

对概念隐喻的继承：意义的构建是不同心理空间之间成分和关系的映射，通过心理空间之间的概念与概念的认同、对应和匹配关系来构建映射关系；语义冲突和互动是意义产生的基本方式，相似性对意义的产生具有重要作用。对概念隐喻的发展：整合是更为普遍的思维操作方式，是多空间的双向或多向映射；心理空间之间的映射有投射、语用功能和图式映射，隐喻只是其中一种映射关系；整合既能构建稳定映射关系，还能构建在线的、动态的、临时的映射关系；相似性是整合意义产生的方式之一，组合、完善和扩展是整合的运行机制。

（二）框架转换

对框架转换的继承：意义构建是一个动态的在线的语言操作过程，静态的框架语义转换为动态的框架转换过程，使得框架转换理论能够将长时记忆中的静态框架与在线语境结合起来；意义构建涉及不同概念域之间的转换过程；非字面意义的信息对意义构建的作用巨大。对框架转换的发展：概念整合相对于框架转换来说是一种更大更普遍的认知操作，能够解决框架转换无法解释的问题。一个空间基本上就是一个框

架，空间内部的关系和成分对应于框架的关系和成分，整合是在多空间
之间进行，能够清晰地反映不同空间之间的成分和关系的对应匹配过
程，并能通过整合空间与输入空间之间的映射展示浮现意义的产生
过程。

（三）心理空间

对心理空间的继承：心理空间是概念整合理论的基础理论，其基本
性质、在意义构建中的作用都被概念整合理论继承下来。对心理空间的
发展：作为概念整合基础的心理空间理论，并没有说明空间之间的映射
方式、成分关系、整合机制和原则。而概念整合通过构建心理空间网
络、空间之间的映射和投射，在整合原则支配下通过组合、完善和扩展
等方式，将潜藏在大脑中在线意义构建的认知操作过程清晰地勾勒出
来了。

概念整合网络由两个输入空间、共有空间和整合空间组成，空间之
间能进行跨空间的对应连接映射，输入空间的部分结构会选择性投射到
整合空间，整合空间通过整合形成整合结构；根据组成空间之间的投射
和映射关系，概念整合网络可以分为单一网络、镜像网络、单侧网络和
双侧网络；整合空间内部的整合操作主要有组合、完善和扩展三种；整
合是对空间内部或空间之间的关系的压缩合并，这些关系包括变化、实
体、时间、空间、使因—影响、部分—整体、表征、角色—值、类推、
反类推、性质、相同性、范畴、意图和唯一性等；人类量度原则是整合
的总体原则，组成原则限制了整合的基本过程，而统治原则是对整合的
具体内容进行了更为详尽的限制，它是描述创新结构的优选策略。

语法整合是概念整合的一个类型，主要研究意义和句子的生成过
程。从意义到句法实现是通过想象事件和句法构式的相似性合并到整合
空间中，再通过句法句式体现出来，想象事件和句法构式之间存在的相
似性是进行语法整合的前提；从句法到意义构建是根据语言的提示结合
长时记忆中的背景知识，建立从句法到事件结构之间的映射关系，再通
过跨空间的映射和投射构建意义。以概念整合为基础的句法—语义接口
说明了论元实现和表征过程，能解释语言使用者如何构建语义和语法，
是一种极富解释力的理论。

二　应用部分

非受事宾语句的意义构建经历了心理空间的建立、事件框架的选择及事件压缩等整合过程。宾语由非常规对象组成，属于非常规事件，人们能根据动作和对象的不匹配现象，推测出这种非常规事件是由常规事件和非常规事件整合而成。常规事件是由典型受事参与的动作事件，非常规事件由具体的非受事参与的事件组成。由于常规事件频率更高，为人们所熟悉，容易识别、处理和记忆，更容易建立心理联系，所以它符合人类量度原则，被选为整合事件的框架。常规事件与非常规事件的压缩受到组合、完善和扩展机制的支配，其中完善机制对压缩成功与否至关重要，压缩时受完形心理支配，动作事件和非受事参与事件必须与人们的背景知识、概念结构和语境契合，由常规动作事件激活非受事参与事件，形成一个完整的场景，整合出动作事件发生时非常规事件同时产生的浮现意义。非受事宾语句的输入空间、选择的事件框架和整合出的浮现意义如表13-1所示。

表 13-1　　　　　　　　　　非受事宾语句的整合数据

供用句	输入空间 1	一定数量的 NP_1 使用一定数量的 NP_2
	输入空间 2	一定数量的 NP_2 供一定数量的 NP_1
	选择事件框架	使用
	浮现意义	一定数量的物质供一定数量的人或物使用
存现句	输入空间 1	存在对象存在（或处于某种状态）
	输入空间 2	某处存在某物
	选择事件框架	存在（或处于某种状态）
	浮现意义	某处存在处于某种状态的存在对象
工具宾语句	输入空间 1	A 做 P
	输入空间 2	A 用 I
	选择事件框架	做
	浮现意义	主体实施动作时对工具的选择

续表

处所宾语句	输入空间 1	A 做（P）
	输入空间 2	A 位于 L
	选择事件框架	做
	浮现意义	主体实施动作时对处所类型的选择
材料宾语句	输入空间 1	A 做 P
	输入空间 2	A 使用 M
	选择事件框架	做
	浮现意义	主体实施动作时使用某种材料

由于整合是两个事件的压缩合并，合并过程是一个选择投射的过程，输入空间中只有部分关系和结构投射到整合空间中，导致句式产生整合特征。整合特征是浮现意义的外在表现，整合特征保留了与浮现意义一致的特征，不一致的特征被消除。通过整合特征可以验证浮现意义。由于非受事宾语句的浮现意义主要表示实施动作事件时非受事参与事件发生，意义的焦点集中于非受事参与事件，而非受事事件往往是由动作事件激活的抽象事件，因此整合特征中句式谓语动词的具体情态往往受到一定程度的抑制。

第二节　余论

非受事宾语句研究一直是研究热点，传统研究厘清了句式的定义、类型和句法语义特征，为研究句式的产生动因、机制和过程打下了基础。形式语法学派的形式解释由于没有或很少考虑到意义使其科学性受到质疑，如沈家煊（2006b）认为生成语义学的谓词分解将 kill 分解为"CAUSE＋BECOME＋NOT＋LIVE"在意义上并不能完全等同于"kill"，"王冕死了父亲"的"死"和"EXPERIRENCE＋死"意义也不能完全等同，所以"王冕死了父亲"不是由"王冕经历了父亲的死"的移位派生而来的，两者属于不同的句式，具有不同的句式意义。构式意义考虑到了句式的整体意义，注意到词汇意义和句式意义之间的互动关系，但构式意义也只是人们经过认知操作得出的结果意义，它不能说明人们如何通过构建输入空间、投射和映射关系，在整合机制下得出浮现意义的过程。传统的隐喻理论虽然注意到了不同概念域之间的映射和投射关系，但其两域映射模式也不能充分解释复杂的意义构建过程。概念整合的优点在于它是动态的在线构建意义，既考虑到输入域意义的分解，又考虑到结果意义的整合压缩；既能通过想象事件和语法构式与句法句式之间的映射关系，得出句法实现过程，又能通过句法句式和语法构式与想象事件之间的映射关系，得出意义的构建过程。

虽然概念整合理论能解释在线意义的构建过程，但还有如下一些问题有待进一步研究：

（一）如何确定输入空间：整合意义来源于输入空间的概念映射和投射，输入空间是意义构建中重要的一步。非受事宾语存在宾语和谓语动词的语义冲突，所以相对来说较容易确定输入空间，可以由谓语动词构建动作事件、非受事宾语构建非受事参与事件。但对于其他不存在语义冲突的句子如何科学构建输入空间，概念整合理论并没有明确作出标示，尚需要进一步探讨；

（二）概念整合原则和机制对句式整合的作用：非受事宾语句成立与否受到整合原则和机制的支配，这些原则和机制多大程度上或哪些方面决定句式的产生？有些意义接近的句式之间意义构建为什么存在差别？这些问题还需要深入研究；

（三）事件压缩过程存在结构或成分的压缩，哪些结构或成分保存到句法形式中，哪些又因为压缩而被消除？保存或消除的机制是什么？

受篇幅限制，本书只选取了部分非受事宾语句进行研究，其他句式尚待进一步探讨，非受事宾语句的整体概念整合规律还需要继续研究。

参考文献

著　作

陈昌来:《现代汉语句子》,华东师范大学出版社 2000 年版。

陈建民:《现代汉语句型论》,语文出版社 1986 年版。

丁声树等:《现代汉语语法讲话》,商务印书馆 1961 年版。

范晓:《三个平面的语法观》,北京语言文化大学出版社 1996 年版。

胡裕树、范晓:《动词研究》,河南大学出版社 1995 年版。

孟琮、郑怀德、孟庆海、蔡文兰:《汉语动词用法词典》,商务印书馆 1987 年版。

任鹰:《现代汉语非受事宾语句研究》,北京社会科学文献出版社 2005 年版。

沈园:《句法—语义界面研究》,上海教育出版社 2007 年版。

束定芳:《隐喻学研究》,上海外语教育出版社 2000 年版。

宋玉柱:《可逆句》,山西教育出版社 1991 年版。

王斌:《翻译与概念整合》,东华大学出版社 2004 年版。

王正元:《概念整合及其应用研究》,高等教育出版社 2009 年版。

王寅:《认知语言学》,上海外语教育出版社 2007 年版。

熊仲儒:《现代汉语中的致使句式》,安徽大学出版社 2004 年版。

徐默凡:《现代汉语工具范畴的认知研究》,上海复旦大学出版社 2004 年版。

徐枢:《宾语和补语》,黑龙江人民出版社 1985 年版。

袁毓林:《汉语动词的配价研究》,南昌江西教育出版社 1998 年版。

袁毓林:《基于认知的汉语计算语言学研究》,北京大学出版社 2008 年版。

张辉：《熟语及其理解的认知语义学研究》，军事谊文出版社 2003 年版。

张敏：《认知语言学与汉语名词短语》，中国社会科学出版社 1998/2008 年版。

张旺熹：《汉语特殊句法的语义研究》，北京语言文化大学出版社 1999 年版。

张云秋：《现代汉语受事宾语句研究》，学林出版社 2004 年版。

赵元任：《汉语口语语法》，吕叔湘译，商务印书馆 1979 年版。

中国社会科学院语言研究所词典编辑室（编）：《现代汉语词典》，商务印书馆 2007 年版。

朱德熙：《语法讲义》，商务印书馆 1982 年版。

Baker, M., *Incorporation: A Theory of Grammatical Functional Changing*, Chicago: University of Chicago Press, 1988.

Comrie, B., *Aspect*, Cambridge: Cambridge University Press, 1976.

Coulson, S., *Semantics Leaps: Frame−Shifting and Conceptual Blending in Meaning Construction*, New York: Cambridge University Press, 2001.

Croft, W., *Syntactic Categories and Grammatical Relations*, Chicago: University of Chicago Press, 1991.

Dancygier, B. and E. Sweetser, *Mental Spaces in Grammar: Conditional Constructions*, Cambridge: Cambridge University Press, 2005.

de Hoop, H., *Case Configuration and Noun Phrase Interpretation*, Groningen University, 1992.

Dowty, D., *Word Meaning and Montague Grammar: the Semantics of Verbs and Times in Generative Semantics and Montague PTO*, Dordrecht: Reidel, 1979.

Fauconnier, G., *Mental Spaces*, New York: Cambridge University Press, 1985/1994.（张辉导读：《心理空间》，世界图书出版公司 2008 年版。）

Fauconnier, G., *Mappings in Thought and Language*, New York: Cambridge University Press, 1997.

Fauconnier, G. and E. Sweetser, *Spaces, Worlds and grammar*, Chicago: University of Chicago Press, 1996.

Fauconnier, G. and M. Turner, *The Way We Think*, New York: Basic Books, 2002.

Grimshaw, J. , *Argument Structure*, Cambridge, MA: MIT Press, 1990.

Gruber, J. S. , *Studies in Lexical Relations*, Cambridge : MIT, 1965.

Gruber, J. S. , *Lexical Structure in Syntax and Semantics* , Amsterdam: North-Holland, 1976.

Jackendoff, R. , *Semantics Interpretation in Generative Grammar*, Cambridge, MA: MIT Press, 1972.

Jackendoff, R. , *Semantics and Cognition*, Cambridge, MA: MIT Press, 1983.

Jackendoff, R. , *Semantics Structures*, Cambridge, MA: MIT Press, 1990.

Kenny, A. , *Action, Emotion and Will*, London: Routledge and Kegan Paul, 1963.

Langacker, R. , *Foundations of Cognitive Grammar*, Vol. 1, Standford: Standford University Press, 1987.

Langacker, R. , *Foundations of Cognitive Grammar*, Vol. 2, Standford: Standford University Press, 1991.

Lakoff, G. , *On the Nature of Syntactic Irregularity*, Indiana University, 1965.

Lakoff, G. , *Women, Fire, and Dangerous Things*, Chicago: University of Chicago Press, 1987.

Lakoff, G. and Johnson, M. , *Metaphors We Live by*, Chicago: University of Chicago Press, 1980.

Levin, B. and M. Rappaport Hovav, *Unaccusativity: At the Syntax - Lexical Semantics Interface*, Cambridge, MA: The MIT Press, 1995.

Levin, B. and M. Rappaport Hovav, *Argument Realization*, New York: Cambridge University Press, 2005.

Lin Tzong-Hong, *Light Verb Syntax and the Theory of Phrase Structure*,

California: University fo California, 2001.

Mandelblit, N. , *Grammatical Blending: Creative and Schematic Aspects in Sentence Processing and Translation*, San Diego: University of California, 1997.

Moens, M. , *Tense, Aspect and Temporal Reference*, University of Edinburgh, 1987.

Nunberg, G. , *The Pragmatics of Reference*, Bloomington, Ind. : Indiana University Club, 1978.

Olsen, M. B. , *A Semantic and Pragmatic Model of Lexical and Grammatical Aspect*, New York: Garland Publishing, 1997.

Parsons, T. , *Events in the Semantics of English: A Study in Subatomic Semantics*, Cambridge, MA: MIT Press, 1990.

Pinker, S. , *Learnability and Cognition: The Acquisition of Argument Structure*, Cambridge, MA: MIT Press, 1989.

Pustejovsky, J. , *The Generative Lexicon*, Cambridge, MA: MIT Press, 1995.

Ryle, G. , *The Concept of Mind*, London: Barnes and Noble, 1949.

Seuren, P. , *Discourse Semantics*, Oxford: Oxford University Press, 1984.

Smith, C. , *The Parameter of Aspect*, Dordrecht: Kluwer, 1991.

Tenny, C. , *Aspectual Roles and the Syntax – Semantics Interface*, Dordrecht: Kluwer, 1994.

Turner, M. , *Reading Minds*, Princeton: Princeton University Press, 1991.

Van Valin, R. D. , Jr. , *Exploring the Syntax – Semantics Interface*, New York: Cambridge University Press, 2005.

Van Valin, R. D. Jr and R. J. Lapolla, *Syntax: Structure, Meaning and Function*, New York: Cambridge Universiy Press, 1997.

Vendler, Z. , *Linguistics in Philosophy*, New York: Cornell University Press, 1967.

Verkuyl, H. , *On the Compositional Nature of the Aspects*, Dordrecht:

Reidel，1972.

　　Verkuyl，H.，*A Theory of Aspectuality*，Cambridge：Cambridge University Press，1993.

　　Voorst，J. van，*Event Structure*，Amsterdam：John Benjamins Company，1988.

　　Wasow，T.，*Postscript to Lectures on Contemporary Syntactic Theories：an Introduction to Government-Binding Theory，Generalized Phrase Structure Grammar，and Lexical-Functional Grammar*，Stanford，CA：Center for the Study of Languange and Information，1987：193-205.

论　文

　　陈昌来：《论现代汉语"工具"成分在话语中的隐现》，《山西师范大学学报》1998 年第 1 期。

　　陈昌来：《工具主语和工具宾语异议》，《世界汉语教学》2001 年第 1 期。

　　陈昌来：《关于语义结构中材料成分的几个问题》，《柳州职业技术学院学报》2003 年第 4 期。

　　陈群秀：《〈信息处理用词汇研究〉九五项目结题汇报》，《语言文字应用》2001 年第 4 期。

　　陈庭珍：《汉语中处所词作主语的存在句》，《中国语文》1957 年第 8 期。

　　储泽祥：《处所角色宾语及其属性标记的隐现情况》，《语言研究》2006 年第 4 期。

　　丁加勇：《容纳句的数量关系、句法特征及认知解释》，《汉语学报》2006 年第 1 期。

　　范方莲：《存在句》，《中国语文》1963 年第 5 期。

　　范晓：《"施事宾语"句》，《世界汉语教学》1989 年第 1 期。

　　方梅：《宾语与动量词语的顺序问题》，《中国语文》1993 年第 1 期。

　　房红梅、严世清：《概念整合运作的认知理据》，《外语与外语教学》2004 年第 4 期。

冯胜利：《"写毛笔"与韵律促发的动词并入》，《语言教学与研究》2000 年第 1 期。

顾阳：《关于存现结构的理论探讨》，《现代外语》1997 年第 3 期。

郭继懋：《试谈"飞上海"等不及物动词带宾语现象》，《中国语文》1999 年第 5 期。

胡勇：《"吃食堂"的认知功能分析》，《世界汉语教学》2016 年第 3 期。

雷涛：《存在句的范围、构成和分类》，《中国语文》1993 年第 4 期。

李临定、范方莲：《试论表"每"的数量结构对应式》，《中国语文》1960 年第 11 期。

李临定：《宾语使用情况考察》，《语文研究》1983 年第 2 期。

李福印、田聪：《概念隐喻理论与概念合成理论在意义构建中的优势和不足》，《外国语言文学研究》2005 年第 1 期。

李敏：《现代汉语主宾可互易句的考察》，《语言教学与研究》1998 年第 4 期。

李艳惠、陆丙甫：《数目短语》，《中国语文》2002 年第 4 期。

刘正光：《Fauconnier 的概念合成理论：阐释与质疑》，《外语与外语教学》2002 年第 10 期。

卢福波：《非常组合的"动+处所宾语"》，《南开语言学刊》2005 年第 1 期。

卢英顺：《从认知图景看不及物动词带宾语问题》，《汉语学习》2016 年第 3 期。

陆俭明：《语义特征分析在汉语语法研究中的运用》，《汉语学习》1991 年第 1 期。

陆俭明：《现代汉语语法研究所面临的挑战》，见《面临新世纪挑战的现代汉语语法研究》，山东教育出版社 1999 年版。

陆俭明：《"句式语法理论"与汉语研究》，《中国语文》2004 年第 5 期。

鹿荣、齐沪扬：《供用句的语义特点及可逆动因》，《世界汉语教学》2010 年第 4 期。

吕冀平：《主语和宾语的问题》，《语文学习》1955 年第 7 期。

马庆株：《名词性宾语的类别》，《汉语学习》1987 年第 5 期。

孟庆海：《动词+处所宾语》，《中国语文》1986 年第 4 期。

聂文龙：《存在和存在句的分类》，《中国语文》1989 年第 2 期。

齐沪扬：《"N+在+处所+V"句式语义特征分析》，《汉语学习》1994 年第 6 期。

齐沪扬：《表示静态位置的一种零动词句》，《南京师大学报》（社会科学版）1996 年第 3 期。

齐沪扬：《表示静态位置的"着"字句的语义和语用分析》，《华东师范大学学报》（哲学社会科学版）1998 年第 3 期。

任俊舒、吴炳章、吴明会：《例示与细化：以"吃食堂"为例》，《世界汉语教学》2014 年第 2 期。

任鹰：《主宾可换位供用句的语义条件分析》，《汉语学习》1999 年第 3 期。

任鹰：《静态存在句中"V 了"等于"V 着"现象解析》，《世界汉语教学》2000 年第 1 期。

任鹰：《动词词义在语言结构中的游移与实现》，《中国语文》2007 年第 5 期。

邵琛欣：《汉语工具宾语的次范畴及其形成机制》，《语言科学》2015 年第 6 期。

沈家煊：《转指和转喻》，《当代语言学》1999 年第 1 期。

沈家煊：《"分析"和"综合"》，《语言文字应用》2005 年第 3 期。

沈家煊：《"糅合"和"截搭"》，《世界汉语教学》2006 年第 4 期。

沈家煊：《"王冕死了父亲"的生成方式——兼说汉语"糅合"造句》，《中国语文》2006 年第 4 期。

沈家煊：《概念整合与浮现意义》，《修辞学习》2006 年第 5 期。

沈家煊：《关于词法类型和句法类型》，《民族语文》2006 年第 6 期。

沈家煊：《语言中的整合现象》，《现代语文》（语言研究版）2008

年第 4 期。

史瑞萍、白学军、李莉：《语境和动词信息对主题角色指派的影响》，《心理与行为研究》2005 年第 3 期。

史有为：《处所宾语初步考察》，见《中国语学论文集：大河内康宪教授退官纪念》，东方书店 1997 年版。

束定芳：《论隐喻的运作机制》，《外语教学与研究》2002 年第 2 期。

宋玉柱：《定心谓语存在句》，《语言教学与研究》1982 年第 3 期。

宋玉柱：《动态存在句》，《汉语学习》1982 年第 6 期。

宋玉柱：《完成体动态存现句》，《汉语学习》1989 年第 6 期。

宋玉柱：《经历体存在句》，《汉语学习》1991 年第 5 期。

苏晓军、张爱玲：《概念合成理论的认知力》，《外国语》2001 年第 3 期。

谭景春：《材料宾语和工具宾语》，《汉语学习》1995 年第 6 期。

陶红印：《从"吃"看动词论元结构的动态特征》，《语言研究》2000 年第 3 期。

田臻：《汉语静态存在句中动词语义偏离现象研究述评》，《外语研究》2009 年第 6 期。

汪少华：《概念合成与隐喻的合成意义建构》，《当代语言学》2002 年第 1 期。

王斌：《概念整合与翻译》，《中国翻译》2001 年第 3 期。

王文斌：《概念合成理论研究与应用的回顾与思考》，《外语研究》2004 年第 1 期。

王红孝：《空间映射理论与概念整合的认知过程》，《外语学刊》2004 年第 6 期。

王勤玲：《概念隐喻理论与概念整合理论的对比研究》，《外语学刊》2005 年第 1 期。

王占华：《"吃食堂"的认知考察》，《语言教学与研究》2000 年第 2 期。

王正元：《概念整合理论的发展与理论前沿》，《四川外语学院学报》2006 年第 6 期。

谢晓明、王宇波：《概念整合与动宾常规关系的建立》，《汉语学报》2007 年第 2 期。

谢晓明：《论元的激活扩散过程与动宾之间的语义匹配》，《学术交流》2008 年第 11 期。

邢福义：《汉语里宾语代入现象之观察》，《世界汉语教学》1991 年第 2 期。

徐杰：《"工具"范畴和容纳"工具"范畴的句法结构》，《华中师范大学学报》1986 年第 5—6 期。

徐靖：《"移动样态动词+处所宾语"的认知模式》，《语言教学与研究》2008 年第 2 期。

杨素英：《从非宾格动词现象看语义与句法结构之间的关系》，《当代语言学》1999 年第 1 期。

杨秀杰：《隐喻及其分类新论》，《外语学刊》2005 年第 3 期。

袁毓林：《语义角色的精细等级及其在信息处理中的应用》，《中文信息学报》2007 年第 4 期。

袁毓林：《信息抽取的语义知识资源研究》，《中文信息学报》2002 年第 5 期。

张伯江：《动趋式里宾语位置的制约因素》，《汉语学习》1991 年第 6 期。

张云秋、王馥芳：《概念整合的层级性与动宾结构的熟语化》，《世界汉语教学》2003 年第 3 期。

朱德熙：《"在黑板上写字"及其相关句式》，《语言教学与研究》1981 年第 1 期。

朱景松：《与工具成分有关的几种句法格式》，《安徽师范大学学报》1992 年第 3 期。

朱永生、蒋勇：《空间映射理论与常规含意的推导》，《外语教学与研究》2003 年第 1 期。

Bach, E., "The Algebra of Events", *Linguistics and Philosophy*, 1986 (9).

Barsalou, L. W., "Frames, Concepts, and Conceptual Fields", In Adrienne Lehrer and Eva Feder Kittay (ed.), *Frames, Fields, and*

Contrasts: *New Essays in Lexical and Semantic Organization*, Hillsdale, NJ: Lawrence Erlbaum Associates, 1992.

Borer, H., "The Projection of Arguments", In E. Benedicto and J. Runner (ed.), *Functional Projections*, University of Massachusetts Occasional Papers 17, Amherst, MA: GLSA, University of Mass, 1994.

Borer, H., "Passive without Theta Grids", In P. Farell and S. Lapoint (ed.), *Morphological Interfaces*, Stanford: CSLI Publications, 1998.

Brachman, R. J., "Defaults and Definitions in Knowledge Representation", *The AI Magazine*, 1985 (6): 80-93.

Carlson, L., "Aspect and Quantification", In P. J. Tedeschi and A. Zaenen (ed.), *Syntax and Semantics VOL. 4*: *Tense and Aspect*, New York: Academic Press, 1981.

Croft, W., "The Semantics of Subjecthood", In M. Yaguello (ed.), *Subjecthood and Subjectivity*: *the Status of theSubject in Linguistic Theory*, Paris: Ophrys, 1994.

Davidson, D., "The Logical Form of Action Sentences", In N. Rescher (ed.), *The Logic of Decision and Action*, Pittsburgh: University of Pittsburgh Press, 1967.

Fauconnnier, G., "Mental Spaces", In Dirk Geeraerts and Hubert Cuyckens (ed.), *The Oxford Handbook of Cognitive Linguistics*, Oxford: Oxford University Press, 2007.

Fauconnier, G. and M. Turner, "Blending as a Central Process of Grammar", In Goldberg, A. (ed.), *Conceptual Structure*, *Discourse*, *and Language*, Stanford: CSLI, 1996: 113-129.

Fauconnier, G. and M. Turner, "Conceptual Integration Networks", *Cognitive Science*, 1998, 22 (2): 133-187.

Fillmore, C. J., "The Grammar of Hitting and Breaking", In Jacobs, R. and Rosenbaum, P. (ed.), *Readings in English Transformational Grammar*, Washington, DC: Georgetown University Press, 1970: 120-133.

Fillmore, Charles, J., "Frame Semantics", In *Linguistics in the Morning Calm*, Seoul: Hanshin Publishing Company. 1982: 111-137.

Grady, J., "Cognitive Mechanisms of Conceptual Integration", *Cognitive Linguistics*, 2001, 11 (3/4): 335-345.

Hale, Kenneth and S. J. Keyser, "On Argument Structure and the Lexical Expression of Syntactic Relations", In K. Hale and J. Keyser (ed.), *The View from Building* 20: *a Festschrift for Sylvain Bromberger*, Cambridge, MA: MIT Press, 1993.

Higginbotham, J., "The Logic of Perceptual Reports: An Extensional Alternative to Situation Semantics", *Journal of Philosophy*, 1983 (80).

Hoeksema, J., "Plurality and Conjunction", In A. G. B. ter Meulen (ed.), *Studies in Modaltheoretic Semantics*, Dordrecht: Foris Publications, 1983.

Huang, C-T. James, "Existential Sentences in Chinese and Definiteness", In E. Reuland and A. ter Meulen (ed.), *The Representation of (In) definiteness*, Cambridge and London: MIT Press. 1987.

Huang, C. -T. James, "On Lexical Structure and Syntactic Projection", *Chinese Language and Linguistics*, 1997 (3).

Johnson-Laird, P. N., "The Mental Representation of the Meaning of Words", In A. I. Goldman (ed.), *Readings in Philosophy and Cognitive Science*, Cambridge: MIT Press, 1993: 561-584.

Kamp, H., "A Theory of Truth and Semantics Representation", In J. Groenendijk, T. Janssen, and M. Stokhof (ed.), *Truth*, *Interpretation*, *and Information*, Dordrecht: Foris, 1984.

Kiparsky, P., "Partitive Case and Aspect", In M. Butt and W. Geuder (ed.), *The Projection of Arguments: Lexical and Compositional Factors*, Stanford: CSLI Publications, 1998.

Krifka, M., "Nominal Reference, Temporal Constitution and Quantification in Event Semantics", In R. Bartsch, J. van Benthem and P. van Emde Boas (ed.), *Semantics and Contextual Expression*, Dordrecht: Foris Publications, 1989.

Krifka, M., "Thematic Relations as Links between Nominal Reference and Temporal Constitution", In I. Sag and A. Szabolcsi (ed.), *Lexical Mat-*

ters, Stanford: CSLI Publications, 1992.

Lakoff, G., "The Contemporary theory of metaphor", In Andrew Ortony (ed.), *Metaphor and thought (2nd edition)*, Cambridge: Cambridge University Press, 1993.

Larson, R., "On the Double Object Construction", *Linguistic Inquiry*, 1988 (19).

Levin, B. and M. Rappaport Hovav, "The Semantic Determinants of Argument Expression: A View from the English Resultative Construction", In J. Guéron and J. Lecarme (ed.), *The Syntax of Time*, Cambridge, MA: MIT Press, 2004.

Mandelblit, N., "The Grammatical Marking of Conceptual Integration: from Syntax to Morphology", *Cognitive Linguistics*, 2000 (3): 197-251.

McCawley, J., "Lexical Insertion in a Transformational Grammar without Deep Structure", *Proceedings of the Chicago Linguistics Society*, 1968 (4).

Perlmutter, D. M., "Impersonal Passives and the Unaccusativity Hypothesis", In *Proceedings of the Fourth Annual Meeting of the Berkeley Linguistic Society*, Berkeley California: Berkeley Linguistic Society, University of California, Berkeley. 157-189.

Pustejovsky, J., "The Syntax of Event Structure", *Cognition*, 1991 (41).

Rappaport Hovav, M. and Levin, B., "Building Verb Meanings", In M. Butt and W. Geuder (ed.), *The Projection of Arguments: Lexical and Compositional Factors*, Stanford: CSLI Publications, 1998.

Ritter, E. and S. T. Rosen, "Strong and Weak Predicates: Reducing the Lexical Burden", *Linguistic Analysis*, 1996 (26).

Ritter, E. and S. T. Rosen, "Delimiting Events in Syntax", In M. Butt and W. Geuder (ed.), *The Projection of Arguments: Lexical and Compositional Factors*, Stanford: CSLI Publications, 1998.

Ritter, E. and S. T. Rosen, "Event Structure and Ergativity", In C. Tenny and J. Pustejovsky (ed.), Events as Grammatical Objects, Standford: CSLI Publication, 2000.

Rosen, S. T. , "The Syntactic Representation of Linguistic Events", In L. Cheng and R. Sybesma (ed.), *The 2nd State of the Article Book*, Berlin: Mouton de Gruyter, 2003.

Tenny, C. and Pustejovsky, J. , "A History of Events in Linguistics Theory", In C. Tenny and J. Pustejovsky (ed.), *Events as Grammatical Objects*, Standford: CSLI Publication, 2000.

Travis, L. , "Event Phrase and a Theory of Functional Categories", In P. Koskinen (ed.), *Proceedings of the* 1994 *Annual Conference of the Canadian Linguistic Association*, Toronto Working Papers in Linguistics, 1994.

Travis, L. , "The L-syntax/S-syntax Boundary. Evidence from Austronesian", In I. Paul, V. Phillips and L. Travis (ed.), *Formal Issues in Austronesian Linguistics*, Dordrecht: Kluwer, 2000a.

Travis, L. , "Event Structure in Syntax", In C. Tenny and J. Pustejovsky (ed.), *Events as Grammatical Objects*, Standford: CSLI Publication, 2000.

Turner, M. , "Frame Blending", In Rema R. F. (ed.), *Frames, Corpora and Knowledge Representation*, Bologna: Bologna University Press. 2008: 13-32.

Turner, M. and Fauconnier, G. , "Conceptual Integration and Formal Expression", *Metaphor and Symbolic Activity*, 1995 (10): 183-203.

van Hout, A. , "Event Semantics in the Lexicon-Syntax Interface", In C. Tenny and J. Pustejovsky (ed.), *Events as Grammatical Objects*, Standford: CSLI Publication, 2000.

Van Valin, Robert D. , Jr. , *Exploring the Syntax-Semantics Interface*, Cambridge: Cambridge University Press, 2005.

Van Valin, Robert D. , Jr. and Randy J. Lapolla, Syntax: Structure, Meaning and Function, Cambridge: Cambridge University Press, 1997.

后　记

本书是在我的博士学位论文基础上修改而成。

非受事宾语句是汉语比较有特点的语法现象，汉语宾语远比印欧语丰富，动宾语义关系复杂。汉语作为意合性质语言的复杂性远超想象，虽然概念整合的多空间操作模式表达句法语义相对精细，然而要准确合理解释该现象也绝非易事。研读西方语法理论常觉力不从心，分析汉语事实耗时费力，耕耘数载也只能算是勉强完成。

2007年我在吉林大学文学院攻读语言学及应用语言学博士学位，师从柳英绿先生。先生为朝鲜族人，为人豪爽豁达，主要研究对比语言学，我选择汉语语法研究先生是比较支持的，写作过程得到了先生的悉心指导和教诲。先生对学生关爱有加，我在学习和生活中的点滴收获都能得到先生的肯定。如今远居重庆，与先生联系渐少，心中颇有愧疚。

2001年我在华中科技大学人文学院攻读语言学及应用语言学硕士学位，师从何洪峰先生，当初对语言学所知甚少，蒙先生不弃，忝列门墙。先生学识渊博，治学严谨，有时也难免受到先生问责，现在回想起来十分感激先生，如果没有先生三年的教诲，恐怕我在学术上还处于蛮荒阶段。2004年毕业后，远赴黑龙江大学任教，虽然相隔万里，先生仍然关心我的生活和学业，2007年先生还与黄树先师以开会为名来哈尔滨见我，现在回想起来，铭感五内。

读博期间还得到徐正考、吕明臣、李守奎等先生授业，读硕士期间有尉迟治平、李崇兴、萧国政、董为光、黄树先等先生解惑，论文答辩得到了邹韶华、吴长安和岳辉先生的指教，博士同窗李青、路崴崴、王洪明、孙凡、李莉莉、李曦、李美妍等伴我度过了美好的学习生活，我的研究生杨雪、黄丹、成敬帮我校对了书稿，研究得到了教育部人文社科基金和重庆师范大学出版基金资助，中国社会科学出版社的任明先生为本书出版付出了辛勤劳动，在此一并致谢！

本人能力有限，书中舛误之处必定不少，还请方家指正。

朱　怀

2018 年 10 月 7 日于重庆师范大学师大园